20년차 베테랑 편집쟁이와 함께 **누구나**

저자 · 이용태(작가온새)

돈 1도 안쓰고 잘 나가는 유튜브를 위한 동영상 편집 하루만에 끝내기

힐북

초판 발행 | 2019년 4월 1일
3쇄 발행 | 2020년 8월 21일
지은이 | 이용태
펴낸이 | 힐북
펴낸곳 | 힐북
출판등록 번호 | 제 426-2015-000001 호
ISBN | ISBN 979-11-89114-04-6 03800

주 소 | 강원도 횡성군 횡성읍 송전로 209
도서문의 | 신한서적 031-919-9851 (팩스 031-919-9852)

기 획 | 힐북
진행책임 | 힐북
편집디자인 | 힐북디자인랩
표지디자인 | 힐북디자인랩

본 도서의 내용 중 디자인(사진, 그림) 및 저자의 창작성이 인정되는 내용을 무단으로 복제 및 복사하는 것은 저작권법에 의해 처리될 수 있습니다.

Published by Healbook Co., Ltd Printed in Korea

CONTENTS

- 프로롤그 08

PART 1 준비 및 시작

학습자료 및 템플릿 다운로드 받기 026

- 학습자료 다운로드 받기 026
- 압축 풀기 026
- 템플릿 다운로드 받기 및 압축 풀기 028
- 템플릿 비밀번호 요청하기 029

자막에 필요한 무료 글꼴 설치하기 030

- 무료 글꼴 다운로드 받기 및 설치하기 030
- 설치된 글꼴 확인하기 032
- 복사 & 붙여넣기를 통한 설치하기 033

화면(동영상) 캡처 프로그램 사용하기 034

- 무료 캡처 프로그램 다운로드 받기 034
- 오캠 설치하기 035
- 오캠 사용하기 036

파일 변환 프로그램 사용하기 038

- 무료 컨버트 프로그램 다운로드 받기 038
- 포맷 팩토리 설치하기 039
- 포맷 팩토리 사용하기 041

동영상 다운로드 프로그램 사용하기 047

- 무료 동영상 다운로드 프로그램 다운로드 및 설치하기 047
- 클립다운을 사용하여 동영상 다운로드 받기 050

노이즈(잡음) 제거 프로그램 사용하기 053

- 무료 노이즈 제거 프로그램 설치하기 053

- 오다시티를 이용하여 노이즈 제거하기 056

동영상 편집 프로그램 사용하기 062

- 무료 동영상 편집 프로그램 다운로드 받기 062
- 히트필름 익스프레스 설치하기 066
- 히트필름 사용하기 068

PART 2 편집 실무

불필요한 장면 컷(트리밍) 편집하기 105

- 트리머 패널을 이용한 컷 편집하기 105
- 타임라인을 이용한 컷 편집하기 110

효과 적용 및 자막 만들기 117

- 장면전환(트랜지션) 효과 사용하기 117
- 비디오 효과 사용하기 126
- 자막 만들기 130
- 빠르게 재생되는 화면 만들기 138

두 개의 장면을 하나로 합성하기 144

- 크로마키를 이용하여 합성하기 144
- 마스크 영역만 흑백 화면으로 만들기 154

모션 템플릿 100% 활용하기 160

- 시퀀스/스틸 이미지/프로젝트 템플릿 사용하기 160
- 타이틀 인트로 제작에 대하여 184
- 작업이 끝난 편집 내용 동영상 파일로 만들기(렌더 큐) 186
- 만들어진 동영상 자신의 유튜브 채널로 업로드하기 188

PART 3 템플릿

- 템플릿 미리보기 192

프롤로그
PROLOG

프롤로그i

이 책은 어떤 내용이 담겨있나요?

무료 프로그램을 사용하여 동영상 편집을 단 한번도 해본 적이 없는 분들도 영상 편집을 할 수 있도록 해주는 내용이 담긴 책입니다.

본 도서는 유튜브 영상 제작을 위한 것뿐만 아니라 영화, 드라마, 뮤직비디오, 광고, 홈비디오(웨딩, 성장 동영상, 각종 행사) 등과 같은 모든 장르의 영상 제작을 위해 기획된 도서로써 저자가 직접 수집하거나 제작한 방대한 모션 템플릿 프로젝트 파일을 제공하여 작업자가 원하는 이미지(동영상) 및 글자(자막)만 수정하여 결과물을 얻을 수 있어 작업 시간을 90% 이상 단축할 수 있게 해줍니다.

- 무료 글꼴 설치 및 무료 프로그램을 활용하여 화면 및 동영상 캡처를 하는 방법, 유튜브 동영상을 다운로드 하는 방법, 동영상 및 오디오를 변환하는 방법 그리고 녹음 시 유입된 노이즈를 제거하는 방법에 대해 알아봅니다.
- 작업을 위한 미디어 파일(동영상, 이미지, 오디오 클립)을 가져와 원하는 장면(구간)을 자르고, 붙이고, 배열하는 등의 기본적인 편집법에 대해 알아봅니다.
- 장면이 바뀌거나 특정 장면에 효과(변화)를 주는 트랜지션과 이펙트를 적용하고 설정하는 방법에 대해 알아봅니다.
- 자막을 만들고, 자막(글자)을 움직이고, 이미지(동영상)의 위치를 이동하고, 회전하고, 크기를 조절하여 움직임을 표현하는 모션 작업에 대해 알아봅니다.
- 크로마키를 이용한 합성, 마스크를 통해 특정 화면에만 변화(효과)를 주는 방법에 대해 알아봅니다.
- 특별 부록으로 제공되는 템플릿을 이용하여 완전 초보자도 하루만에 원하는 결과물을 만들 수 있는 템플릿 활용법에 대해 알아봅니다.
- 작업한 내용을 최종적으로 출력(동영상 파일 만들기)하는 방법과 완성된 동영상을 유튜브로 업로드하는 방법에 대해 알아봅니다.

모션 템플릿

돈으로 환산할 수 없는 어메이징한 모션 템플릿으로 작업 시간을 90% 이상 단축할 수 있습니다.

트랜지션 템플릿

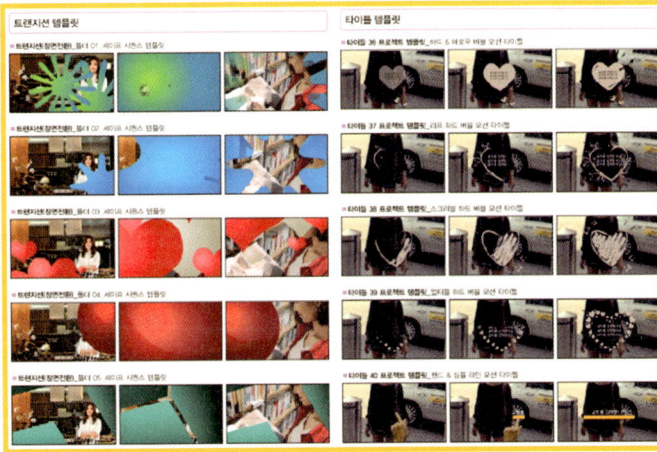

타이틀 템플릿

코믹 템플릿

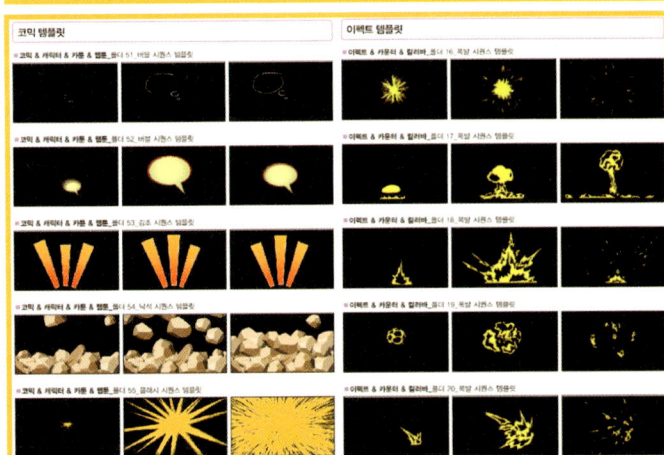

이펙트 템플릿

프롤로그 ii

동영상 편집을 위한 프로그램 알아보기

반드시 프리미어나 파이널 컷 같은 유명한? 프로그램을 사용해야 하나요? 너무 어렵고 비싸던데…

대중화되어있는 기존의 편집 프로그램은 오랜 시간을 통해 인지도가 높아졌기 때문에 많은 사용자를 가지고 있습니다. 하지만 처음 시작하는 분들에게는 이러한 인지도에 영향을 받을 필요가 없습니다. 여기서 가장 중요한 것은 구입 비용과 용도, 편의성 등을 고려하여 자신한테 적합한 프로그램을 선택해야 합니다. 다음은 20년동안 저자가 다루어본(집필 및 공인 자격증이 있는) 현존하는 동영상 편집 프로그램들에 대한 장단점을 소개한 차트입니다.

프로그램 명	장 점	단 점
프리미어 프로	■가장 많은 사용자 층 형성 ■자사 제품과의 뛰어난 호환성 ■지원 플러그인의 다양성 ■신속한 최신 기능 탑재 ■배울 수 있는 방법의 다양성	■무겁고 복잡한 인터페이스 ■느린 렌더 타임(작업 속도 느림) ■모션 및 합성 작업의 불편함 ■불편한 클라우드 방식의 플랫폼 ■매달 2~3만원 사용료 지불
파이널 컷 프로	■가장 안정된 맥(OSX) 환경 이용 ■에러 시 자동 복구 능력 ■지원 플러그인의 다양성 ■세부 편집(작업)의 편의성 ■전문가에게 적합한 인터페이스	■맥(OSX) 전용 프로그램 ■유니크한 작업 인터페이스 ■모션 및 합성 작업의 불편함 ■고가의 맥 PC 가격 ■고가의 프로그램 가격
베가스 프로	■가벼운 인터페이스 환경 ■저사양 PC에서도 구동 가능 ■여러 개의 프로젝트 실행 가능 ■지원 플러그인의 다양성 ■효율적인 기본 편집 기능 ■뛰어난 오디오 편집 기능	■모션 및 합성 작업의 불편함 ■불안정한 한글 자막 입력 ■고가의 프로그램 가격 ■개인 작업용이라는 인식 ■자주 바뀌는 제조사 ■윈도우즈 전용 프로그램

다양한 영상 편집 프로그램

프로그램	장점	단점
애프터 이펙트	■ 많은 사용자 층 형성 ■ 자사 제품과의 뛰어난 호환성 ■ 지원 플러그인의 다양성 ■ 모션 및 합성 작업에 뛰어남 ■ 배울 수 있는 방법의 다양성	■ 느린 렌더 타임(작업 속도 느림) ■ 영상 편집 작업에 부적합한 환경 ■ 불편한 클라우드 방식의 플랫폼 ■ 플러그인의 의존도 높음 ■ 매달 2~3만원 사용료 지불
에디우스	■ 방송 편집에 적합한 환경 ■ 작업 내용 실시간 출력 ■ 저해상도의 프록시 모드 지원 ■ 영상/음성의 완벽한 싱크 맞추기	■ 윈도우 전용 프로그램 ■ 유니크한 프로젝트 세팅법 ■ 모션 및 합성 작업의 불편함 ■ 고가의 프로그램 가격 ■ 동글키를 통한 프로그램 실행 ■ 개인 사용자에게 적합하지 않음
다빈치 리졸브	■ 무료 버전 지원 ■ 완벽한 색 보정 작업 환경 ■ 외부 장치(서피스)를 통한 편집 ■ 영상 편집 기능 강화 ■ 다양한 코덱 지원	■ 무겁고 복잡한 인터페이스 ■ 고사양 PC에서만 구동됨 ■ 모션 및 합성 작업의 불편함 ■ 어려운 노드 방식의 작업 구조 ■ 자사 전용 하드웨어 의존도 높음
파워디렉터	■ 초보자에게 적합한 인터페이스 ■ 쉽게 사용할 수 있는 템플릿 지원 ■ 비교적 저렴한 가격 ■ 스마트 기기의 앱 지원	■ 무거운 인터페이스 ■ 느린 렌더 타임(작업 속도 느림) ■ 템플릿 작업 구조로 인한 창의적인 편집 불가 ■ 홈비디오용으로 전문가에게 부적합
히트필름	■ 무료 버전 지원 ■ 심플하고 가벼운 인터페이스 ■ 저사양 PC에서도 구동 가능 ■ 자동화된 색 보정 기능 지원 ■ 편집, 합성, 모션 작업을 하나의 공간에서 가능 올인원 환경 ■ 모션 및 합성 작업 시 가장 빠른 실시간 렌더 엔진 지원 ■ VR 편집을 위한 뷰어 및 전용 효과 제공	■ 다른 프로그램에 비해 늦게 출시되어 사용자 층이 많지 않음 ■ 배울 수 있는 방법의 다양성 부족 ■ 다른 툴과의 호환성 부족

살펴본 것처럼 영상 편집에 사용되는 툴은 매우 다양하며, 위 차트에서 설명되지 않은 툴 또한 다양합니다. 여기에서 중요한 것은 사용자가 어떤 영상을 만들고 배포할 것인지에 대한 목적에 있습니다.

프롤로그 iii

왜, 히트필름을 사용해야 하나요?

작가는 지금 히트필름의 매력에 푹 빠져있습니다. 그 이유는 현존하는 모든 영상 편집, 합성, 모션 작업을 위한 프로그램들을 하나의 프로그램에서 가능하며, 그것도 천원 한 장 쓰지 않고도 전문가가 만든 것처럼 멋진 영상을 만들 수 있기 때문입니다.

필자가 영상관련 일을 한지 어느덧 21년차에 접어들었습니다. 그동안 무수히 많은 영상 편집 툴을 사용해보고 느꼈던 것은 서로 엇비슷한 툴들이 가진 장점을 극대화하고 단점을 보강한 툴은 왜 없을까였습니다. 이것은 산업 생태계 구조가 각자 도생을 해야 하는 치열한 경쟁 속에서 어도비 제품들의 의존도가 높았던 것 또한 이유가 될 수 있었을 것입니다. 하지만 몇 해전부터 어도비 제품의 독주에 제동을 걸 수 있을만큼 매력적인 히트필름이라는 프로그램이 등장하여 영상 편집 분야의 영역을 빠르게 확장해가고 있습니다. 한국에서는 아직 많은 사용자층이 형성되지는 않았지만 머지 않아 프리미어 프로, 애프터 이펙트, 파이널 컷 등과 동등한 위치에 오를 것이며, 나아가 최고의 프로그램으로 평가받을 것이라 생각합니다. 그 이유는 바로 프리미어 프로, 애프터 이펙트, 파이널 컷 등이 가진 장점을 하나의 공간에서 사용할 수 있도록 고안된 All In One(올인원) 인터페이스와 수시로 업데이트되는 히트필름 제작진들의 능력과 영리함에 때문입니다. 그리고 이 엄청난 프로그램을 무료로 사용할 수 있다는 것은 히트필름의 가장 큰 무기일 것입니다.

반드시 프리미어 프로나 애프터 이펙트, 파이널 컷 프로, 에디우스 등을 사용해야만 하는 상황이 아니라면 당연히 [히트필름]을 선택하기를 권장합니다. 이제 필자만 믿고 따라오기 바랍니다.

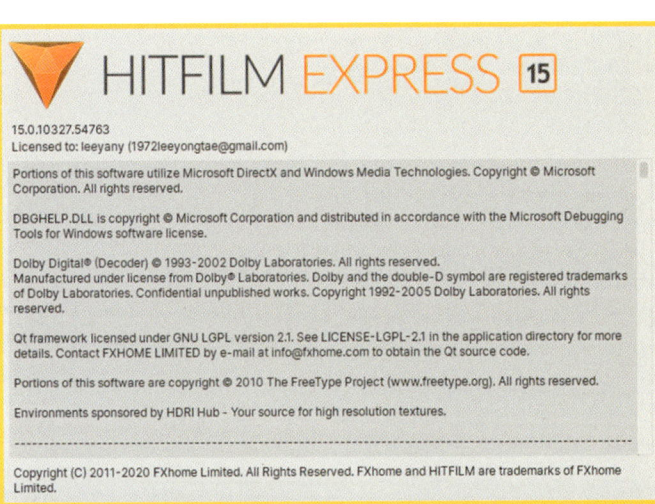

히트필름 인터페이스
무료 버전인 히트필름 익스프레스의 올인원(All In One) 인터페이스와 환경설정 창

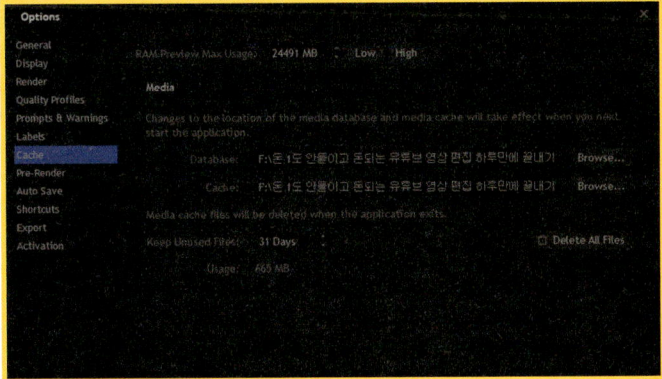

※ 본 도서에서는 이전 버전인 12버전을 기초로 하고 있으며, 현재의 15버전에서 바뀐 부분을 가급적 기술하려고 하였습니다.

프롤로그 iv

나이가 많아도 배울 수 있나요?

**나이는 곧 경험, 경험보다 소중한 가치는 없습니다.
이제 여러분의 경험과 필자의 경험을 콜라보레이션
하여 최고의 작품을 만들 수 있게 해드리겠습니다.**

모든 사회적 기반이 IT(정보화 기술)로 전향되어 아날로그 세대인 50대 이상분들은 컴퓨터에 익숙하지 않아 고초를 겪고 있는 게 현실입니다. 물론 스마트폰이 대중화되어 컴퓨터 환경(OS : 윈도우즈와 같은 컴퓨터 운영체제)에도 친숙해지고 있지만 영상 편집 프로그램과 같은 전문 툴을 능숙하게 사용하는 것은 결코 쉽지만은 않은 일입니다. 본 도서는 컴퓨터를 두려워하는 분들이 보다 쉽고 친근감 있게 접근할 수 있도록 가급적 어려운 전문 용어를 지양하고 필수 기능을 통해 편집을 하는 방법과 템플릿을 통해 사진(동영상) 및 글자만 바꾸어 사용할 수 있도록 하였습니다.

다음의 차트는 영상 편집을 위한 연령별 참고 사항들입니다. 원활한 학습 및 작업을 하기 위해서는 가급적 해당 권고 사항에 대한 선행학습을 해두길 권장합니다.

10~20대(Generation)

- **이미지 편집(포토샵이나 김프 등) 툴 사용법** 로고, 글자, 캐릭터, 이미지 편집을 할 수 있음
- **사진 및 동영상 촬영법** 안정되고 창의적인 구도 잡기와 편집 시 불필요한 장면을 사전에 없애주고, 데이터 보관 장소(하드디스크)를 여유롭게 사용할 수 있음
- **영상 연출법** 연출에 대한 고찰을 통해 영상의 심미적 표현과 시청자에게 무엇을 어떻게 표현(전달)할 것인가를 알 수 있음(유튜브 상의 10~20대들은 대부

분 자극적이고, 즉흥적인 흥미 위주의 방송을 하기 때문에 지속적인 구독자를 유치하기 어려움)

- **저작권 및 방송 심의법** 타인이 제작한 영상이나 이미지(사진), 문구, 비방 등은 저작권, 초상권, 방송법에 저촉되기 때문에 자신의 작품에 무단 사용하게 되면 처벌(벌금)을 받게 되므로 이와 관련된 법규정을 알아두는 것이 필요함

> 세대별 권장 사항

30~40대(Generation)

- **이미지 편집(포토샵이나 김프 등) 툴 사용법 / 사진 및 동영상 촬영법 / 영상 연출법 (10~20대와 동일)**
- **윈도우즈(운영체제)의 이해** 영상 편집에서 사용되는 미디어 파일(동영상, 이미지, 오디오)을 관리하는 폴더의 개념과 카테고리, 제어판 설정 등과 같은 윈도우즈(맥에서는 OSX)의 개념과 주요 기능에 대한 용도와 용어 파악하기
- **하드웨어의 이해** 윈도우즈와 프로그램이 소프트웨어라면 데이터(파일)가 저장되는 공간인 하드디스크와 램(메모리), 그래픽 카드 등을 하드웨어라고 하는데, 이러한 하드웨어는 작업 성능에 영향을 주기 때문에 자신에게 맞는 하드웨어(사양) 구성에 대한 인지가 필요함

50~대 이상(Generation)

- **이미지 편집(포토샵이나 김프 등) 툴 사용법 / 사진 및 동영상 촬영법 / 영상 연출법 (10~20대와 동일)**
- **윈도우즈(운영체제)의 이해 / 하드웨어의 이해 (30~40대와 동일)**
- **마우스 버튼 이름 및 작동법** 마우스의 각 명칭과 마우스 버튼 사용법, 마우스를 클릭했을 때, 더블클릭했을 때, 드래그했을 때, 드롭했을 때와 같은 기본기 충분히 익히기 (실제로 마우스를 잘 다루지 못해 포기하는 분들도 많이 경험함)

프롤로그v

무엇을 준비해야 하나요?

영상 편집에 필요한 다양한 자막 스타일을 위한 글꼴(폰트)과 화면 캡처 및 미디어 파일 변환(컨버트) 프로그램 그리고 편집을 위한 동영상, 이미지, 오디오 파일(클립)들을 필요로 합니다.

글꼴은 가볍거나 진지한 느낌, 맑고 깨끗하거나 어둡고 탁한 느낌, 재미있고 즐겁고 상쾌한 느낌, 고전적이거나 세련된 느낌, 신뢰가 느껴지는 것 등 다양한 장면에 맞게 사용됩니다. 그러므로 글꼴은 상황에 맞는 다양한 글꼴을 준비해놓아야 합니다. 시중에 출시된 글꼴에는 유료와 무료가 있는데, 무료라도 잘 못 사용하면 저작권에 저촉되어 벌금을 물거나 고가의 정품을 구입해야 하기 때문에 꼼꼼히 살펴본 후 사용해야 할 것입니다.

인터넷 서핑을 하거나 모니터에 나타나는 장면(동영상) 중 편집 소스로 사용하고자 하는 것이 있을 때 원하는 장면(이미지)을 캡처(일종의 화면 촬영) 및 다운로드 하기 위한 프로그램이 필요하며, 고용량 동영상(이미지, 오디오) 파일이나 영상 편집 프로그램에서 사용할 수 없는 파일 형식(포맷)을 영상 편집에 적합한 파일로 변환하기 위해 사용되는 컨커팅 프로그램을 준비해놓으면 매우 유용합니다.

동영상, 이미지, 오디오 파일들은 실제 편집에 사용되기 때문에 지금 당장 사용하지 않더라도 기회가 된다면 다양하게 촬영해놓는 것이 필요한데, 이때 사용되는 촬영 장비로는 고화질 촬영이 가능한 캠코더나 DSLR 카메라 등을 권장하지만 여유치 않다면 스마트폰으로 촬영해놓아도 제법 쓸만한 화질(품질)의 동영상(이미지)을 얻을 수 있습니다.

- 글꼴(폰트)은 다양할수록 좋지만 저작권에 문제가 없는 무료 글꼴을 사용하길 권장합니다.

- 화면 캡처 프로그램은 단순히 정지된 화면(스틸 이미지)뿐만 아니라 컴퓨터 내에서의 움직임(마우스 커서)을 동영상으로 캡처할 수 있는 기능을 모두 갖춘 툴을 사용하기를 권장합니다.

- 미디어 파일 컨버터(변환기)는 시중에 사용되는 파일 형식을 모두 변환할 수 있는 것을 선택해야 하며, 컨버팅되는 속도 또한 빠른 것으로 선택해야 작업 시간을 단축할 수 있습니다.

- 필요한 장비는 기본적으로 캠코더나 DSLR 카메라를 권장하지만 스마트폰을 이용해도 큰 문제는 없습니다. 그밖에 마이크와 삼각대가 필요하며, 걸으면서 촬영할 때에는 흔들리지 않는 안정된 화면을 얻기 위해 짐벌도 필요합니다.

프롤로그 vi

동영상 편집 무작정 시작하세요.

무계획이 최고의 계획, 너무 많은 생각은 시작조차 하기 어렵게 됩니다. 더 이상 망설이지 말고 지금 바로 시작하십시오.

사람들 대부분은 무언가 처음 시작할 때 너무 많은 계획과 생각을 하는 경향이 있습니다. 물론 잘 짜여진 계획은 실수를 줄여주지만 완벽한 계획을 위한 시간과 생각은 자칫 시작하기도 전에 지쳐버려 의욕마저 상실시키기도 합니다. 이것은 지금 우리가 하고자 하는 영상 편집이라는 하나의 과정도 마찬가지 입니다. 촬영은 어떻게 해야 하는지. 어떤 장비를 구입해야 하는지, 영상 편집 프로그램은 어떤 것을 사용해야 하는지, 남들과 다른 프로그램을 사용하면 왠지 도태되는 것은 아닌지 등의 불필요한 생각과 걱정을 할 필요가 없는데도 말이죠. 이제 이러한 생각과 우려는 깨끗이 지워버리고, 일단 이 책과 함께 무작정 시작하기 바랍니다. 다음에서 설명하는 몇몇의 사항들을 잘 지켜 나아간다면 여러분은 머지않아 영상 편집의 달인이 되어있을 것입니다.

- 다른 편집 프로그램이나 플러그인에는 신경 쓰지 말고 일단 이 책에서 소개하는 프로그램들만 사용하기 (하나의 프로그램을 마스터하면 다른 툴은 식은 죽 먹기가 됨)
- 여유로운 날을 잡아 이 책의 예제를 무조건 하루에 완성해보기 (성취감 상승 및 재미를 느낄 것임)
- 이 책의 예제를 완성했다면 개인이 촬영한 영상을 사용하여 하나의 작품을 완성해보기 (자신감이 붙고, 좀 더 완성도 높은 기법에 도전하게 될 것임)
- 개인 작품까지 완성했다면 히트필름의 고급 기능 배워보기 (본 도서에서는 초보자를 위한 기본 편집법에 대해서만 살펴보기 때문에 보다 전문적이고 능숙한 작업을 하기 위한 히트필름의 고급 기능이 필요함)

프롤로그vii

유튜브 강좌와 함께 하세요.

작가의 유튜브 채널인 [아이피아 또는 스터디링크]에서 제공되는 강좌와 함께하면 책의 내용을 보다 쉽게 학습을 할 수 있습니다.

유튜브에는 세계의 다양한 언어로 된 수많은 컨텐츠가 있습니다. 그중 교육 관련 컨텐츠도 어마어마하게 많습니다. 하지만 본 도서의 컨셉트인 돈 하나도 안들이고 영상 편집을 하는 방법에 대한 강의는 찾기 어렵습니다. 아마도 이러한 것들을 해결하기 위해 필자가 책을 쓰고 유튜브 강의를 만든 것일지도 모르겠습니다. 만약 본 도서를 통한 학습이 어렵다고 느껴진다면 이러한 독자들을 위해 만든 유튜브 강의를 병행하여 학습을 해보기 바랍니다. 책 하나만으로 학습을 할 때보다 훨씬 쉽게 영상 편집을 배울 수 있게 될 것입니다.

- 본 도서에서 사용된 히트필름과 그밖에 프로그램에 대한 질문 그리고 필요한 강의가 있다면 필자의 유튜브 채널에 글을 남기기 바랍니다.
- 본 도서를 구입한 기업 및 단체에게는 오프라인 강의를 해드리겠습니다. 강의가 필요한 분들은 다음의 연락처를 이용하기 바랍니다.

저자의 강의 유튜브 채널

아이피아 (아이들을 위한 유토피아)   스터디링크

프롤로그 viii

어떤 채널을 만들어야 하나요?

유튜브는 시대와 세대를 초월한 하나의 언어입니다. 이제 유튜브를 통해 무엇이 당신을 행복하게 하는지에 대해 투자를 할 때입니다.

바야흐로 지금은 유튜브 시대입니다. 유튜브는 우리 생활 전반의 환경을 바꾸고 있습니다. 유튜브로 다양한 정보를 얻고, 영화를 감상하고, 즐거운 놀이를 하며, 돈까지 벌 수 있으니까요. 하지만 유튜브를 누군가에게 관심을 끌거나 무작정 돈을 벌기 위한 수단이 되는 곳이 되어서는 안됩니다. 해로운 미세먼지로부터 유튜브 생태계를 보호하기 위해서는 신선한 산소 같은 채널들을 많이 심어야 합니다. 유튜브 속에서의 주인공은 바로 여러분입니다. 이제 유튜브를 통해 숨겨놓았던 당신의 재능과 끼를 마음껏 펼쳐보기 바랍니다.

- 남들이 한다고 무작정 따라하지 마십시오. 지금은 친구따라 강남 갈 때가 아니라 당신만의 고유한 개성을 펼칠 때입니다.
- 개인적인 이야기나 가족 및 친구 이야기를 채널로 만들어도 좋습니다. 오히려 이러한 진정성 있는 이야기가 시청자(구독자)를 사로잡을 수 있으니까요.
- 아무리 개인 방송이라도 최소한의 방송윤리를 지키기 바랍니다. 개인의 견해를 스스럼없이 이야기할 수 있는 것이 유튜브 방송의 특징이지만 이슈화하기 위해 규명되지 않은 정보를 흘린다면 가짜뉴스의 용의자가 될 수 있기 때문입니다.
- 자유는 자유로써 억압을 받을 수 있음을 항시 명심하기 바랍니다. 아무리 유튜브 방송이 자유롭다고는 하지만 무분별한 방송은 유튜브 생태계를 오염시켜 아무것도 생존할 수 없는 죽은 땅이 될 수 있을 테니까요.
- 더 이상 멍 때리는 방송이 되어서는 안 될 것입니다. 이제 당신의 고귀한 경험들을 보다 세련되고 품격 높은 컨텐츠로 조리하여 세상에 전파할 때입니다.
- 유튜브, 누구나 할 수 있지만 함부로 해서는 안 될 것입니다. 자유를 만끽하기 위

해서는 자유에 대한 책임의 자세가 되어있어야 하기 때문입니다.

- 남들이 하지 않는 컨텐츠를 개발하기 바랍니다. 크리에이터란 바로 새로운 것을 창조하는 사람이기 때문입니다. 물론 자신이 하고자 하는 채널을 이미 다른 사람이 하고 있다 하더라도 그 채널보다 완성도를 높일 수만 있다면 주저하지 말고 시작하십시오.

- 적어도 1년 동안은 꾸준한 업데이트를 하기 바랍니다. 무언가 먹고 싶을 때 찾은 식당 문이 닫히게 되면 다음엔 발걸음이 그 식당으로 향하지 않기 때문입니다.

- 교양 채널이라도 재미는 있어야 합니다. 공중파 TV가 케이블에 밀리는 이유는 단 하나입니다. 재미가 없기 때문입니다. 만약 코믹적인 요소와 구수한 입담이 없다면 편집으로 승부하기 바랍니다. 편집의 기술로도 시청자의 시선을 충분히 사로잡을 수 있습니다.

- 성공한 채널과 실패한 채널을 분석하기 바랍니다. 잘나가는 채널과 사람들의 발길이 뚝 끊긴 채널에는 반드시 이유가 있습니다.

유튜브 랭킹 (2019. 4월 기준)

랭킹	채널 명	구독자 수	장르
1위	보람튜브 토이리뷰	8,370,897명	아이들의 장난감 리뷰
2위	보람튜브 브이로그	5,612,228명	아이들의 노는 모습(먹방)
3위	Rainbow toy toc toc	4,970,117명	영어 동요 / 클레이 만들기
4위	PONY Syndrome	4,762,725명	포니의 메이크업
5위	보람튜브	3,375,759명	아이들의 일상
6위	벤쯔	3,367,973명	먹방
7위	떵개떵	3,215,027명	먹방
8위	영국남자	3,205,093명	영국남자의 한국 음식 소개 방송
9위	허팝	3,161,735명	재미있는 과학실험 방송
10위	보겸 TV	3,065,153명	호기심 대리 충족
11위	어썸하은	3,036,685명	아역 모델 하은이의 댄스
12위	서은이야기	2,997,759명	애정 결핍 서은이의 일상
13위	Roan lee	2,894,669명	노래하는 라온
14위	소닉토이	2,838,455명	소닉의 장난감 놀이
15위	도티 TV	2,514,097명	도도한 친구들의 이야기

준비 및 시작
PREPARE

> 준비 및 시작

학습자료 및 템플릿 다운로드 받기

본 도서의 내용을 학습하기 위해서는 힐북 웹사이트에서 제공되는 다양한 학습자료 파일들을 이용하는 것이 좋습니다. 다음의 설명을 참고하여 학습자료 파일을 다운로드 받아 사용하기 바랍니다.

학습자료 다운로드 받기

먼저 인터넷 브라우저(엣지 및 크롬 브라우저를 권장함)를 열어준 후 좌측 상단의 인터넷 주소 입력 창을 클릭하여 **힐북.com**을 입력하여 힐북 웹사이트에 접속합니다.

※ 학습자료를 받기 위해서는 반드시 인터넷이 연결되어있어야 하며, 주소 입력은 모든 인터넷 브라우저에서도 가능합니다.

힐북 웹사이트가 열리면 우측 상단 메뉴의 [도서학습자료받기] 메뉴 버튼을 클릭합니다.

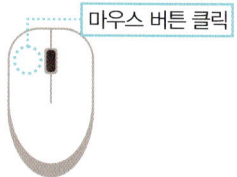

그다음 [돈 1도 안들이고...] 책 제목 위에 마우스 커서를 올려놓은 후 [다운로드] 버튼을 클릭합니다.

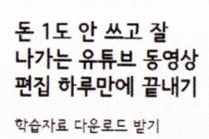 

Google 드라이브가 열리면 가운데에 있는 [다운로드] 버튼을 누르거나 우측 상단에 있는 [다운로드] 버튼을 눌러(클릭하여) 학습자료를 받으면 됩니다.

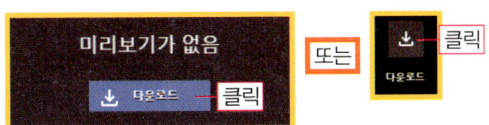

다운로드 창이 열리면 [다운로드] 버튼을 눌러 원하는 위치에 내려 받습니다.

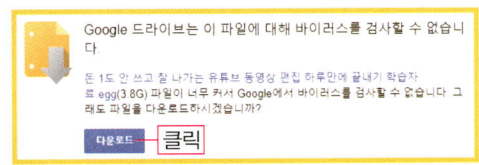

※ 용량이 크기 때문에 바이러스 검사 없이 다운로드 합니다.
※ 고용량 압축 파일이기 때문에 다운로드 되는 시간이 다소 길어질 수 있습니다.

압축 풀기

다운로드 받은 [돈 1도 안 쓰고...학습자료] 압축 파일을 더블클릭하여 원하는 위치에 풀어주면 됩니다. 본 학습자료 폴더에는 원활한 학습을 위한 라이브러리, 무료글꼴, 비디오, 시퀀스, 오디오, 이미지, 프로그램, 프로젝트 폴더가 포함되어있습니다.

압축을 푼 학습자료 폴더의 모습 ▶

템플릿 다운로드 받기 및 압축 풀기

템플릿 소스도 마찬가지로 파일도 앞서 살펴본 학습자료와 동일한 방법으로 다운로드 받으면 됩니다.

비밀번호가 걸려있는 템플릿 압축 파일

템플릿 파일은 8.1GB(기가 바이트)의 방대한 자료로 되어있으며, 보안상 비밀번호가 걸려있기 때문에 원활한 사용을 위해서는 비밀번호를 요청해야 합니다.

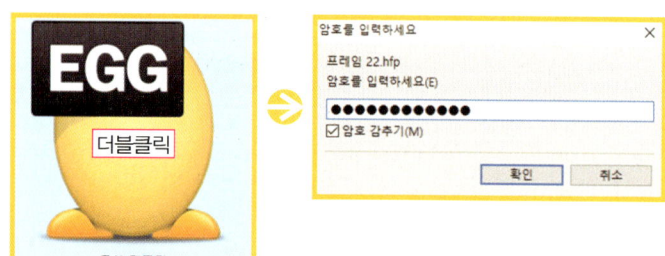

템플릿 비밀번호 요청하기

본 템플릿은 필자가 실무에 사용하는 템플릿으로써 즐겨 사용하는 작업 스타일을 프로젝트, 동영상, 시퀀스, 이미지, 오디오 파일로 만들어놓은 것입니다. 앞서 다운로드 받은 압축된 모션 템플릿을 풀기 위해서는 다음에 설명하는 내용을 참고하시기 바랍니다.

010-8287-9388 번이나 070-4131-9388 번으로 보내주시기 바랍니다.

템플릿 비밀번호를 받으시려면 아래 빈 칸에 이름과 직업을 쓴 후 스마트폰으로 촬영하여 문자로 보내주셔야 합니다.

보내주신 소중한 정보는 지속적인 템플릿 개발과 업데이트를 하여 여러분에게 제공하기 위해 사용될 것입니다.

※ 본 템플릿에 포함된 자료들은 저작권에 보호를 받고 있습니다. 그러므로 무단 복제 및 공유를 금하며, 개인 용도가 아닌 상업용으로 사용하는 분들은 출처 표시를 해야 합니다. 또한 이미지 폴더에 있는 모델 사진은 유튜브, 블로그, 페이스북과 같은 SNS에 사용할 경우 반드시 [오다연]이란 이름을 표기하기 바라며, 불법/혐오/도박/성인 사이트 등에서는 절대로 사용을 금합니다. 만약 이와 같은 곳에서 사용하다 적발될 경우에는 저작권법에 의해 처리될 수 있습니다.

> 준비 및 시작

자막에 필요한 무료 글꼴 설치하기

자막(모든 프로그램에서 공용으로 사용됨)을 사용하기 위해서는 자막에 사용될 글꼴(폰트)이 윈도우즈에 설치되어있어야 합니다. 여기에서는 누구나 부담 없이 사용할 수 있는 무료 글꼴에 대해 알아보도록 하겠습니다.

무료 글꼴 다운로드 받기 및 설치하기

무료 글꼴을 다운로드 받기 위해 앞서 다운로드 받은 [학습자료] 폴더에서 [무료글꼴] 폴더로 들어갑니다. 그러면 필자가 미리 찾아 놓은 무료 글꼴 웹사이트 바로가기 파일들이 있을 것입니다. 이 바로가기를 실행(더블클릭)하면 해당 웹사이트로 이동되며, 그 곳에서 글꼴을 다운로드 받으면 됩니다. 하나의 예를 들어보기 위해 **[네이버 한글한글 아름답게]** 바로가기를 [더블클릭]하여 해당 웹사이트를 열어줍니다.

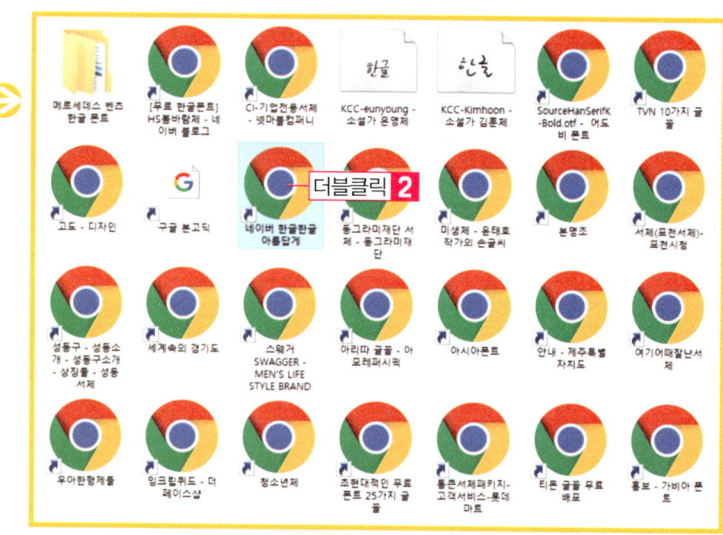

※ 그밖에 무료 글꼴들은 네이버, 다음, 구글 등에서 검색하여 찾아보기 바랍니다.

무료 폰트 중 가장 알려진 네이버의 나눔체를 다운로드 받을 수 있는 페이지로 이동되면 [나눔글꼴 모음 설치하기] 버튼을 누른 후 사용할 운영체제를 선택합니다. 필자는 윈도우즈에서 사용할 것이기 때문에 [윈도우용] 버튼을 클릭할 것입니다.

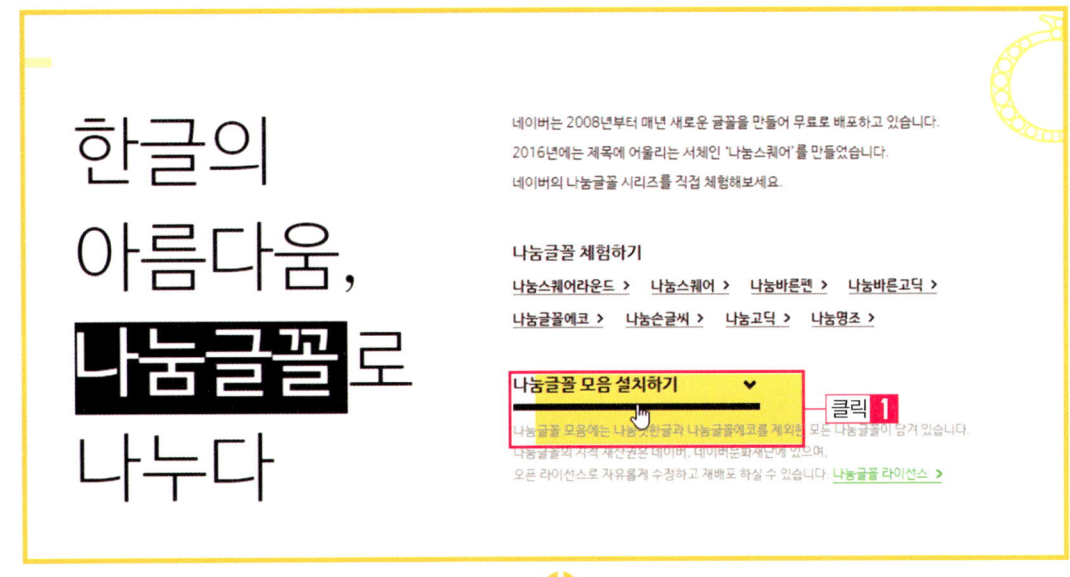

다운로드가 완료되면 다운로드 받은 [NanumFontSetup....exe] 파일을 클릭하여 설치를 시작합니다.

설치가 진행되면 다음의 그림처럼 해당 설치 화면에서 [다음] – [설치] – [마침] 순으로 설치를 완료합니다.

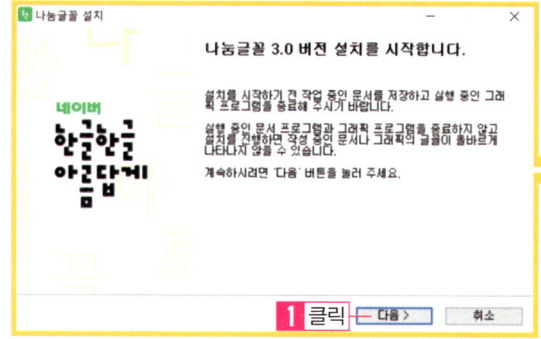 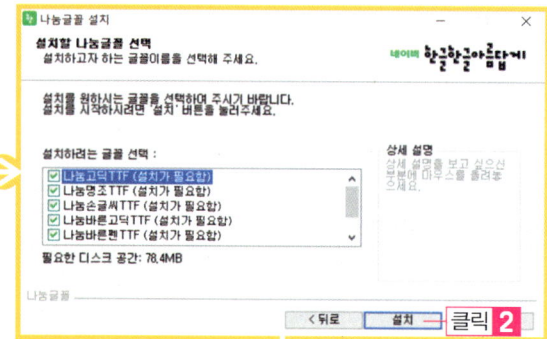

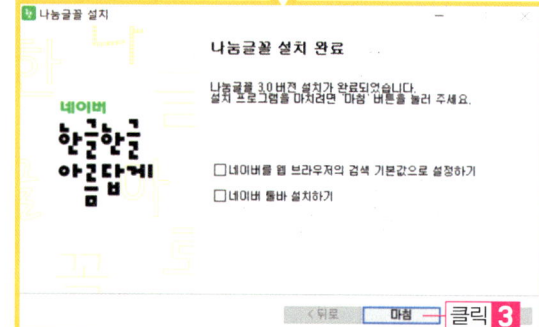

※ 같은 방법으로 [무료글꼴] 폴더에 있는 글꼴 웹사이트로 들어가 다운로드 후 설치해주기 바랍니다.

설치된 글꼴 확인하기

설치된 글꼴은 글꼴 폴더에 등록되며, 확인을 하기 위해서는 제어판을 찾아 들어가도 되지만 윈도우 시작 메뉴 옆에 있는 검색기에서 [글꼴]이란 단어를 입력한 후 나타나는 글꼴(제어판)을 선택하면 됩니다.

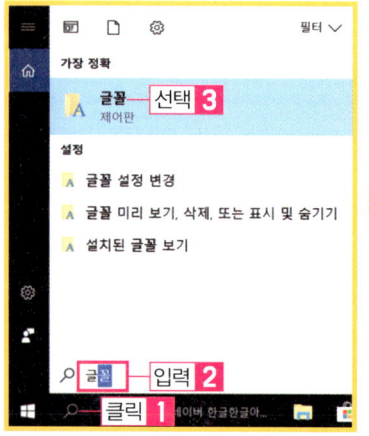 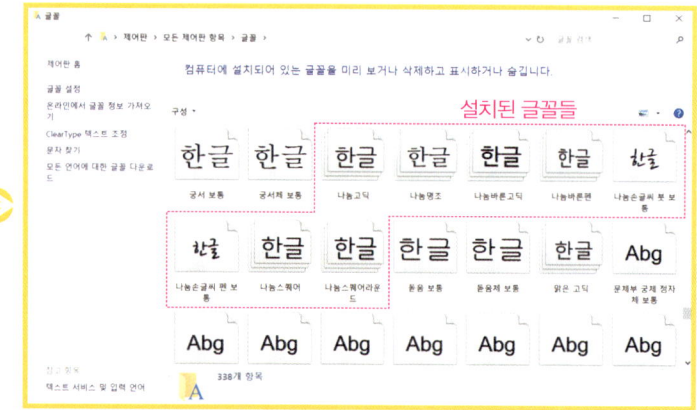

복사 & 붙여넣기를 통한 설치하기

글꼴은 앞서 살펴본 exe(설치용) 파일을 실행하여 설치하는 방식과 글꼴을 직접 복사 후 글꼴 폴더에 붙여넣기하는 방식이 있습니다. 살펴보기 위해 [학습자료] - [무료글꼴] 폴더에 있는 글꼴 파일 중 [KCC-eunyoung - 소설가 은영체]를 선택한 후 [우측 마우스 버튼 클릭] - [복사] 메뉴를 선택합니다.

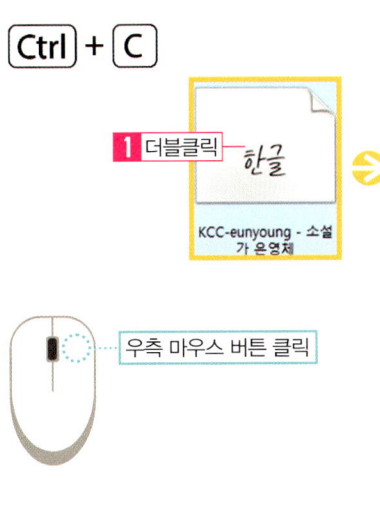

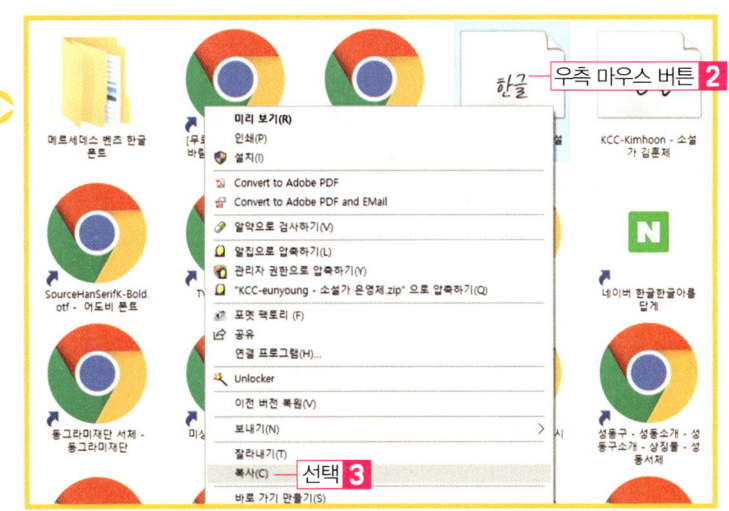

글꼴이 복사되었다면 [제어판] - [글꼴] 폴더를 열어준 후 빈 곳에서 [우측 마우스 버튼 클릭] - [붙여넣기] 메뉴를 선택합니다. 그러면 앞서 복사한 글꼴이 글꼴 폴더에 설치되어 히트필름을 비롯한 모든 프로그램의 글꼴로 사용할 수 있습니다.

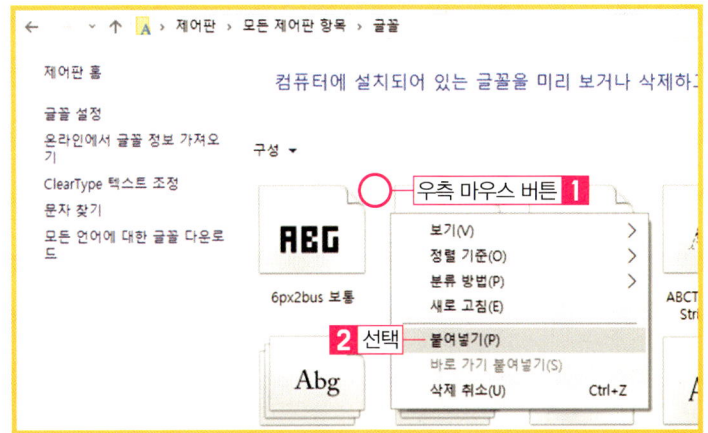

> 준비 및 시작

화면(동영상) 캡처 프로그램 사용하기

화면 캡처란 PC 모니터에 나타나는 화면(인터넷 화면, 프로그램 화면 등) 전체 또는 일부분을 카메라로 촬영하듯 이미지화(JPG, PNG 등)하는 것을 말하며, 캡처된 이미지는 영상 편집 및 이미지 편집 프로그램에 가져와 사용할 수 있습니다. 또한 컴퓨터에서 작업(게임 등)하는 모습, 즉 움직이는 모습을 그대로 동영상(AVI, MP4 등)으로 캡처할 수도 있습니다.

무료 캡처 프로그램 다운로드 받기

시중에 배포된 무료 캡처 프로그램은 다양하지만 그 중 [오 소프트]에서 개발된 캡처 프로그램은 스틸 이미지뿐만 아니라 동영상 캡처까지 가능하기 때문에 여기에서는 OhSoft의 캡처 툴을 사용할 것입니다. 프로그램을 다운로드 받기 위해 [학습자료] - [프로그램] 폴더에서 [OHSOFT - 오소프트] 바로가기 파일을 [더블클릭]하여 웹사이트를 열어줍니다. 해당 웹사이트가 열리면 좌측 상단에 있는 oCam [무료 다운로드] 버튼을 클릭합니다.

다운로드 페이지가 열리면 오캠 설치 파일(exe)을 그대로 다운로드 받을 것인지 압축된 파일(zip)을 받을 것인지 결정하여 원하는 방식의 버튼을 누르면 됩니다.

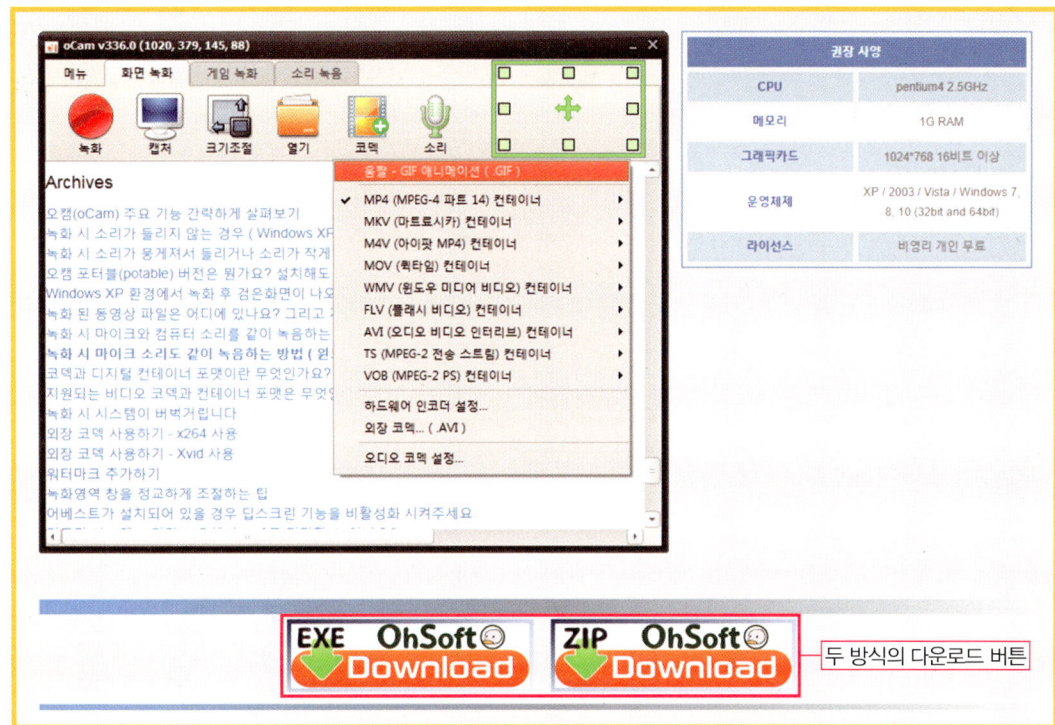

※ 이번에는 미리 다운로드 받아놓은 오캠 설치 파일을 [프로그램] 폴더에서 직접 설치할 것입니다. 참고로 오캠의 자세한 사용법은 해당 웹사이트를 활용하기 바랍니다.

오캠 설치하기

학습자료 폴더에 있는 [프로그램] 폴더에서 [oCam_v465.0_ko] 설치 파일을 [더블클릭]하여 설치를 시작합니다.

설치 창이 열리면 [사용자 계약에 동의합니다] 옵션을 체크한 후 [다음] 버튼을 클릭합니다. 그러면 자동으로 C 드라이브(하드디스크)의 Program Files 폴더에 자동으로 설치됩니다.

오캠 사용하기

오캠 캡처 툴이 설치되면 프로그램이 자동으로 실행됩니다. 여기에서 잠깐 캡처하는 방법에 대해 간단하게 살펴보도록 하겠습니다. 먼저 이미지 캡처를 위해 인터넷을 열고 원하는 부분을 캡처 영역으로 지정합니다.

※ 개인 사용자는 오캠을 무료로 제공되며, 광고가 뜨는 것 불편함을 제외하고는 사용하는데 별다른 문제가 없습니다.

캡처 받을 영역이 지정되었다면 캡처를 하기 위해 오캠(oCam) 프로그램 상단 메뉴 중 모니터 모양의 [캡처] 버튼을 클릭합니다. 이제 캡처된 이미지 파일을 확인해보기 위해 이번엔 폴더 모양의 [열기] 버튼을 클릭합니다. 그러면 방금 캡처한 영역이 이미지(PNG) 파일로 저장된 것을 알 수 있습니다.

※ 캡처된 이미지 파일의 형식(포맷) 설정 및 세부 사용법은 오캠 웹사이트를 참고하기 바랍니다.

그밖에 작업하는 모습을 동영상으로 캡처하기 위해서는 [녹화] 버튼을 이용하면 되며, 프로그램을 종료하기 위해서는 우측 상단 모서리 부분에 있는 [X] 버튼을 클릭하면 됩니다. 동영상 캡처(녹화)에 대해서는 여러분이 직접 해보기 바랍니다.

※ 동영상 캡처(녹화)는 주로 학습(강의)를 목적으로 한 컨텐츠를 만들 때 사용되는데, 전문적인 강의를 목적으로 한다면 강의 녹화 및 편집에 최적화되어 있는 캄타시아(유료)나 스크린레코더(유료), 스네그잇(유료)과 같은 전문 녹화 프로그램을 권장합니다.

준비 및 시작

파일 변환 프로그램 사용하기

동영상이나 오디오 파일을 변환하는 목적은 대부분 동영상 파일의 용량이 지나치게 크거나 영상 편집 프로그램에서 사용할 수 없는 형식이거나 재생용 파일로 변환하기 위함입니다. 만약 촬영 원본이나 다운로드 받은 동영상 파일이 영상 편집에 적합하지 않다면 원활한 편집을 위해 편집에 적합한 파일 형식으로 변환해주는 것이 좋습니다.

무료 컨버트 프로그램 다운로드 받기

무료 컨버트 프로그램 중 필자가 가장 즐겨 사용하는 툴은 [포맷 팩토리]입니다. 포맷 팩토리는 무료이면서도 모든 종류의 동영상과 오디오, 이미지 형식을 원하는 포맷으로 변환할 수 있으며, 변환되는 속도 또한 빠르기 때문입니다. 포맷 팩토리를 받아 설치하기 위해 [프로그램] 폴더에 있는 [www.pcfreetime.com] 바로가기 파일을 실행하여 해당 웹사이트를 열어줍니다. 포맷 팩토리를 다운로드 받을 수 있는 웹사이트가 열리면 편의를 위해 우측 상단에서 사용자 언어를 [한국어]로 바꿔줍니다.

이제 포맷 팩토리를 다운로드 받기 위해 상단 메뉴 중 [Products 다운로드] - [Format Factory] 메뉴를 선택합니다. 그다음 다운로드

창이 열리면 우측 [다운로드] 버튼을 클릭하여 다운로드를 합니다.

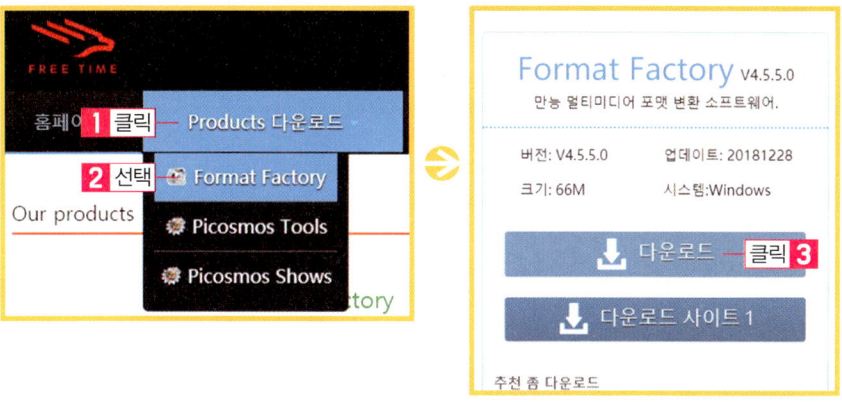

포맷 팩토리 설치하기

다운로드가 끝났다면 설치를 하기 위해 [FFSetupLatest.ext] 파일을 클릭하여 설치를 시작합니다. 여기에서 만약 [파일 열기 – 보안 경고] 창이 뜨면 [실행] 버튼을 클릭하여 설치를 진행하면 됩니다.

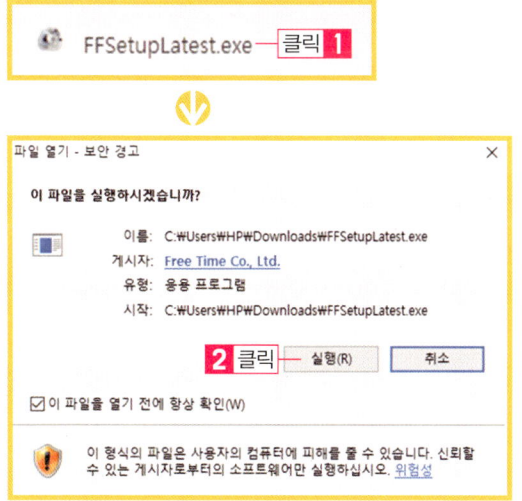

포맷 팩토리 설치 마법사 창이 열리면 [다음] 버튼을 클릭하여 라이선스 계약 창으로 이동한 후 [동의함] 버튼을 클릭하여 설치 패

키지를 다운로드 합니다. 이 과정은 자동으로 진행됩니다.

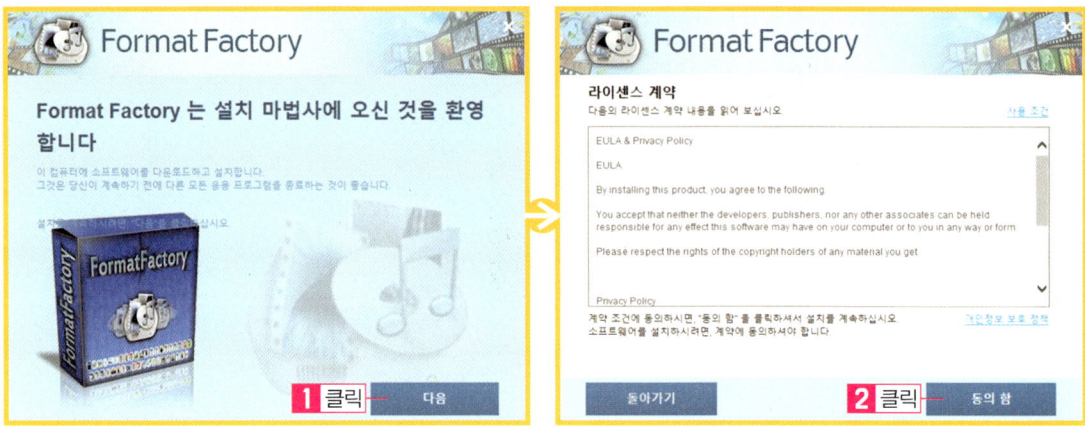

※ 일반적으로 프로그램을 설치할 때에는 라이선스에 대한 항목이 있는데, 가능하면 읽어보는 것이 좋겠지만 대부분 사용자 권한 및 정보를 해당 업체에서 사용하지 않겠다는 것과 본 프로그램의 저작권은 해당 업체에 있다는 것에 대한 명시입니다.

다운로드가 끝나면 포맷 팩토리 패키지의 부수적인 프로그램을 설치할 것인지에 대한 창이 열리는데, 여기에서는 포맷 팩토리만 설치하기 위해 [거부] 버튼을 클릭합니다. 그러면 다른 유틸리티를 설치되지 않고 포맷 팩토리만 설치됩니다.

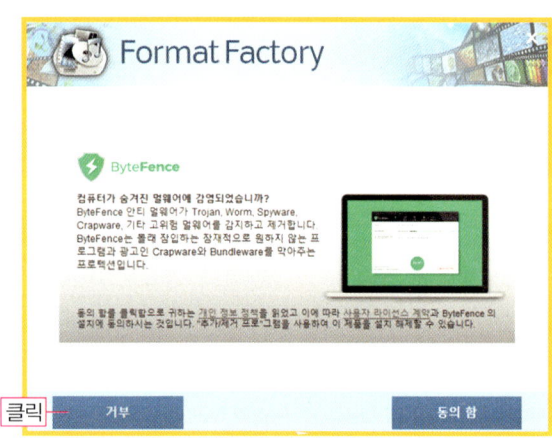

포맷 팩토리 설치가 끝나면 [마침] 버튼을 누르고, 설치 완료 창이

열리면 [가까운] 버튼을 클릭하여 설치 창을 닫습니다.

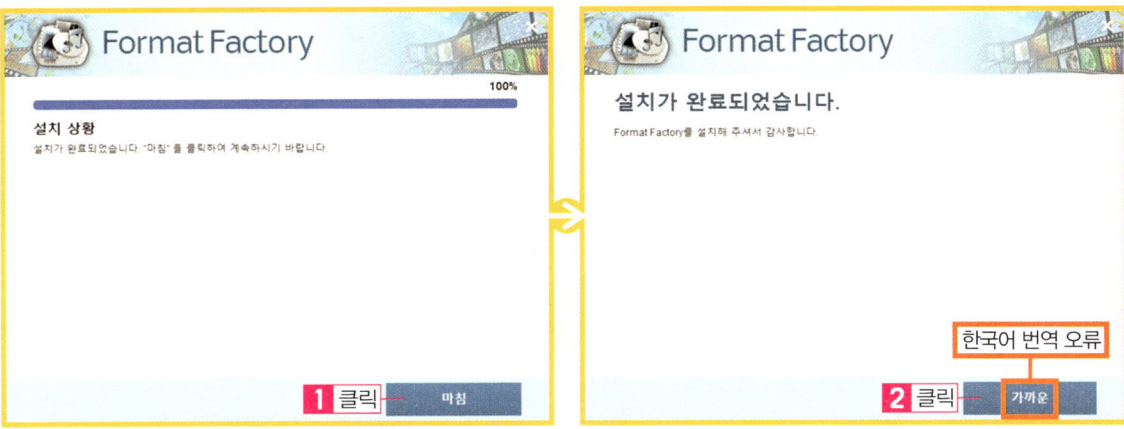

설치된 포맷 팩토리의 실행 파일은 바탕화면에 만들어지지만 윈도우즈 좌측 하단의 [시작] 메뉴를 클릭해보면 맨 위쪽에 [최근에 추가한 앱]에서도 실행이 가능합니다.

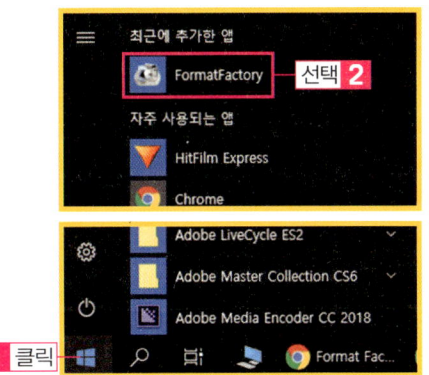

※ 새로 설치된 프로그램은 윈도우 시작 메뉴에 등록되기 때문에 즉시 실행할 수 있습니다.

포맷 팩토리 사용하기

앞서 설치된 포맷 팩토리를 통해 동영상 파일을 변환해보도록 하겠습니다. [학습자료] - [비디오] 폴더를 보면 본 도서에서 작업할 동영상 파일들이 있습니다. 여기에서 [여바라 01_원본]을 제외한 나머지는 편집을 위해 저용량 MP4 형식으로 변환한 상태입니다. 여기에서 원본 [여바라 01_원본]과 변환된 [여바라 01] 파일을 비교해보면 7배 정도로 원본 파일의 용량이 크다는 것을 알 수 있습니다.

※ 파일을 선택하면 폴더 좌측 하단에 해당 파일의 용량이 나타납니다. 이렇듯 원본 파일의 용량이 너무 크기 때문에 학습의 편의를 위해 저용량의 파일로 변환해놓은 것입니다.

이제 포맷 팩토리를 통해 파일을 변환하는 방법을 살펴보기 위해 포맷 팩토리를 실행한 후 비디오 항목을 선택하여 비디오 파일을 변환할 준비를 합니다. 그다음 현재 가장 대중적으로 사용되는 MP4 형식으로 변환하기 위해 [MP4] 버튼을 클릭합니다.

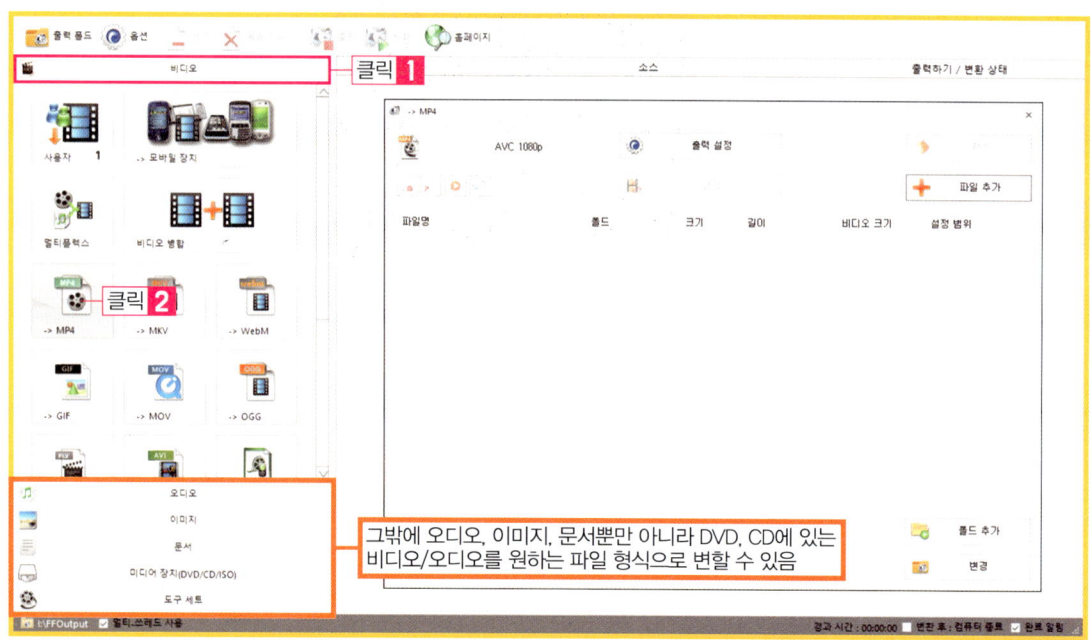

파일 가져오기 창이 열리면 [비디오] 폴더에서 [여바라 01_원본] 파일을 클릭 & 드래그(끌어서 이동)하여 가져오기 창으로 갖다 놓습니다.

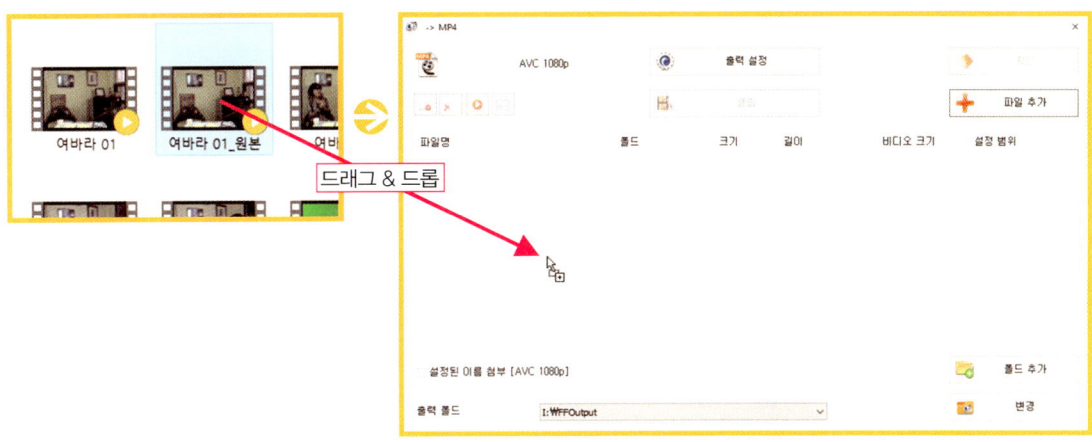

※ 학습이 끝난 후 실제 편집에서는 여러분이 촬영된 동영상 원본 파일을 그대로 사용하는 것을 권장하지만 촬영된 원본이 영상 편집 프로그램(히트필름)에서 가져올 수 없는 형식이거나 편집 시 불편함을 느낀다면 적당한 파일 형식으로 변환하여 사용하는 것이 좋습니다.

변환할 파일이 적용되었다면 변환될 파일의 세부 형식을 설정(선택)하기 위해 [출력 설정] 버튼을 클릭합니다.

비디오 설정 창이 열리면 프로필 목록에서 [AVC 1080p] 형식을 선택합니다. 그러면 아래쪽 속성들이 방금 선택한 형식의 속성으로 바뀌게 됩니다. 여기에서 중요한 것은 변환될 파일의 규격인데, 변환될 파일이 원본 규격에서 벗어나지 않도록 화면(비디오) 비율(크기)을 [1920x1080]을 유지해야 한다는 것입니다. 설정이 끝나면 [확인] 버튼을 클릭합니다.

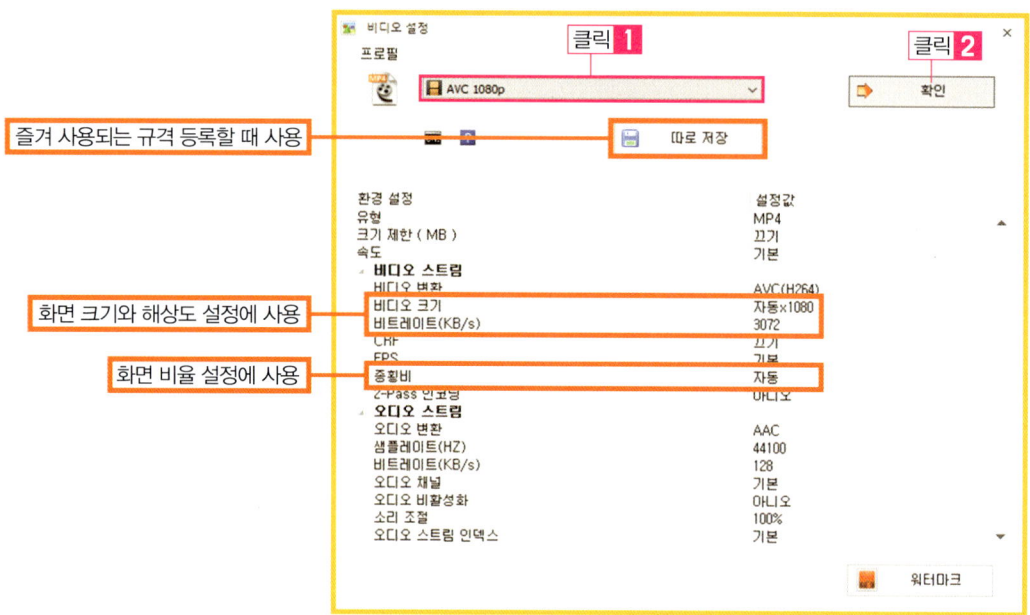

종횡비란 무엇인가요?

Aspect Ratio(종횡비)란 필름 또는 비디오 프레임(화면)의 가로와 세로 비율을 말합니다. 표준 해상도인 SD는 4:3, 고화질 HD는 16:9의 종횡비를 사용합니다. 그러므로 종횡비에 따라 넓은 화면 또는 좁은 화면 등을 표현할 수 있습니다. 과거에는 가로세로가 비슷한 4:3 비율을 사용하였다면 현재는 넓은 화면의 16:9 비율을 사용합니다.

변환될 속성까지 설정하였다면 이제 변환된 파일이 저장될 경로(위치)를 지정하기 위해 하단의 출력 폴드(폴더) 변경을 위해 [변경] 버튼을 클릭합니다. 그다음 변환된 파일이 저장될 하드디스크(특정 폴더가 있다면 해당 폴더)를 선택한 후 [새 폴더 만들기] 버튼을 클릭하여 폴더를 생성합니다. 생성된 폴더의 이름은 원하는 이름(주제에 맞는)으로 입력한 후 [확인] 버튼을 누릅니다.

※ 여러분은 저장될 위치가 필자와 다르기 때문에 여러분이 원하는 위치(하드디스크)를 선택해야 하는데, 동영상과 같은 데이터 파일들은 C 드라이브(로컬 디스크)와는 별도의 디스크를 장착하여 사용하기를 권장합니다.

- C 드라이브(로컬 디스크)는 윈도우즈와 각종 프로그램들이 설치되는 시스템용으로 사용됨

- 별로도 장착된 D, E, F… 등등은 동영상, 이미지, 오디오, 문서 등의 데이터 파일용으로 사용함

저장된 위치를 설정하였다면 상단 [확인] 버튼을 누르고 나옵니다.

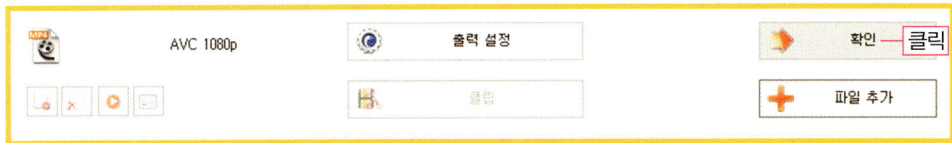

다시 메인 작업 인터페이스로 나오면 변환 목록에 앞서 가져와서 설정한 [여바라 01_원본] 파일이 소스 목록으로 등록되게 됩니다. 이제 변환을 하기 위해 상단 [시작] 버튼을 클릭합니다. 변환이 끝나면 완료됨이란 버튼이 생성되고, 종료 벨소리(비프음)가 들리게 됩니다. 변환된 파일을 확인 및 사용하기 위해서 [완료됨] 버튼을 클릭한 후 [출력 폴더 열기]를 클릭합니다.

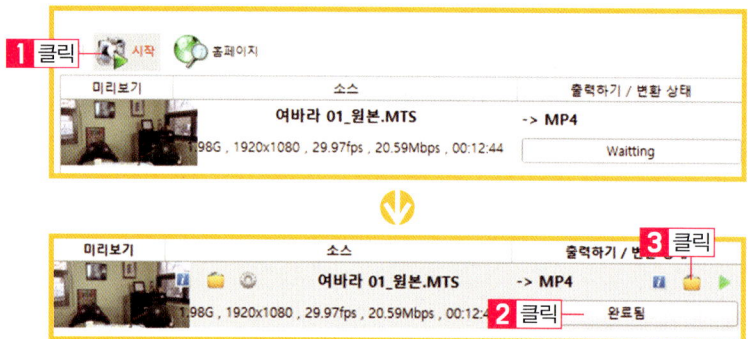

※ 변환 시간은 파일의 종류와 길이에 따라 달라지며, 포맷 팩토리는 동영상의 오디오 부분만 오디오 파일(WAV, MP3 등)로 변환할 수도 있습니다. 필자는 주로 유튜브 등의 뮤직 비디오를 다운로드 받아 MP3로 변환하여 사용합니다.

열린 폴더를 보면 앞서 변환된 [여바라 01_원본] 파일 저장된 것을 알 수 있습니다. 변환된 파일은 재생하여 문제가 없는지 확인해보고 용량이 얼마나 줄었는지도 확인해봅니다.

변환 작업이 모두 끝났다면 작업 창을 닫으면 되며, 변환된 목록만 지우고자 한다면 상단 [목록 지우기]를 클릭하면 됩니다.

준비 및 시작
동영상 다운로드 프로그램 사용하기

보다 완성도 높은 결과물을 얻기 위해서는 직접 촬영한 동영상 소스(파일)로도 부족할 경우가 많습니다. 이럴 땐 남들이 만들어놓은 것을 살짝 활용해도 좋을 것입니다. 물론 저작권에 저촉되지 않는 선에서 말이죠. 이번에는 유튜브 등과 같은 인터넷에서 볼 수 있는 동영상(오디오)을 다운로드 받는 방법에 대해 알아보겠습니다.

무료 동영상 다운로드 프로그램 다운로드 및 설치하기

지금 다운로드 받을 무료 다운로더를 알기 전에 필자는 유료 다운로더를 사용했었습니다. 지금은 이 두 유료/무료 다운로더를 적절하게 사용하고 있습니다. 하지만 이제 여러분들은 금전적 부담을 전혀 느끼지 않고 다운로더를 사용하면 됩니다. 무료 동영상 다운로더를 다운로드 받기 위해 [www.clipdown.net]을 입력하여 접속합니다.

C ⓘ 주의 요함 | clipdown.net ← 주소입력하기

클립 다운 웹사이트가 열리면 [다운로드 for Windows] 버튼을 클릭하여 원하는 위치에 다운로드 합니다.

※ 클립다운은 현재 5버전이지만 지속적으로 업데이트됩니다.

클립다운이 다운로드되면 좌측 하단에서 [폴더 열기] 메뉴를 클릭하여 다운로드 폴더를 열어줍니다.

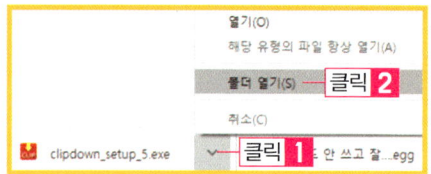

※ clipdown_setup_5.exe 또는 열기 메뉴를 클릭하면 직접 설치가 진행됩니다.

다운로드 폴더가 열리면 [clipdown_setup_5] 파일을 [더블클릭]하여 설치를 진행합니다.

CLIPDOWN 1.0 설치(버전 정보 오류) 창이 열리면 라이선스 계약 동의를 하기 위해 [동의함] 버튼을 클릭하여 다음 설정 창으로 이동합니다.

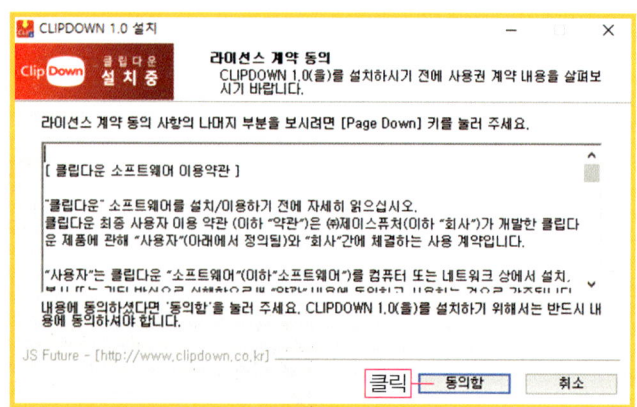

구성 요소 선택 창이 열리면 모든 요소를 선택한 후 [다음] 버튼을

누릅니다.

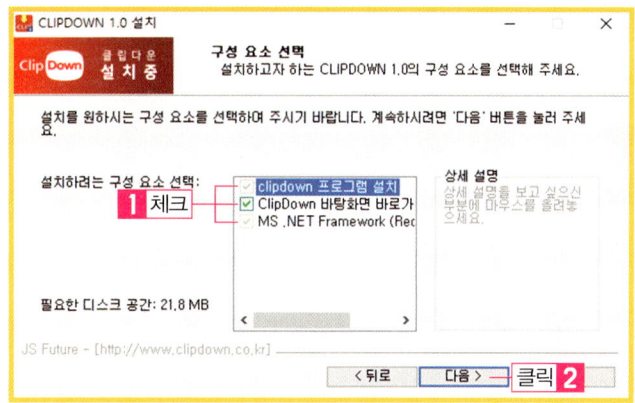

※ 바탕화면에 클립다운 실행 아이콘을 설치하지 않는다면 ClipDown 바탕화면 바로가기를 체크 해제한 후 설치하면 됩니다.

설치 위치 선택 창이 열리면 [설치] 버튼을 클릭하여 기본 위치에 설치합니다.

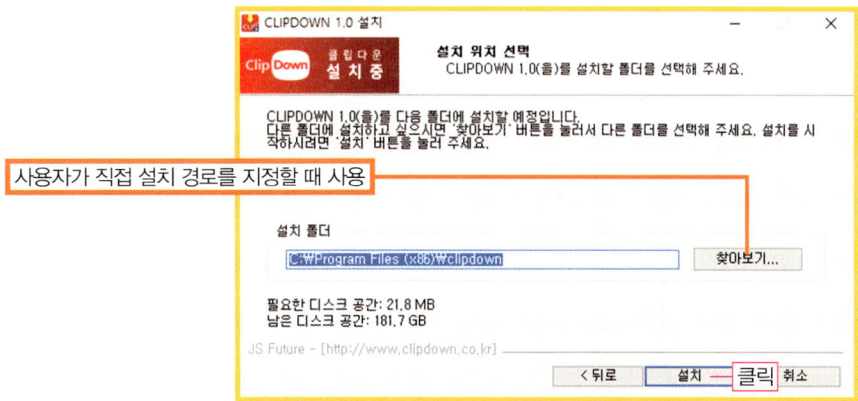

※ 프로그램을 새로 설치하는 방법은 앞서 몇 번의 경험을 통해 알 수 있었듯 다운로드 받은 후 실행하여 원하는 위치에 설치하면 됩니다. 이 과정에서도 설치 창에서 지시하는 것을 확인한 후 대부분 [다음] 버튼만 누르면 됩니다.

CLIPDOWN 1.0 설치 완료 창이 열리면 [마침] 버튼을 눌러 설치를 완료합니다.

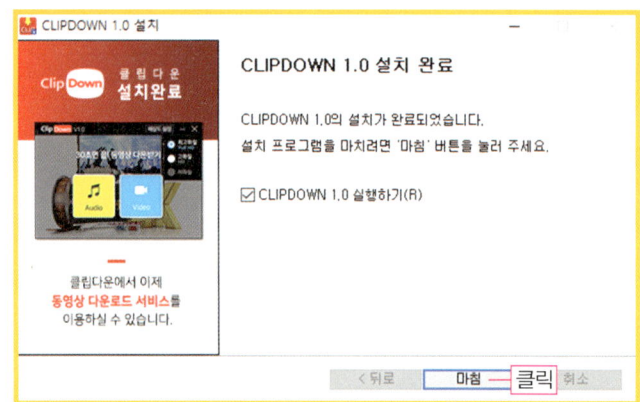

※ 설치를 완료할 때 CLIPDOWN 1.0 실행하기가 체크되었다면 클립다운이 자동으로 실행됩니다.

클립다운을 사용하여 유튜브 동영상 다운로드 받기

가장 많이 사용되는 유튜브에 있는 동영상을 다운로드 받기 위해 [YouTube]로 접속한 후 검색기에서 최근 가장 핫한 [블랙핑크]를 검색합니다. 검색이 완료되면 다운로드 받을 동영상 섬네일(작은 화면)을 클릭하여 해당 콘텐츠를 열어줍니다. 그다음 해당 콘텐츠 창의 플레이어가 열리면 우측 하단의 [공유] 버튼을 클릭합니다.

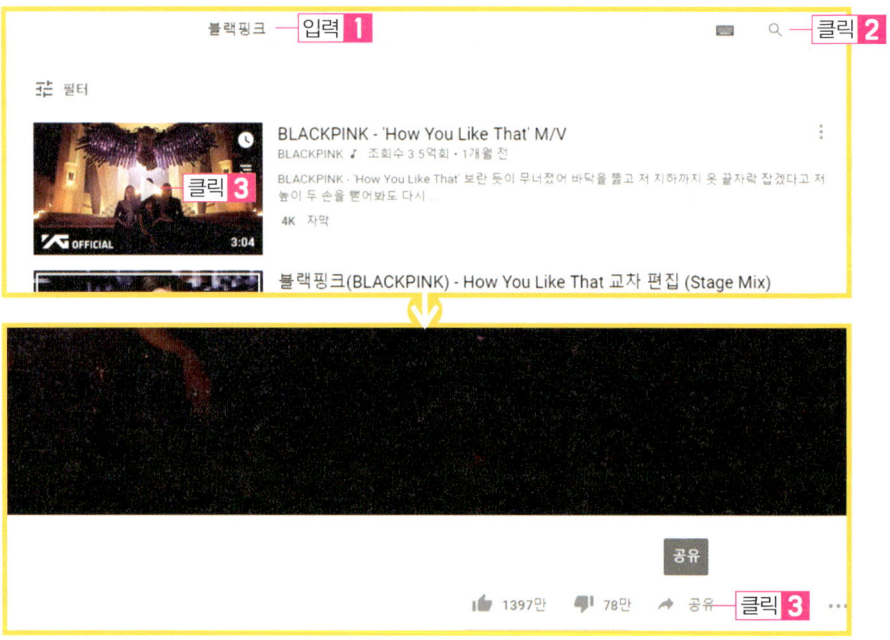

게시물 작성 창이 열리면 [복사] 버튼을 클릭합니다. 그러면 자동으로 다운로드 창이 열리는데 10초 전에 [다운로드] 버튼을 누르면 됩니다.

※ 최근 10초가 지난 후에도 다운로드 버튼을 누르지 못했다면 클립 다운 메인 창의 [다운로드] 버튼을 누르면 됩니다.

저작권에 관련된 메시지가 열리면 읽어본 후 [동의 합니다] 버튼을 누릅니다. 그러면 동영상 다운로드 정보를 가져오게 됩니다.

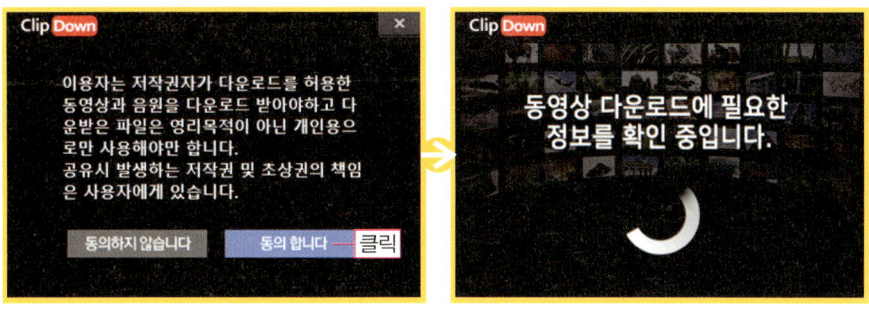

동영상을 다운로드 하시겠습니까? 창이 열리면 MP3 오디오를 받을 것인지 MP4 비디오 파일을 받을 것인지 선택할 수 있습니다. 여기에서는 비디오 파일을 받기 위해 [Video] 버튼을 클릭합니다.

다운로드가 완료되면 클립 다운 창의 다운로드 목록에 등록됩니다. 다운로드 받을 파일을 확인하기 위해 [폴더] 모양의 아이콘을 클릭합니다. 그러면 해당 비디오 파일이 저장된 것을 알 수 있습니다.

※ 최근 유튜브 등에서 사용되는 동영상 크기는 1920x1080입니다.

프로그램 제거하기

만약 불필요한 프로그램을 설치하였거나 다시 설치하기 위해 설치된 프로그램을 제거해야 한다면 [제어판] – [프로그램 및 기능]을 이용하거나 시작 메뉴 우측에 있는 윈도우 검색기에 [프로그램 제거]라고 입력한 후 삭제하고자 하는 프로그램을 클릭하면 나타나는 [제거] 버튼을 통해 쉽게 제거할 수 있습니다.

> 준비 및 시작

노이즈(잡음) 제거 프로그램 사용하기

노이즈는 일반적으로 촬영 시 현장에서 생긴 것과 레코딩 시 유입된 전기 신호인 험(Hum) 또는 히스(Hiss) 노이즈 등을 말합니다. 촬영 시 생긴 노이즈는 사람의 목소리나 악기 등과 유사한 주파수 대역을 가지고 있기 때문에 같은 시점에 유입되면 제거하기 어렵습니다. 예를 들어 인터뷰 도중 주위에 물건이 떨어지거나 다른 사람의 목소리가 들렸을 경우에는 제거할 수 없다는 것입니다. 하지만 험 또는 히스 노이즈는 목소리나 악기와는 다른 주파수 대역을 가지고 있기 때문에 비교적 간단하게 제거할 수 있습니다.

무료 노이즈 제거 프로그램 설치하기

노이즈를 제거해주는 무료 프로그램은 많지 않지만 오다시티(Audacity)라는 무료 오디오 편집 프로그램은 유료 오디오 편집 툴에 결코 뒤지지 않는 기능을 제공합니다. 오다시티를 다운로드 받기 위해 [학습자료] - [프로그램] 폴더에 있는 [Audacity] 바로가기 파일을 더블클릭하여 해당 웹사이트를 열어줍니다. 오다시티 웹사이트가 열리면 [DOWNLOAD] 메뉴를 통해 윈도우즈 또는 맥 버전을 다운로드 받을 수 있습니다.

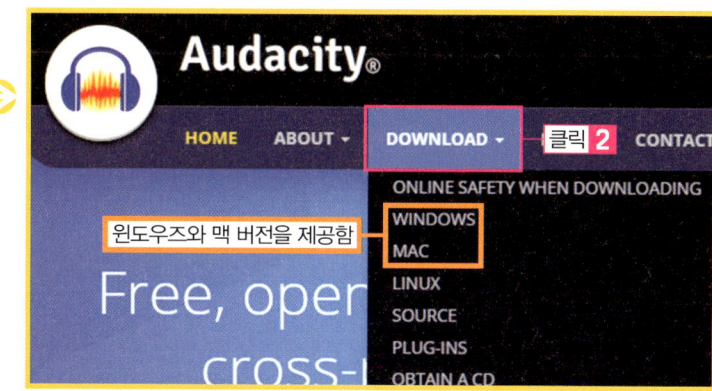

※ 오다시티의 설치는 학습 시간을 단축하기 위해 프로그램 폴더에 있는 미리 다운로드 받아놓은 설치 프로그램을 통해 직접 설치해보기로 하겠습니다.

[프로그램] 폴더에서 이미 다운로드 받아놓은 [audacity-win-2.3.0] 설치 파일을 더블클릭하여 설치를 시작합니다. 사용자 언어 선택 창이 열리면 [Korean]으로 선택한 후 [OK]합니다.

사용자 언어가 선택되었다면 다음 과정은 모두 [Next]과 [Install], [확인] 버튼을 클릭하여 진행 및 완료를 하면 됩니다.

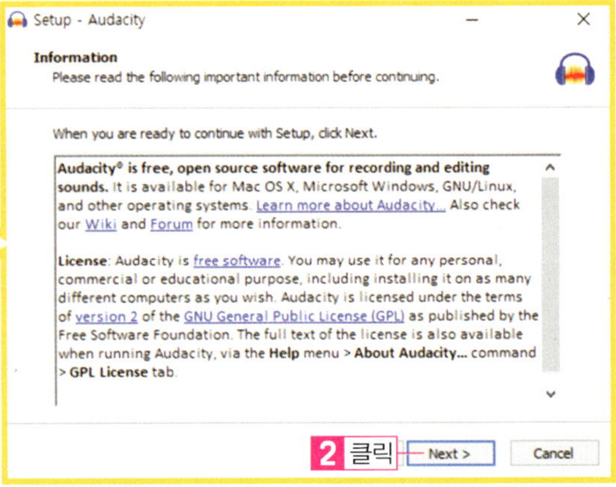

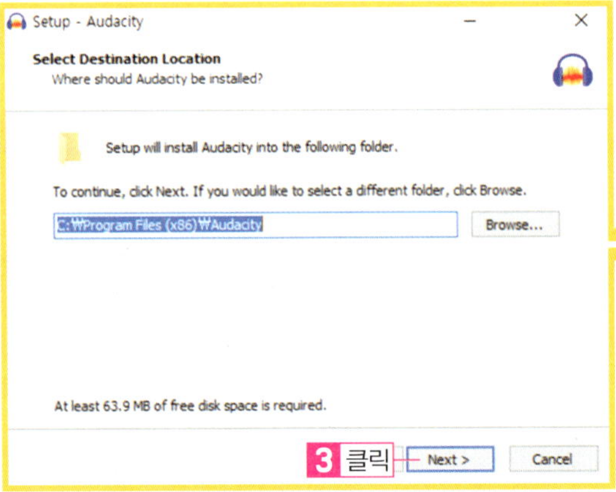

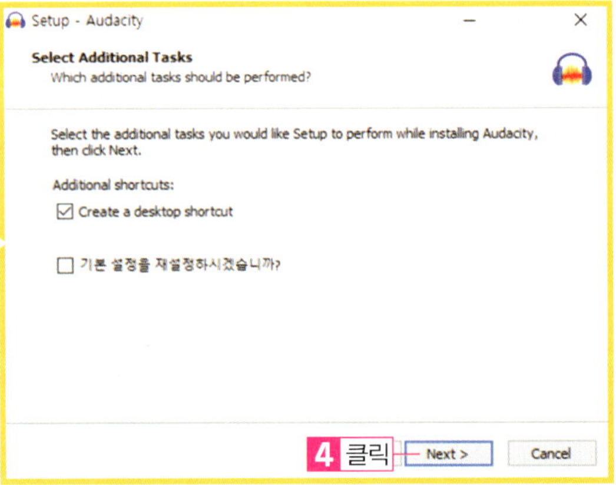

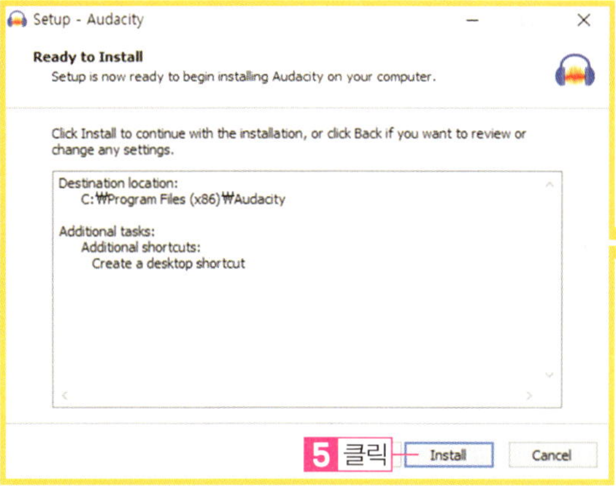

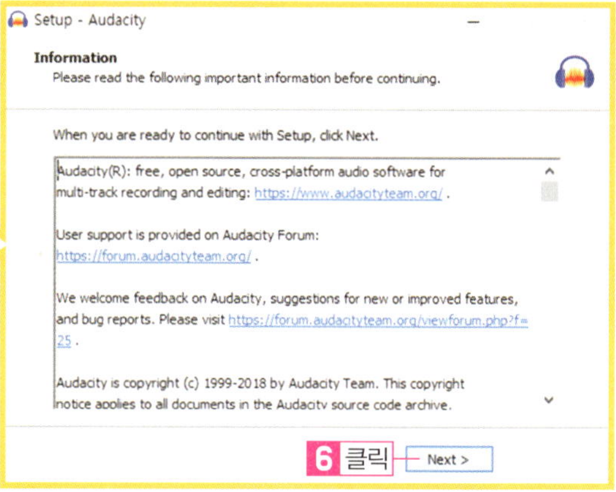

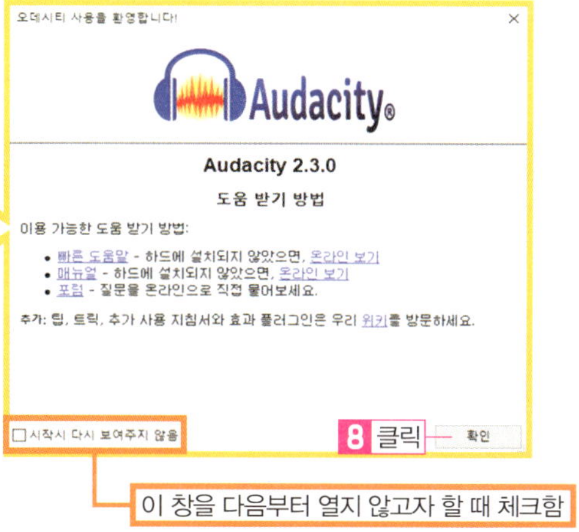

즐겨 사용되는 프로그램 시작 메뉴 타일에 등록하기

설치된 프로그램을 자주 실행해야 한다면 바탕화면보다는 시작 메뉴의 타일에 등록하는 것이 더 효율적입니다. 살펴보기 위해 방금 [시작] 메뉴를 열어준 후 최근에 추가한 항목에 있는 [오다시티]를 드래그하여 우측 타일의 원하는 위치로 갖다 놓습니다. 그러면 해당 프로그램(앱)이 타일에 등록되어 관리됩니다.

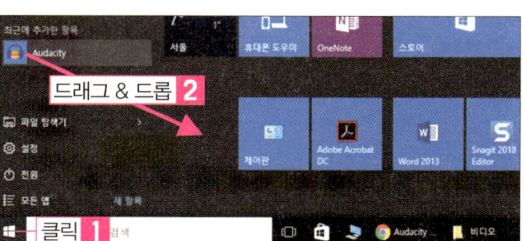

오다시티를 이용하여 노이즈 제거하기

오다시티에 노이즈 제거용 파일을 가져오기 위해 [파일] – [가져오기] – [오디오] 메뉴를 선택합니다.

Ctrl + Shift + I

파일 가져오기 창이 열리면 [학습자료] – [오디오] 폴더에 있는 [타이틀 샤우팅] 파일을 가져옵니다.

고음질(WAV) 오디오 파일을 가져올 때 경고 창이 뜨면 [원본에서 파일 직접 읽기]를 체크한 후 가져옵니다. **경고 창의 내용을 읽어보기 바랍니다.**

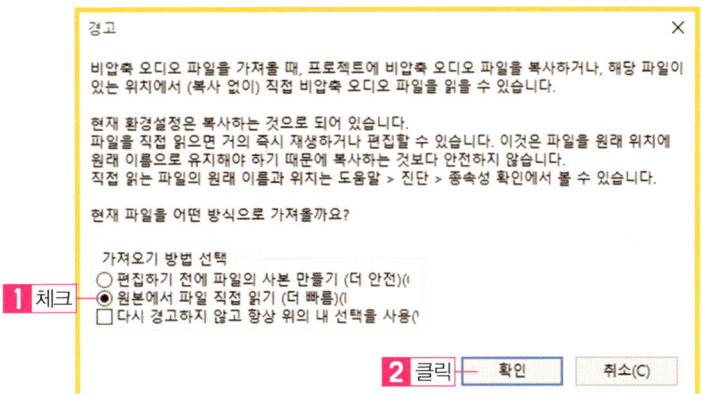

노이즈 제거용 파일이 적용되면 그림처럼 오다시티 오디오 트랙에 스테레오(RL 채널) 형태로 적용된 것을 알 수 있습니다. 일단 먼저 [재생] 버튼을 누르거나 [스페이스바]를 눌러 소리를 들어봅니다. 그러면 음성 배경으로 "쉬~~~" 소리가 들릴 것입니다. 이것을 히스(Hiss) 노이즈라고 합니다.

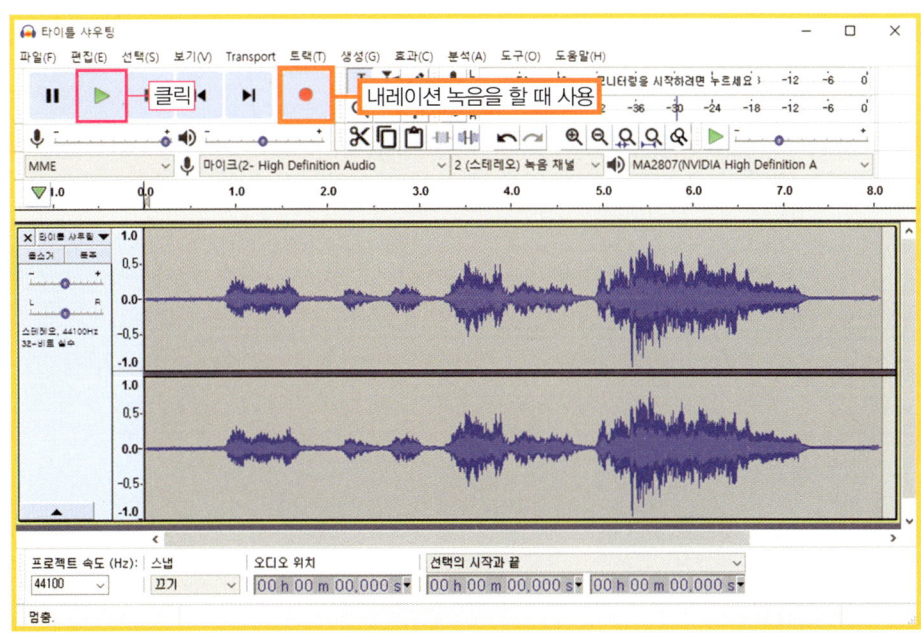

※ 히스 노이즈는 음성과 악기 소리와는 다른 주파수를 가지고 있기 때문에 제거를 할 수 있지만 녹음(촬영) 시 노이즈가 유입되지 않도록 하는 것이 무손실 음질을 위한 최선의 방법입니다.

오디오 파형(웨이브)을 보면 음성을 제외한 구간에도 얇지만 두께가 있는 수평선이 보이는 것을 알 수 있는데, 이 구간이 바로 히스 노이즈 파형입니다. 이제 노이즈 구간을 제거하기 위해 클릭 & 드래그하여 영역을 선택합니다.

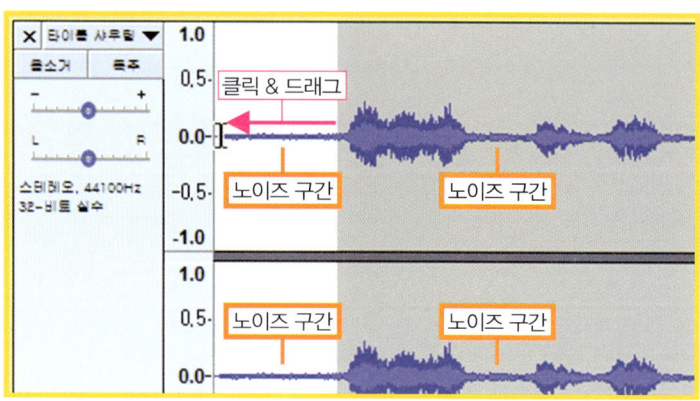

방금 지정한 노이즈 구간을 분석하기 위해 상단 [효과] 메뉴에서 [노이즈 리덕션 (잡음 감쇄)] 메뉴를 선택합니다. 노이즈 리덕션 설정 창이 열리면 [노이즈 프로파일 구하기] 버튼을 클릭하여 선택된 구간의 노이즈를 분석합니다.

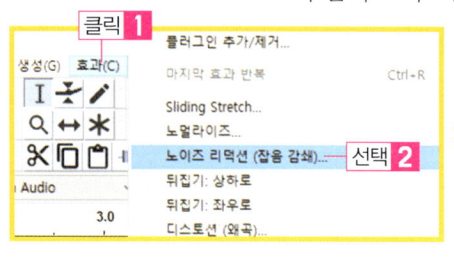
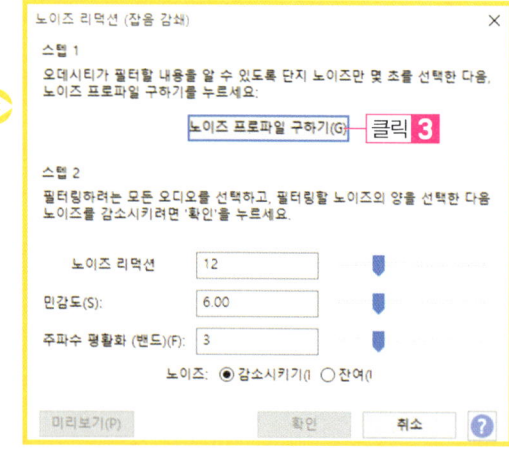

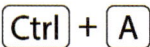

이제 앞서 분석한 노이즈 검색 데이터를 기준으로 전체 오디오에 대한 노이즈를 제거하기 위해 [Ctrl] + [A] 키를 눌러 모든 구간을

선택한 후 [효과] - [노이즈 리덕션 (잡음 감쇄)] 메뉴를 다시 한번 선택합니다.

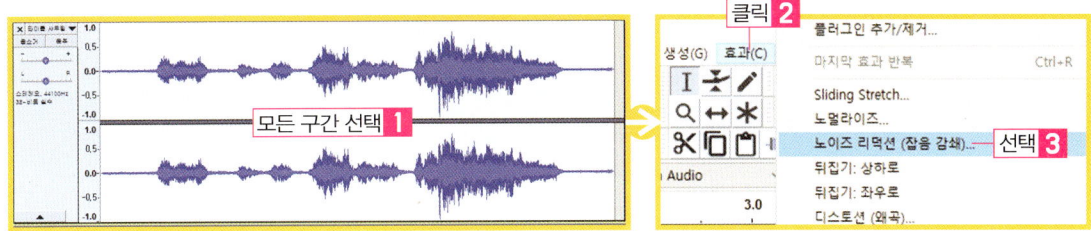

노이즈 설정 창이 열린 후 [미리보기] 버튼을 클릭하여 소리를 들어보면 이전보다 훨씬 깨끗하게 들리는 것을 알 수 있습니다. 지금의 결과가 만족스럽다면 [확인] 버튼을 클릭하여 적용합니다.

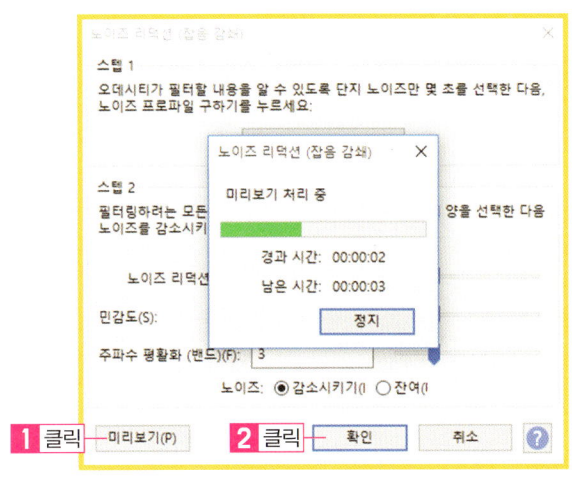

노이즈가 제거된 모습을 확인해보면 얇게 보였던 노이즈 파형의 모습이 아주 얇은 선으로 바뀐 것을 알 수 있습니다. 이것은 즉, 노이즈 구간의 소리가 완전히 사라졌다는 의미입니다.

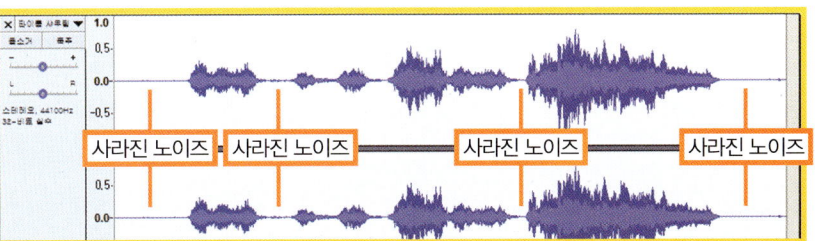

세부 설정으로 노이즈 제거하기

만약 앞서 살펴본 자동화 방법으로도 만족스러운 결과를 얻지 못했다면 노이즈 리덕션 설정 창에 있는 노이즈 리덕션, 민감도, 주파수 평활화 3가지 옵션을 설정하여 원하는 결과를 얻을 수도 있습니다. 설정한 후 미리보기(듣기)를 통해 원하는 결과가 나오도록 직접 살펴보기 바랍니다.

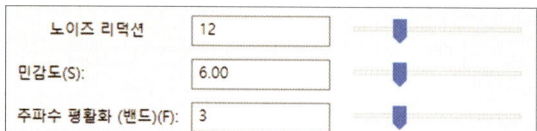

이제 제거된 노이즈 파일을 새로운 파일로 만들기 위해 [파일] - [내보내기] - [MP3로 내보내기] 메뉴를 선택합니다. 오디오 내보내기 창이 열리면 원하는 위치(폴더)에 저장합니다.

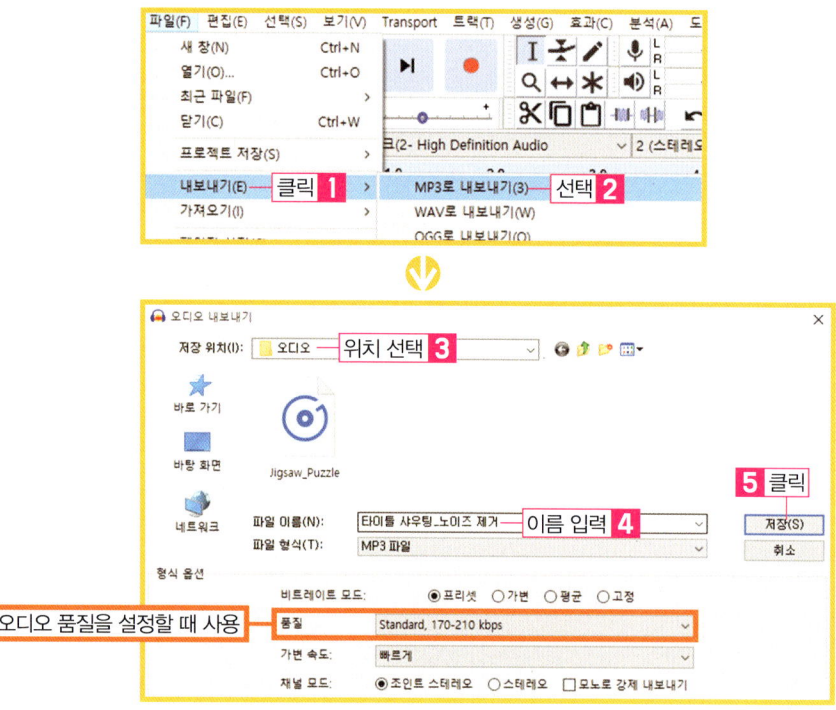

LAME 찾기 창이 열리면 찾아보기나 다운로드 버튼을 통해 MP3

형식으로 만들어주기 위한 DLL 파일을 적용해야 합니다. 여기에서는 미리 다운로드 받아 놓은 DLL 파일을 [찾아보기] 버튼을 클릭하여 [학습자료] - [프로그램] 폴더에 있는 [lame_enc] 파일을 가져와 적용합니다.

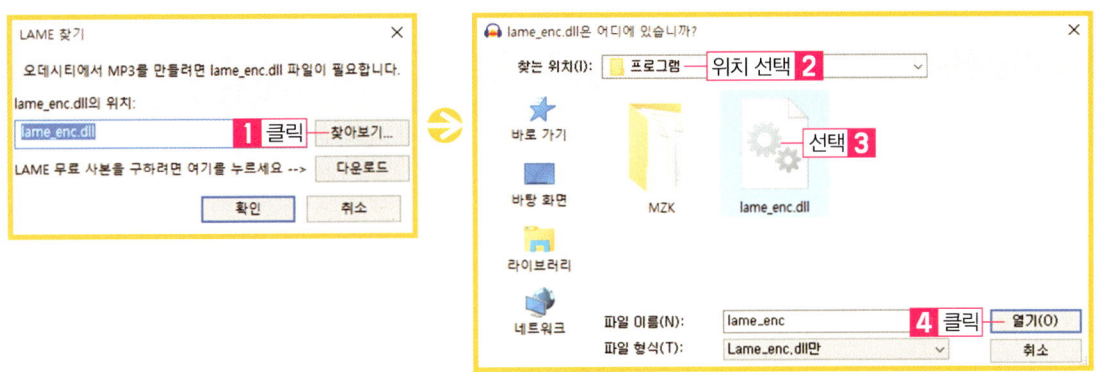

※ MP3가 아닌 고품질 무손실 WAV 형식의 파일은 별도의 DLL 파일 없이도 내보내기가 가능합니다.

다시 LAME 찾기 창으로 되돌아오면 [확인] 버튼을 클릭합니다. 마지막 과정으로 메타데이터 태그 편집 창이 열리면 [확인] 버튼을 클릭하여 새로운 오디오 파일을 만들어줍니다.

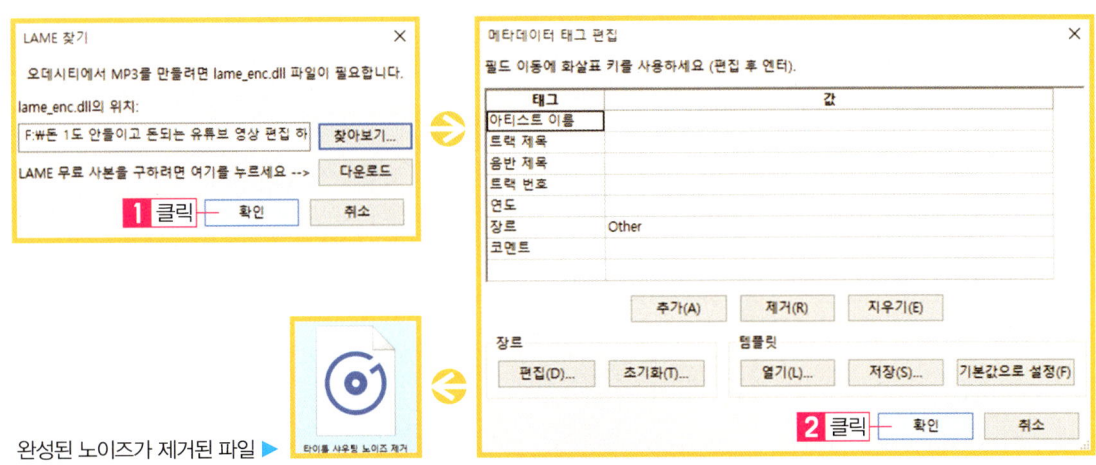

완성된 노이즈가 제거된 파일 ▶

※ 메타데이터는 파일에 대한 정보(저작자, 제작일, 장르 등)를 파일에 담기 위해 사용되지만 개인용 파일에는 특별히 메타데이터를 작성할 필요까지는 없습니다.

준비 및 시작
동영상 편집 프로그램 사용하기

드디어 본 도서의 메인 이벤트인 동영상 편집 프로그램을 설치하고 사용하는 방법에 대해 학습을 할 차례입니다. 앞서 언급을 했듯 본 도서에서는 무료 편집 툴인 [히트필름 익스프레스] 버전을 이용하여 전문가 못지않은 멋진 영상을 만들어볼 것입니다. 앞서 학습한 다양한 툴들도 중요하지만 이제부터는 히트필름을 통해 편집하는 방법에 대해 집중하기 바랍니다.

무료 동영상 편집 프로그램 다운로드 받기(회원가입)

무료 동영상 편집 프로그램이 유료 프로그램을 대체하기는 쉽지 않지만 본 도서에서 사용되는 히트필름은 올 인 원(All In One)이란 심플하고 차별화된 인터페이스만으로도 이미 웬만한 유료 프로그램을 능가하기 때문에 특히 처음 시작하는 분들에게 추천합니다. 이제 무료 영상 편집 툴인 히트필름 익스프레스를 다운로드 받기 위해 [학습자료] – [프로그램] 폴더에서 [FXhome] 바로가기 파일을 더블클릭하여 해당 웹사이트(www.fxhome.com)를 열어준 후 [Account] 버튼을 클릭한 후 열리는 Log in... 창에서 [Get free account] 버튼을 클릭합니다.

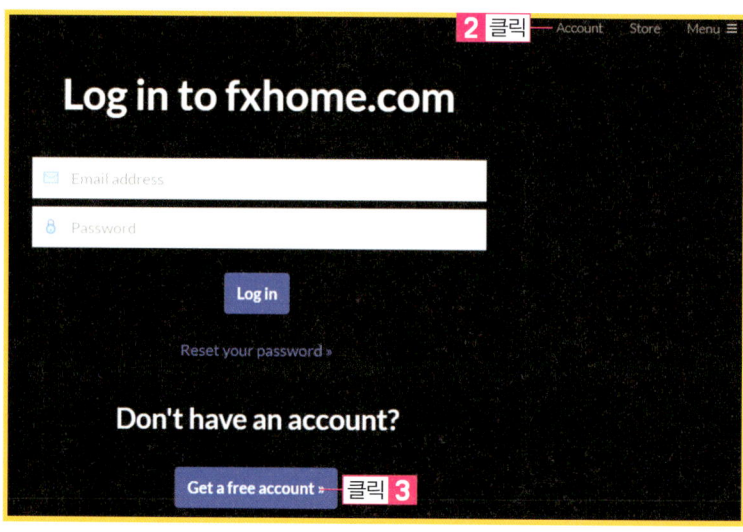

계속해서 [Join today] 창이 열리면 회원가입을 위해 그림처럼 사용자 이름(영문)과 이메일 주소, 사용할 비밀번호를 입력하고 국가화 나이를 선택한 후 그밖에 옵션을 체크합니다. 그다음 [Create account] 버튼을 클릭합니다. 계정이 정상적으로 생성되면 그림처럼 [Thanks! Now Check your email and...] 창이 열리게 됩니다. 이제 이메일에서 확인 및 로그인을 하기 위해 [Send email again] 버튼을 클릭합니다.

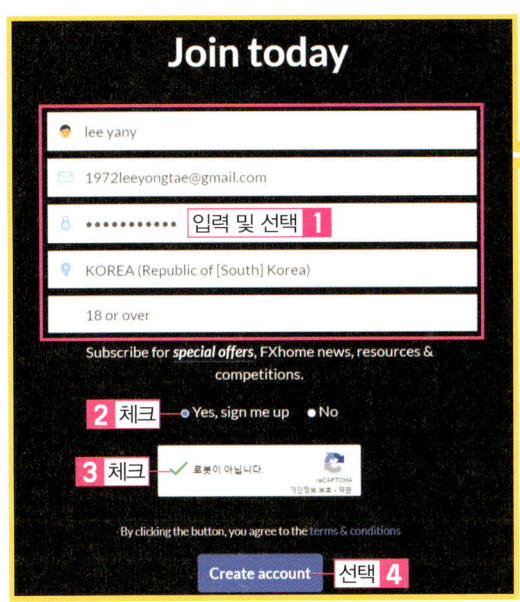

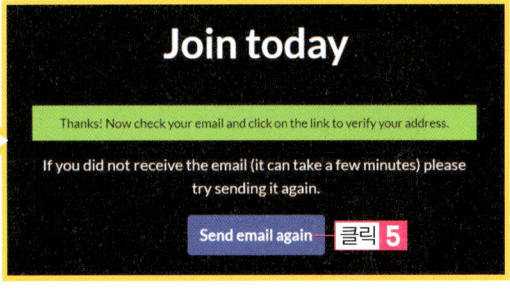

※ 히트필름 익스프레스는 PC 1대에 하나의 계정만 설치되기 때문에 다른 컴퓨터에는 무조건 다른 계정(사용자 이름과 이메일)을 사용해야 합니다. 중복된 정보가 있을 경우 에러 메시지가 뜨게 됩니다.

계속해서 앞서 계정을 만들 때 사용한 이메일로 들어갑니다. 그러면 그림처럼 FXhome에서 보낸 메일이 도착해있을 것입니다. 여기에서 [COMPLETE YOUR REGISTRATION] 버튼을 클릭합니다.

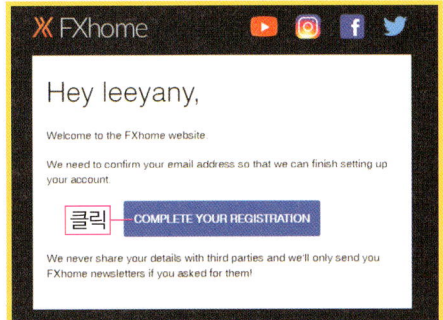

※ 링크 버튼의 이름은 버전에 따라 달라질 수 있습니다.

히트필름 익스프레스 다운로드 받기

자동 로그인 상태로 FXhome 웹사이트가 열리면 [Menu] - [Hit Film Express FREE] 버튼을 클릭합니다. 다음 창이 열리면 [Get HitFilm Express Free] 버튼을 클릭하여 다음 창으로 이동합니다. 그러면 무료였던 히트필름에 가격이 생겼다는 것을 알 수 있는데, 그냥 무시하고 무료로 사용하기 위해 노란색 아이콘을 우측 끝으로 이동합니다. 그러면 무료로 사용되는 히트필름으로 설정됩니다. 이제 [Download] 버튼을 클릭합니다.

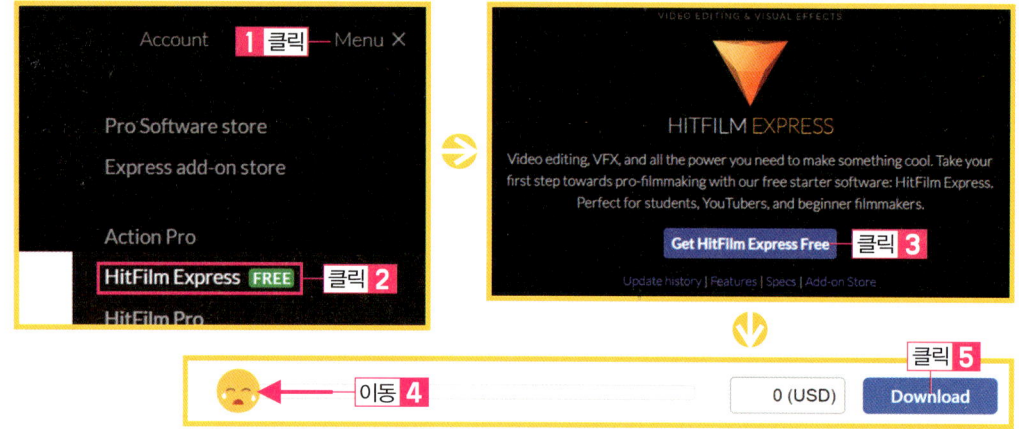

히트필름을 설치하기 위한 최적의 시스템 사양

히트필름을 설치하기 전에 여러분의 컴퓨터 환경을 미리 살펴보기 바랍니다. 다음은 히트필름에 적합한 하드웨어 및 소프트웨어(운영체제) 사양입니다. 원활한 작업을 위해 해당 사양에 부합되도록 컴퓨터 환경을 구축하기 권장합니다.

- **맥(Apple)** MacOS 10.14 모하비 / 10.13 High Sierra / OS X 10.12 Sierra 또는 OS X 10.11 El Capitan
- **윈도우즈(Windows)** Windows 10(64 비트) / Windows 8(64 비트)
- **인터넷** 온라인(인터넷)을 통해 프로그램 사용 인증을 하기 위해 필요함
- **프로세서** Intel Core i5 / Core i7(권장) 또는 AMD와 동일합니다.
- **메모리(RAM)** 8GB(16GB 이상 권장)
- **그래픽 카드** NVIDIA GeForce 400 시리즈(권장) / AMD Radeon HD 6000 시리즈 / 인텔 HD 그래픽 4000(GT2) / 비디오 메모리 최소 1GB(4K UHD의 경우 2GB 이상 필요함)

이제 히트필름 익스프레스를 설치하기 위해 Step 2 : Download the installer에서 프로그램을 다운로드 받습니다. 필자는 윈도우 버전을 선택하였습니다.

※ 히트필름은 지속적인 업데이트를 하기 때문에 여기에서 설명하는 버전보다 상위 버전일 수 있습니다.

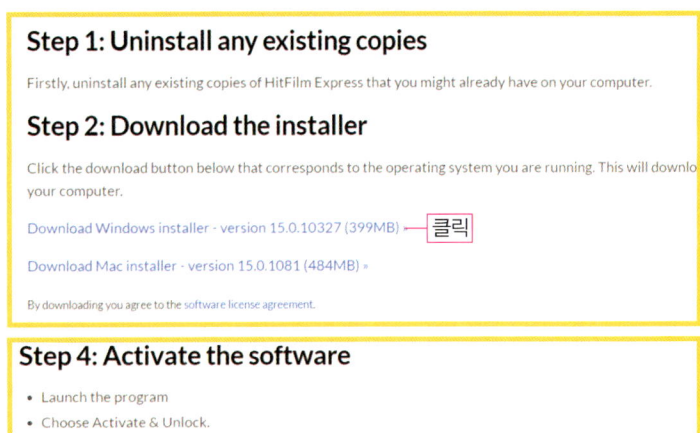

※ 여기에서 Step 4 : Activate the software를 보면 시리얼 번호가 나오는데, 이 번호는 차후 정상적으로 사용하기 위한 번호이기 때문에 복사해놓습니다.

히트필름 익스프레스 설치하기

히트필름 설치를 위한 환경이 조성되었다면 이제 앞서 다운로드 받은 실행 파일(HitFilmExpress_x64)을 클릭하여 설치를 시작합니다. 설치 과정에서는 특별한 설정이 없으므로 [Next]와 [Typical], [Install], [Finish] 버튼을 클릭하여 설치를 완료합니다.

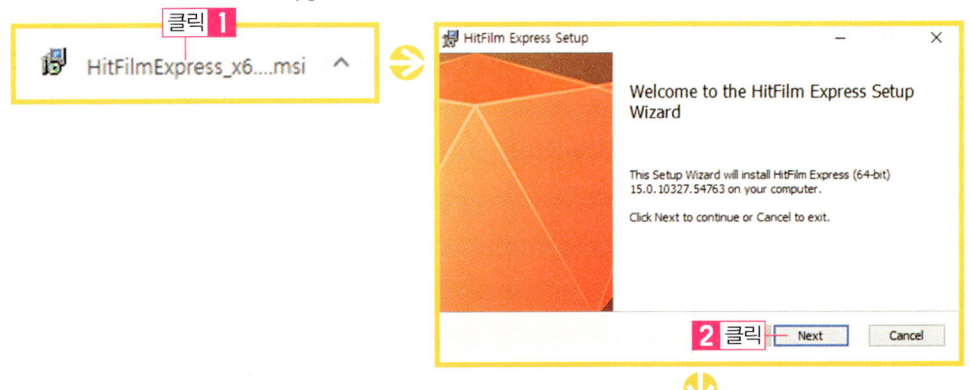

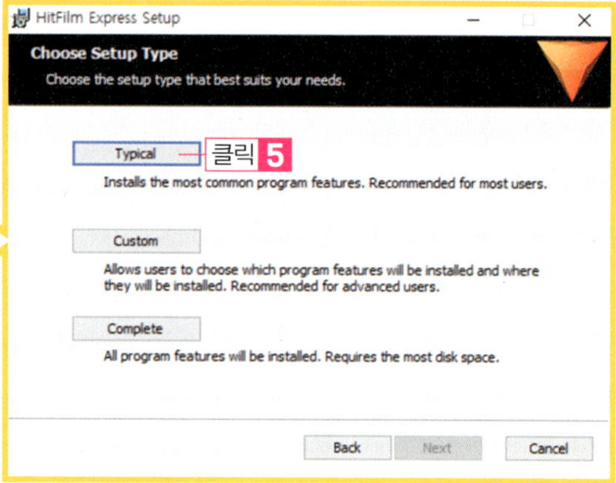

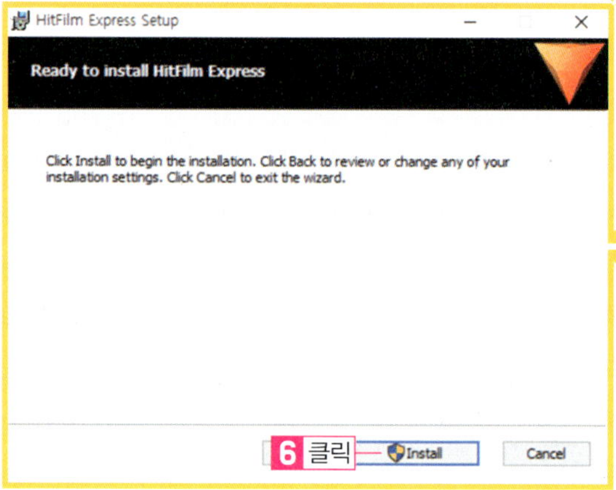

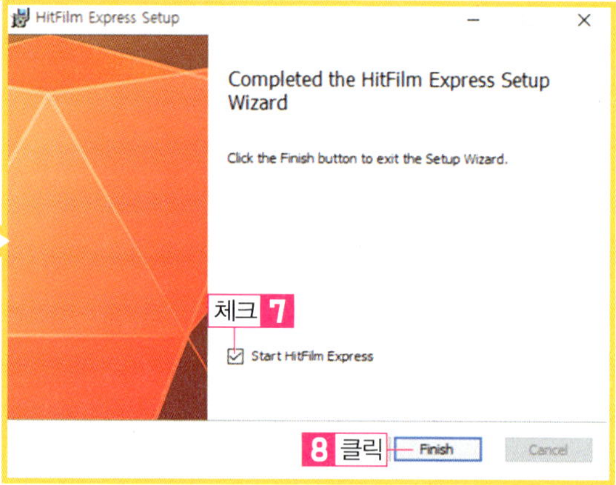

히트필름 익스프레스 인증(액티베이션)하기

설치가 끝났다면 히트필름이 자동 실행될 것입니다. 최초로 실행된 히트필름은 어카운트를 통해 인증해야 작업한 내용을 최종적으로 출력(파일 만들기)할 수 있습니다. 히트필름 인터페이스 우측 상단을 보면 [Activate]라고 표시되어있는 것을 알 수 있듯 초기에는 편집은 가능하지만 출력이 불가한 상태이므로 액티베이트를 해야 합니다.

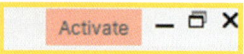

이제 액티베이트를 하기 위해 [ACTIVATE & UNLOCK] 버튼을

클릭한 후 어카운트 창이 열리면 앞서 다운로드를 위해 사용자 등록에 입력했던 이메일과 비밀번호를 입력하고 [LOGIN] 버튼을 클릭하여 인증을 마무리합니다.

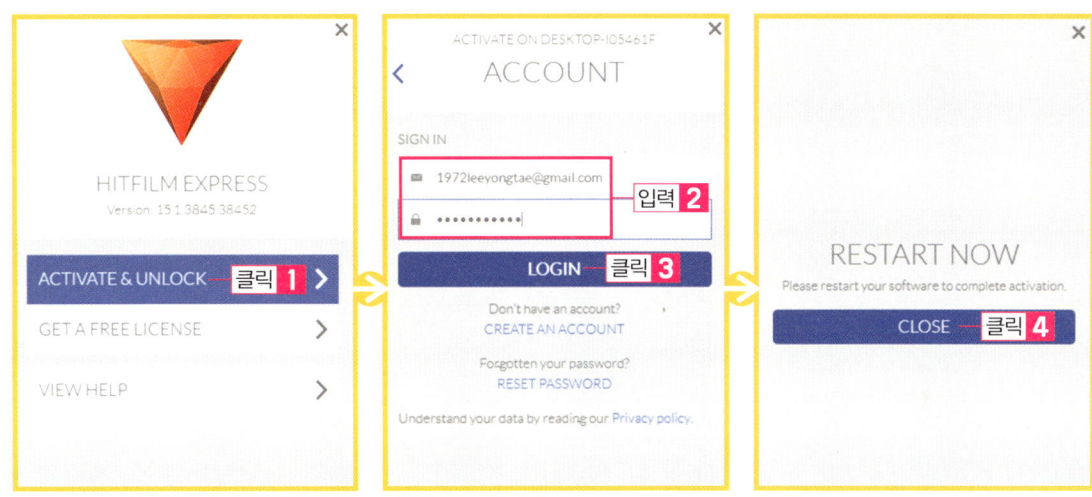

어카운트 인증이 끝나면 프로그램을 종료하였다가 다시 열어주어야 합니다. [Ctrl] + [F4] 키를 누르거나 우측 상단 모서리에 있는 [X] 버튼을 클릭하여 종료한 후 다시 실행하게 되면 액티베이트 표시가 사라지게 됩니다. 이것은 익스프레스 버전을 정상적으로 사용할 수 있다는 의미입니다. 이제부터 히트필름을 통해 실제 영상 편집 작업을 하는 방법을 하나하나 학습해보도록 하겠습니다.

※ 본 도서에서는 이전 버전인 12버전을 기초로 하고 있으며, 현재의 15버전에서 바뀐 부분을 가급적 기술하려고 하였습니다.

히트필름 사용하기
프로젝트 생성하기

하나의 새로운 작업을 시작하기 위해서는 프로젝트라는 것을 생성해야 합니다. 그리고 생성된 프로젝트에서는 다양한 방법과 기능을 통해 프로젝트를 완성하게 됩니다. 이제 새로운 작업을 하기 위한 프로젝트를 생성하기 위해 상단 [File] 메뉴에서 [New]를 선택하거나 좌측 상단의 [New] 버튼을 클릭합니다.

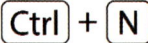

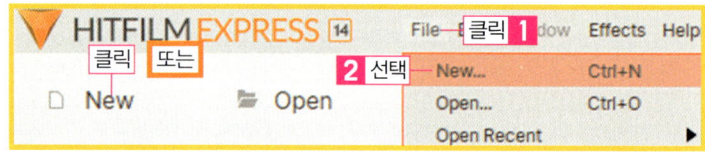

새로운 프로젝트 설정 창이 열리면 템플릿(Template)을 1080p Full HD @ 30 fps로 선택한 후 [OK] 버튼을 클릭하여 프로젝트를 생성합니다.

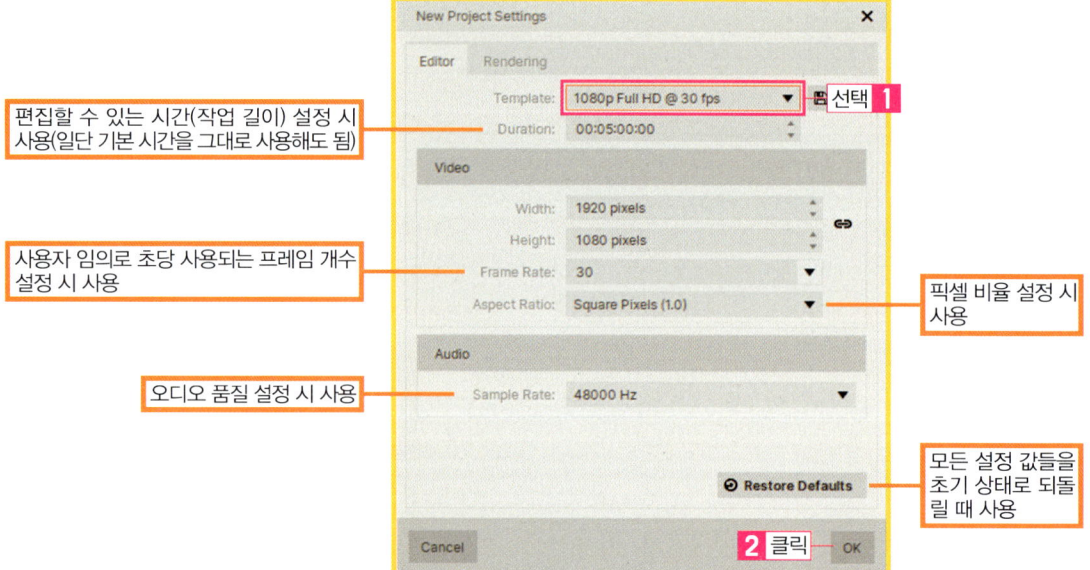

※ 1080p Full HD @ 30 fps는 유튜브를 비롯한 가장 일반적으로 사용되는 동영상 규격으로 가로와 세로의 크기가 1920x1080, 초당 프레임 개수를 30개 사용합니다. 본 학습은 유튜브를 위한 것이므로 방금 설정된 규격을 사용할 것이지만 여러분들이 원하는 규격이 있다면 그 규격으로 설정하면 됩니다. 참고로 1920x1080는 가로 비율을 반올림하여 2K라고도 합니다.

인터페이스 살펴보기

히트필름을 보다 쉽게 학습하기 위해서는 히트필름의 인터페이스 정의와 각 기능의 명칭 그리고 주요 기능의 역할에 대해 숙지하고 있어야 합니다. 참고로 히트필름의 메뉴는 다른 프로그램과는 다르게 상단의 몇몇 주요 메뉴를 제외한 나머지 메뉴(기능)들은 단축키를 통한 메뉴들로 구성되어있어 메인 화면에서는 보이지 않습니다. **업데이트된 버전에 따라 약간의 변화가 생길 수 있음**

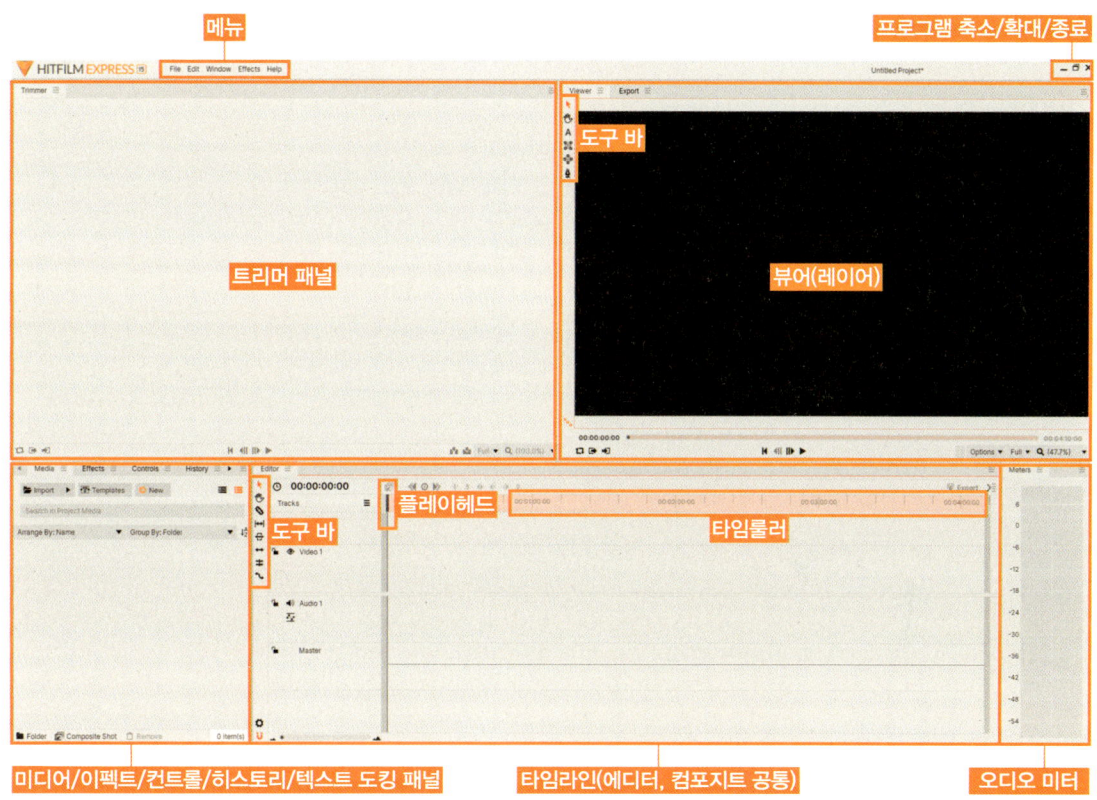

| 메뉴(File) | 파일(File) 메뉴에서는 새로운 프로젝트 생성, 프로젝트 파일 가져오기, 저장하기, 작업환경을 설정할 수 있는 옵션과 프로그램을 종료할 수 있는 Exit 메뉴 그리고 에디트(Edit) 메뉴에서는 작업 취소/복귀, 자르기, 복사하기, 붙여넣기, 지우기 등과 같은 편집 작업을 위한 메뉴를 사용할 수 있으며, 뷰(View) 메뉴에서는 각 작업 스크린과 패널로 이동되는 메뉴와 작업 레이아웃을 선택하는 메뉴들을 사용할 수 있습니다. |

| 프로그램 축소/확대/종료 | 나열된 각 작업 버튼의 순서대로 [_] 버튼은 작업 중인 프로그램을 최소화할 수 있으며, [ㅁ] 버튼은 최대로 확대할 수 있습니다. 그리고 마지막 [X] 버튼을 클릭하면 프로그램이 종료됩니다. |

트리머 패널 (Trimmer)	트리머 패널에서는 주로 비디오(오디오) 파일의 필요한 부분만 발췌(장면의 인/아웃 포인트 편집)하여 타임라인에 적용하는 어셈블 편집(Assemble Editing)을 위해 사용됩니다. 필요에 따라 최종적으로 사용될 장면을 세부 편집한 후 타임라인에 적용할 수도 있습니다.
뷰어(Viewer)	뷰어는 타임라인을 통해 편집되는 장면을 실시간으로 볼 수 있는 곳으로 실제 편집 작업이 이뤄지는 모습을 볼 수 있으며, 장면 이동, 크기 조절, 회전 등과 같은 작업을 할 수 있기 때문에 편집 작업에서 가장 중요한 역할을 합니다. 또한 뷰어는 레이어(Layer)로도 전환하여 사용할 수 있는데, 레이어는 컴포지트 전체가 아닌 개별 레이어에 대한 모션 트래킹 작업을 할 때 사용됩니다.
도구 바(Tools Bar)	히트필름에서의 도구 바는 뷰어(레이어)와 타임라인(에디터/컴포지트) 패널 두 곳에서 제공되는데, 도구 바는 편집 작업을 할 때 가장 많이 사용되는 작업 도구들을 한 곳에 모아 놓은 곳으로 뷰어에서는 장면(이미지)를 이동, 회전, 크기 조절과 같은 작업과 글자(자막), 마스크 생성 등에 사용되는 도구들을 제공하며, 타임라인(에디터/컴포지트)에서는 클립(레이어)의 선택, 이동, 자르기, 속도 조절하기 등과 같은 비디오 편집 작업을 위한 도구들을 제공합니다.
미디어/이펙트/컨트롤/히스토리/텍스트 도킹 패널	작업을 위한 미디어 파일을 가져와 관리하는 미디어, 효과 적용을 위한 이펙트, 적용된 이펙트 및 설정을 위한 컨트롤, 작업 취소/복귀를 위한 히스토리, 자막 제작을 위한 텍스트 패널이 한 곳에 도킹되어있는 공간이며, 그밖에 작업 패널을 도킹하거나 불필요한 패널은 이 곳에서 분리할 수도 있습니다.
타임라인(Timeline)	가져온 미디어 파일을 적용하여 비디오 편집을 하거나 합성, 이펙트, 모션 작업 등과 같은 실제 작업을 위한 공간으로 히트필름에서의 대부분의 작업이 이 곳에서 이루어집니다.
플레이헤드 (Playhead)	플레이헤드는 타임라인의 작업 시간, 즉 편집을 위한 장면으로 간편하게 이동(좌우로 드래그)할 수 있게 해주는 기능으로 플레이헤드가 이동되는 지점은 뷰어(레이어 뷰어)를 통해 볼 수 있으며, 시간은 타임 디스플레이(타임코드)를 통해 확인할 수 있습니다.
타임룰러(시간자)	시간 단위를 표시해 놓은 곳으로 작업 시간을 확인할 수 있습니다. 시간 단위는 기본적으로 시간:분:초:프레임으로 나눠지며, 타임 디스플레이에서 현재 시간(플레이헤드가 위치한 곳)을 확인할 수 있습니다.
오디오 미터 (Meters)	작업에 사용되는 오디오 클립의 마스터 볼륨 및 밸런스 등 오디오에 대한 정보를 표시합니다.

※ 하나의 프로그램을 이해하는 가장 빠른 방법은 해당 프로그램을 실행하여 프로그램이 어떻게 작동되는지 여러 기능들을 한번 둘러보고 직접 사용해 보는 것입니다. 이러한 오버뷰(Overview)를 하고 나면 프로그램의 각 부분에 대한 세부적인 내용을 배울 때에도 기능들이 어떻게 사용되고, 어느 상황에 사용해야 하는지 이해하는데 많은 도움이 됩니다.

히트필름 사용하기
작업을 위한 동영상 파일 가져오기

이제 앞서 생성한 프로젝트, 즉 편집 작업을 위해 사용되는 파일 (동영상, 이미지, 오디오)을 가져오기 위해 좌측 하단의 미디어 (Media) 패널에서 [Import] 버튼을 클릭한 후 나타나는 메뉴에서 [Media]를 선택합니다.

Ctrl + Shift + O

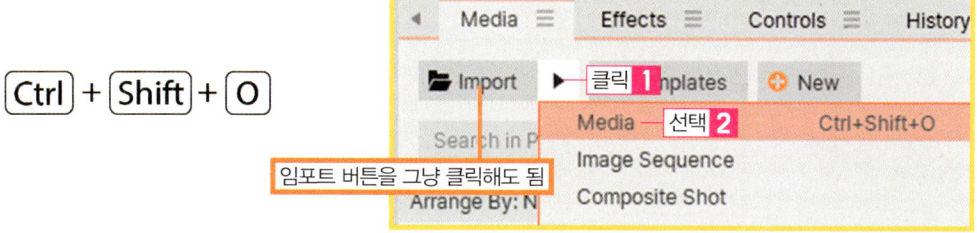

임포트 창이 열리면 [학습자료] – [비디오] 폴더에 있는 파일 중 [여바라 01_원본]을 제외한 [여바라 01~06], [크로마키], [타이틀 샤우팅] 파일을 [Ctrl] 키를 누른 상태로 복수 선택하여 가져옵니다.

가져온 파일들은 미디어 패널에서 관리되며, 파일이 너무 많을 경우에는 보기 모드를 리스트 모드로 변경하는 것이 효율적입니다. 또한 좌측 하단의 New Folder를 클릭하여 폴더를 생성한 후 각 파일들을 종류별로 관리할 수도 있습니다.

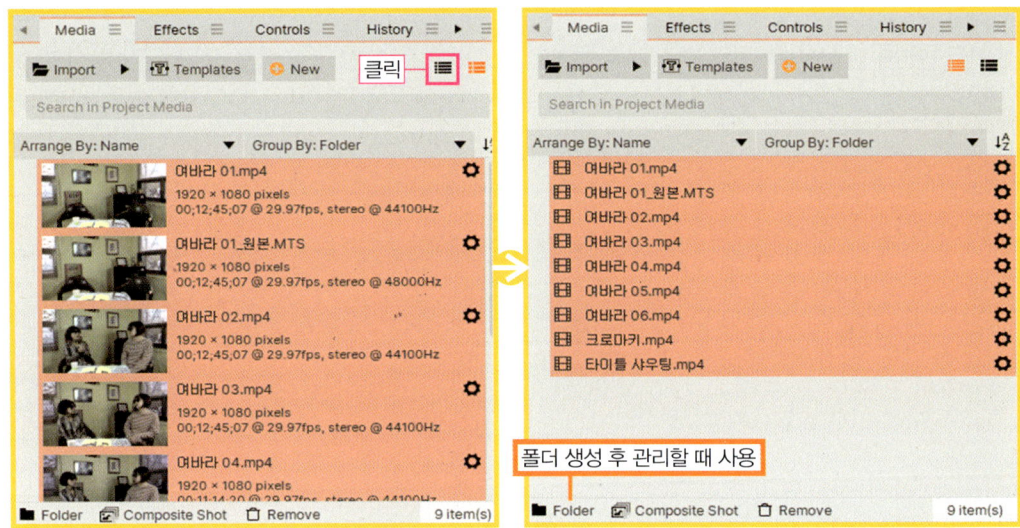

※ 임포트(Import)를 이용하여 불러올 수 있는 파일 형식은 동영상 이외에 개별로 사용되는 이미지와 오디오가 있습니다.

히트필름 사용하기
이미지 시퀀스 파일 가져오기

이번에는 이미지 이름 뒤에 번호가 붙은 시퀀스 형식의 이미지 파일을 가져오는 방법에 대해 알아보기 위해 [Import] - [Image Sequence] 메뉴를 선택합니다.

임포트 이미지 시퀀스 창이 열리면 2개의 폴더가 있는데, 이번에는 [Time lapse] 폴더를 선택한 후 [폴더 선택] 버튼을 클릭하여 폴더 안에 있는 번호가 붙은 이미지를 모두 가져옵니다. 그러면 스틸 이미지(일반적으로 하나로 사용하는 이미지)와는 다르게 동영상 파일처럼 적용됩니다.

시퀀스 파일이란 무엇인가요?

시퀀스는 각각 개별로 촬영되거나 만들어진 낱장의 이미지 파일에 번호가 붙은 형식으로 하나의 이미지 파일만 가져올 때와는 다르게 번호 순으로 합쳐진 형태로 가져와 동영상 파일처럼 사용하기 위한 방식입니다. 일반적으로 타임랩스(인터벌 촬영)로 촬영해서 얻어진 이미지나 3D 툴과 같은 애니메이션 툴에서 제작된 결과물을 히트필름과 같은 합성 툴에서 사용할 때 유용합니다. 참고로 앞서 가져온 Time lapse 폴더 안에는 그림처럼 00~89까지 번호가 붙은 낱장의 이미지 파일들이 있습니다.

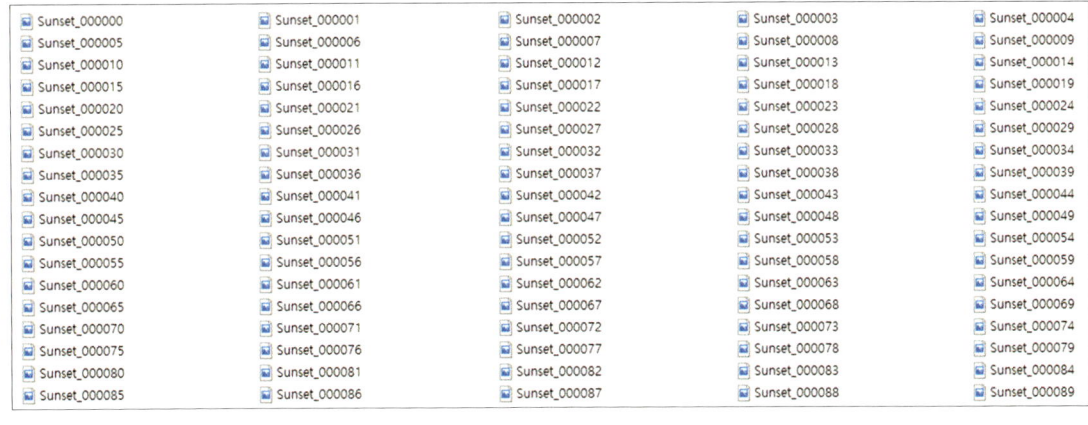

시퀀스 파일을 확인해보기 위해 트리머(Trimmer) 패널 하단의 [플레이헤드]를 좌우로 드래그(스크러빙)하면 선택된 Time lapse 시

퀸스 클립의 일몰 장면이 동영상으로 보여집니다.

히트필름 사용하기
편집에 최적화된 파일 만들기

히트필름은 타 편집 프로그램에 비해 월등히 빠른 반응속도를 가지고 있지만 수 십분 이상 길게 촬영된 영상 클립(파일)이나 지나치게 큰 영상 파일(보통 4K, 8K급)을 사용할 경우에는 반응속도가 현저히 느려질 수 있습니다. 이럴 땐 편집에 최적화된 파일로 만들어주는 프리 렌더 기능을 사용하기를 권장합니다. 프리 렌더 파일을 만들기 위해 먼저 [File] - [Options] 메뉴를 선택합니다.

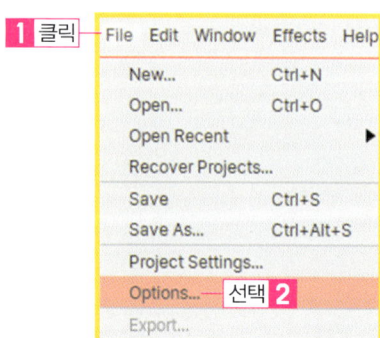

※ 지금의 과정은 가져온 파일을 재생했을 때 끊김 없이 신속하게 반응한다면 하지 않아도 되는 과정입니다.

옵션 창이 열리면 [Pre-Render] 항목에서 Media Directory의 [Select Folder] 버튼을 클릭한 후 프리 렌더 파일이 저장될 위치(하드디스크)와 폴더를 생성해줍니다. 참고로 옵션 창에서는 히트필름의 환경 설정을 위해 사용되는 다양한 옵션(기능)들을 제공합니다.

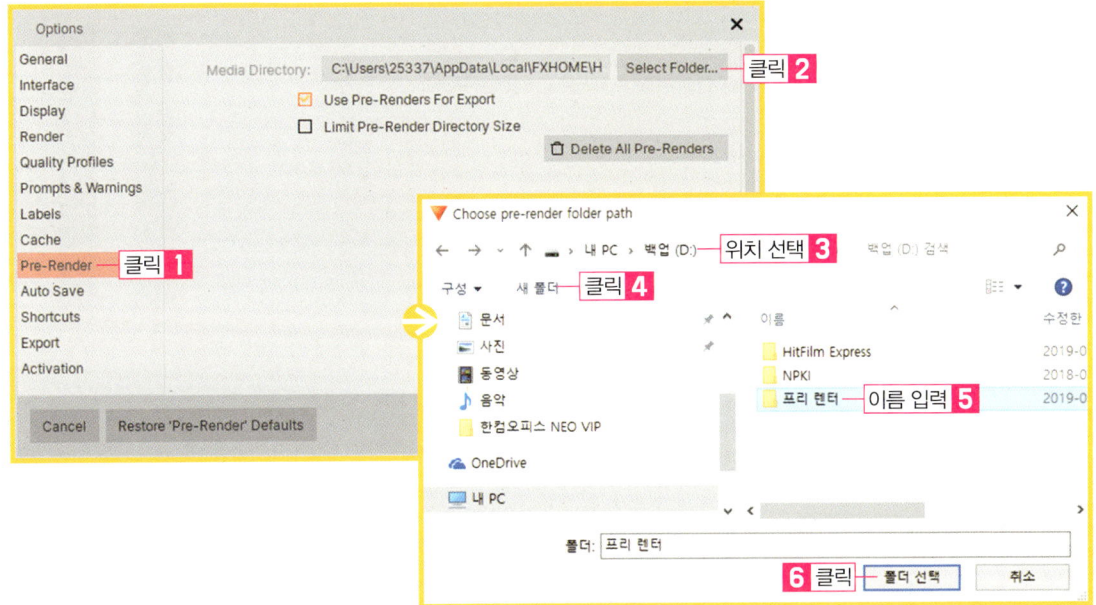

※ 많은 양의 프리 렌더 파일들을 저장할 수 있도록 가능한 한 여유 공간이 충분한 드라이브(하드디스크)를 사용하기 권장합니다.

프리 렌더 파일이 저장될 위치를 설정했다면 다시 옵션 창에서 [OK] 버튼을 클릭하여 설정 정보를 적용합니다.

이제 프리 렌더 파일을 만들어주기 위해 미디어 패널에서 Time lapse 클립을 제외한 [여바라 01~06], [크로마키], [타이틀 샤우팅] 클립을 모두 선택한 후 아무 클립 위에서 [우측 마우스 버튼 클릭]-[Pre-Render] - [Make Pre-Render(s)] 메뉴를 선택합니다. 그러

면 선택된 모든 클립에 대한 프리 렌더가 차례대로 진행됩니다.

※ 프리 렌더에 걸리는 시간은 파일의 속성(길이, 압축 방식)에 따라 오랜 시간이 소요될 수 있습니다. 그러므로 정상적인 편집 작업이 가능하지 못한 파일(클립)일 경우에만 사용하기 바랍니다.

※ 작업이 완전히 끝난 후에는 하드디스크 공간을 여유롭게 사용하기 위해 옵션 창의 프리 렌더 항목에서 Delete All Pre-Renders 버튼을 클릭하여 삭제하기 바랍니다.

[Ctrl] + [S]

현재의 프로젝트를 저장하기 위해 [Ctrl] + [S] 키를 눌러줍니다. 프로젝트 파일이 저장될 위치와 이름은 여러분이 원하는 위치와 이름으로 지정하면 됩니다.

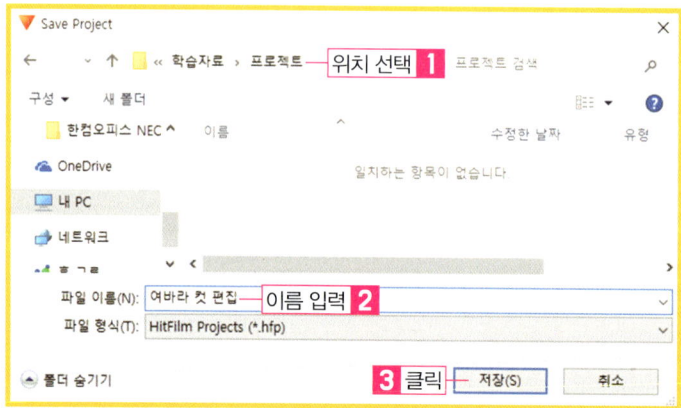

프로젝트 저장에 대하여

어느 정도의 작업이 진행되었다면 작업한 내용을 저장(Save)해야 하며, 작업 중간에도 저장하는 습관을 길러야 합니다. 그래야만 작업한 내용을 보존할 수 있습니다. 프로젝트의 저장은 [File] – [Save] 또는 [Save As] 메뉴를 사용하는데, Save는 최초로 저장하거나 반복 저장할 때 사용하며, Save As는 현재 프로젝트의 복사본을 만들 때 사용합니다. 참고로 저장에 대한 작업은 대부분 단축키 [Ctrl] + [S]를 사용합니다. 저장된 히트필름 프로젝트의 파일은 hfp의 확장자(형식)를 갖습니다. hfp 파일에는 해당 프로젝트에서 작업한 내용이 그대로 보존되어있어 언제든지 다시 열어 작업(수정, 보완 등)을 할 수 있습니다.

히트필름에서는 Auto Save 기능이 제공되어 사용자가 일일이 저장하지 않아도 스스로 저장을 해줍니다. [File] – [Options] 메뉴를 열고 Aut Save 항목에서 Enable Project Auto Saving이 체크된 상태에서 자동 저장 기능이 작동되며, Auto Save Frequency에서 설정한 시간이 자동 저장되는 간격으로 사용됩니다.

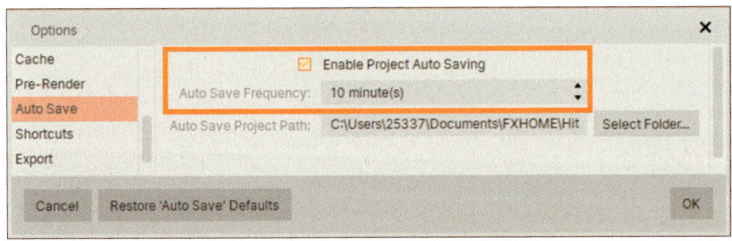

히트필름 사용하기
작업 인터페이스 설정하기

히트필름의 인터페이스, 즉 작업 레이아웃은 작업 패널의 이동 핸들을 이용하여 특정 패널을 다른 패널로 옮겨 도킹(집어 넣기)할 수 있으며, 독립적인 상태로 띄어서 사용할 수도 있습니다. 또한 패널 크기 조절 스플리터를 드래그하여 각 패널의 크기를 작업 상황에 맞게 조절할 수 있습니다.

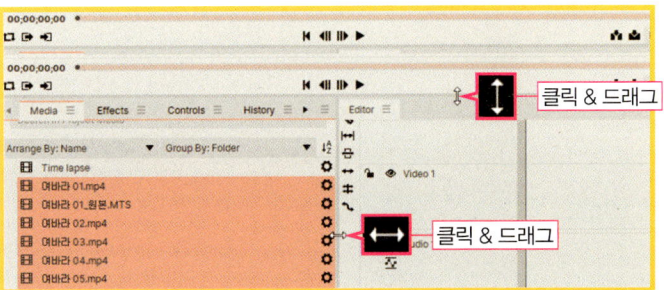

계속해서 이번에는 작업 패널을 다른 곳(패널)에 도킹을 해보도록 하겠습니다. 일단 [Controls] 패널의 이름 부분을 클릭 & 드래그하여 상단 [Trimmer] 패널 부분으로 이동해봅니다. 그러면 그림처럼 어느 위치에 적용될 것인지 표시가 나타나는데, 왼쪽에 적용하기 위해 왼쪽 부분으로 갖다 놓습니다. 그러면 해당 위치로 컨트롤 패널이 이동됩니다.

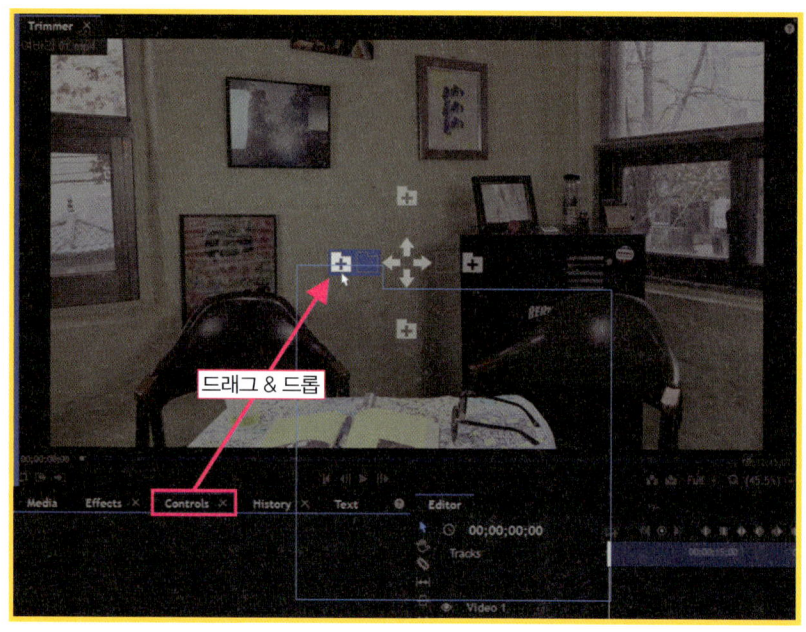

사용자 레이아웃 설정을 했다면 이제 설정된 레이아웃을 등록하기 위해 [Window] - [Workspaces] - [Save Workspace] 메뉴를 선택합니다. 새로운 워크스페이스 창이 열리면 적당한 이름(나의 워크스페이스 01)을 입력한 후 적용합니다.

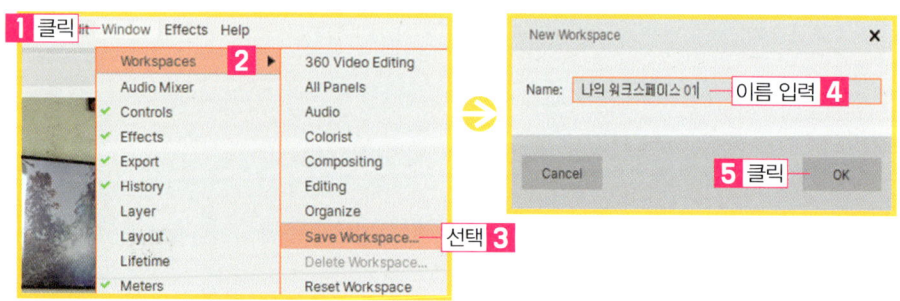

확인을 위해 다시 뷰 메뉴의 [Workspaces] 메뉴를 보면 맨 아래쪽에 방금 등록한 워크스페이스가 적용된 것을 알 수 있습니다. 참고로 이외의 워크스페이스는 각 작업에 맞게 사전 설정된 것으로 선택하는 것만으로 쉽게 해당 레이아웃으로 전환할 수 있습니다. 여기에서는 다시 초기 상태로 되돌려주기 위해 [Reset Workspace] 메뉴를 선택합니다.

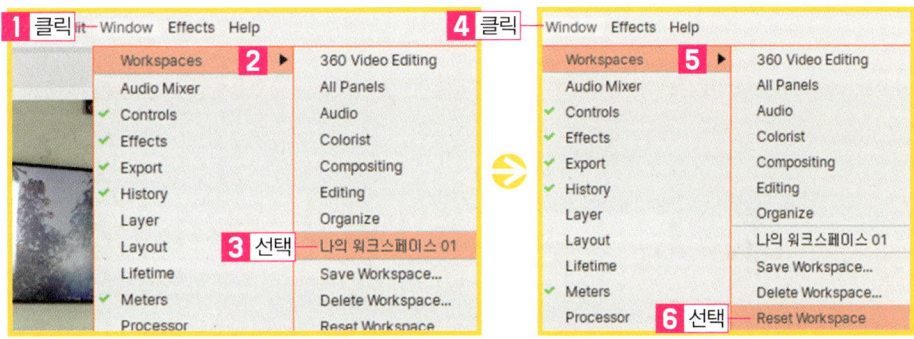

※ 작업 중 작업 패널이 흐트러졌거나 원하는 작업 패널이 사라졌다면 방금 살펴본 워크스페이스 메뉴를 사용해도 되지만 특정 작업 패널만 열어주고자 한다면 뷰 메뉴의 [Window] 메뉴에서 원하는 패널을 선택(체크)하면 됩니다.

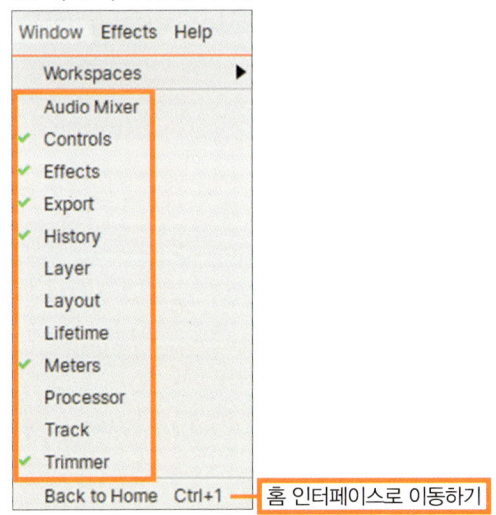

※ Window 메뉴 맨 아래쪽에 있는 Back to Home (Ctrl+1) 메뉴는 히트필름 인터페이스를 최초로 실행했을 때의 홈 상태로 돌아가도록 해줍니다.

히트필름 사용하기
장면을 찾기(보기) 위한 재생법 익히기

편집 작업을 하기 위해서는 동영상의 장면을 보거나 오디오의 소리를 들어야합니다. 히트필름에서는 플레이헤드, 단축키, 재생 버튼을 이용하여 원하는 장면의 구간으로 이동할 수 있습니다. 살펴보기 위해 먼저 앞서 미디어 패널로 가져온 클립 중 [여바라 01]을 클릭 & 드래그하여 그림처럼 우측 에디터(Editor) 패널의 Video 1 트랙으로 갖다 놓습니다. 그러면 동영상은 비디오, 오디오는 오디오 트랙에 적용됩니다.

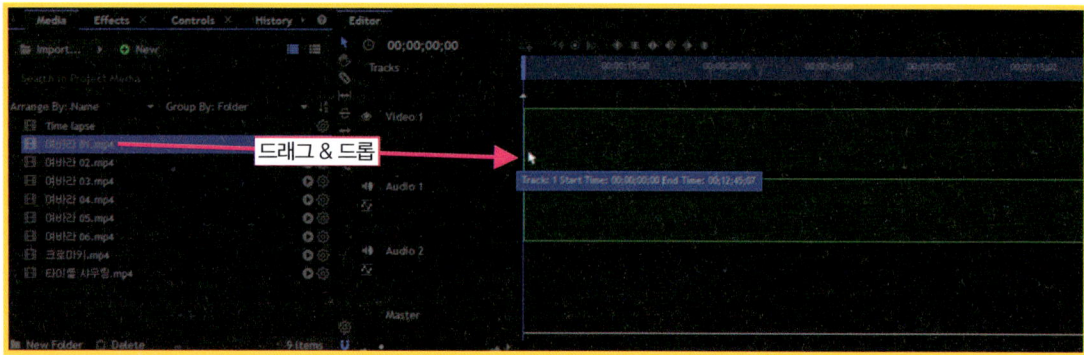

※ 에디터 패널의 작업 공간은 작업 시간에 관한 의미가 담겨있기 때문에 타임라인(Timeline)이라고합니다.

이때 타임라인 트랙에 적용된 동영상 클립의 규격과 현재 프로젝트 규격이 다르기 때문에 나타나는 대화상자가 나타납니다. 여기에서는 적용되는 동영상 클립의 규격으로 프로젝트 규격을 맞춰주기 위해 [Yes] 버튼을 클릭합니다.

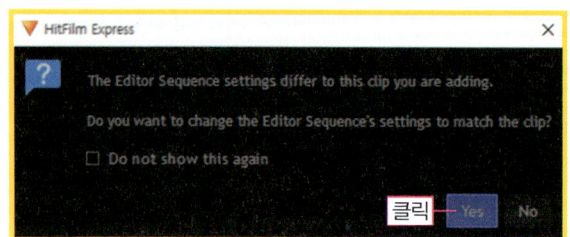

이제 다양한 재생법에 대해 알아봅니다. 뷰어(Viewer) 하단 가운데 부분에 4개의 버튼이 있는데, 이 버튼 바를 트랜스포트 컨트롤

이라고 합니다. 즉 플레이헤드를 이동하기 위한 버튼들이라고 이해하면 됩니다. 여기에서 세 번째의 [재생(Plya/Pause)] 버튼을 클릭합니다. 그러면 타임라인의 플레이헤드가 우측으로 이동하며, 적용된 클립의 모습이 동영상으로 보이게 됩니다.

※ 재생 정지를 하기 위해서는 다시 이 버튼을 클릭하면 됩니다.

또 하나의 재생법은 타임라인 상단 시간자 부분에 있는 [플레이헤드]를 좌우로 이동(스크러빙)하여 장면을 확인하는 것입니다. 이 방법은 작업 시 가장 즐겨 사용되는 방법이지만 정상적인 속도로 재생할 수는 없습니다.

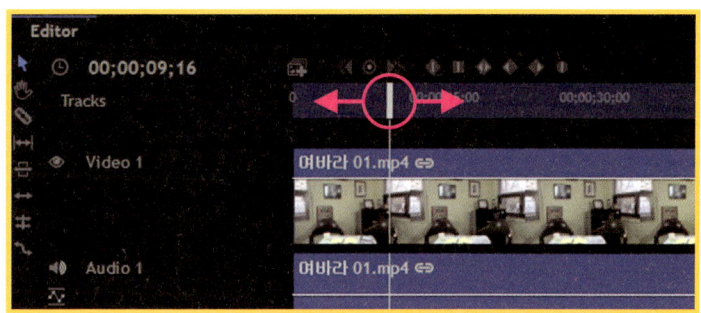

※ 일반적인 재생은 재생 버튼 보다는 단축키인 [스페이스바]를 사용하며, 정방향 또는 역방향으로 재생하거나 각 방향을 배속으로 재생하기 위해서는 [J], [K], [L] 키를 사용합니다.

재생 시 특정 장면, 즉 프레임 단위로 세부 편집을 하기 위해서 한 프레임씩 이동하는 [Previous Frame]과 [Next Frame] 버튼을 이용하면 됩니다. 하지만 이 또한 버튼보다는 단축키 [,]와 [.]를 이용

하는 것이 훨씬 더 효율적입니다.

히트필름 사용하기
단축키 만들기

단축키는 작업 시간을 단축시킬 수 있는 아주 효율적인 기능입니다. 그러므로 즐겨 사용되는 단축키는 기억해두기 바라며 또한 즐겨 사용되는 기능 중 단축키가 없다면 자신에게 맞는 단축키로 만들어놓고 사용하기 바랍니다. 새로운 단축키를 만들어주는 방법에 대해 알아보기 위해 [File] - [Options] 메뉴를 선택합니다. 옵션 창이 열리면 [Shortcuts] 항목에서 단축키로 사용할 기능(메뉴)을 선택합니다. 여기에서는 단축키가 없는 기능 중 화면 비율을 프로젝트 비율에 맞춰주는 [Fit to Frame]을 찾아줍니다.

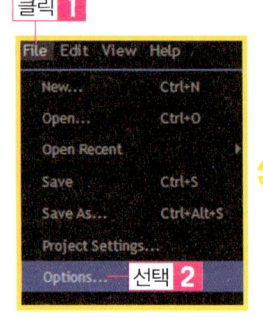

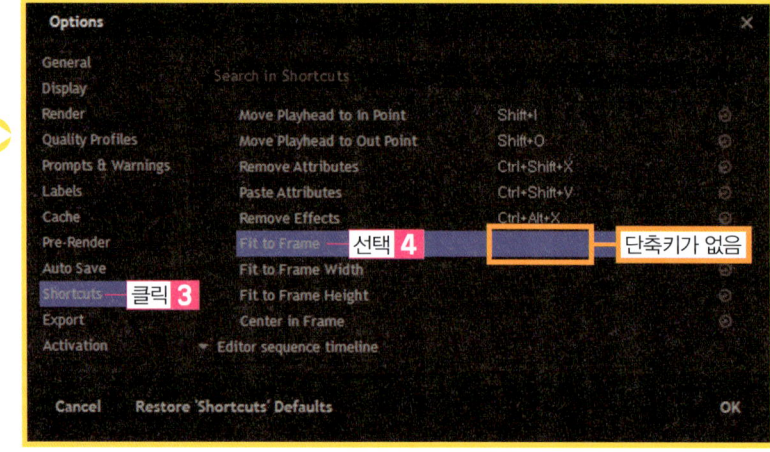

이제 단축키를 만들기 위해 단축키가 없는 부분을 클릭한 후 원하는 단축키 조합을 눌러줍니다. 필자는 다른 툴에서도 즐겨 사용되는 [Ctrl] + [Alt] + [F] 키를 모두 눌렀습니다. 그다음 방금 지정된 키를 사용하기 위해 [OK] 버튼을 누릅니다.

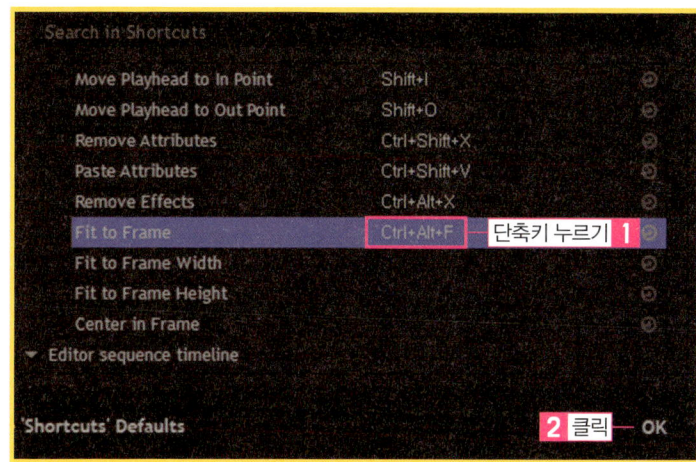

코덱(Codec) 설치하기

Ctrl + Shift + O

방금 만든 단축키를 사용해보기 위해 새로운 클립을 가져옵니다. 앞서 살펴본 [Import Media] 버튼 또는 단축키 [Ctrl] + [Shift] + [O]를 이용하여 [학습자료] - [비디오] 폴더에 있는 [에스컬레이터.mov] 파일을 가져옵니다. 그다음 타임라인 Video 1 트랙 위쪽의 빈 트랙으로 갖다 놓습니다. 그러면 트랙에 적용할 수 없다는 경고 아이콘이 나타나는 것을 알 수 있습니다. 이것은 현재의 동영상 클립에 사용된 코덱(Codec)이 PC에 설치되지 않았기 때문입니다.

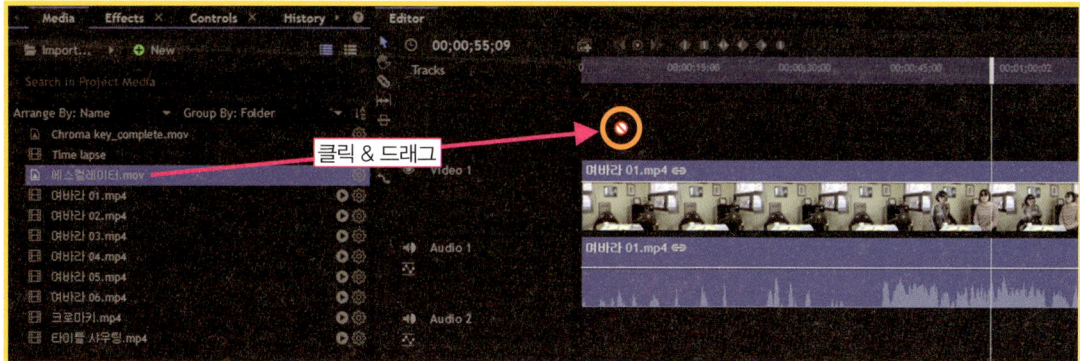

※ 코덱(Codec)은 비디오, 오디오, 이미지 파일에 대한 압축 및 압축 해제, 즉 인코딩(Encoding)과 디코딩(Decoding)을 위한 기술을 말하는데, 대표적으로 동영상은 H264 이미지는 PNG, JPE 오디오는 MP3가 여기에 해당됩니다.

앞서 가져온 [에스컬레이터.mov] 파일을 윈도우즈에서 원활하게 사용하기 위해서는 코덱(Codec)을 설치해야 합니다. 퀵타임 코덱은 퀵타임 플레이어를 설치하게 되면 자동으로 설치됩니다. 퀵타임 플레이어는 Daum이나 Naver 같은 포털 사이트에서 무료로 다운로드받아 설치할 수 있지만 이번에는 [**학습자료**] - [**프로그램**] 폴더에 있는 [QuickTimeInstaller.exe] 설치 파일을 통해 직접 설치하기 바랍니다.

퀵타임 설치 후에 설치된 퀵타임 코덱을 히트필름에서 인식하도록 하기 위해 프로그램을 종료합니다. 종료 시 현재의 작업 내용을 저장해놓기 위해 [Save] 버튼을 클릭합니다. 그다음 윈도우즈를 재부팅(종료 후 다시 실행)한 후 히트필름을 실행합니다.

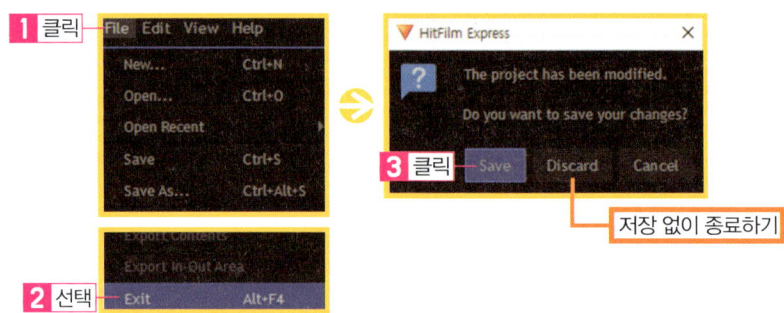

히트필름이 다시 실행되면 [Open Recent] 목록에서 앞서 작업(저장)했던 프로젝트 파일(여바라 컷 편집)을 클릭하여 열어줍니다.

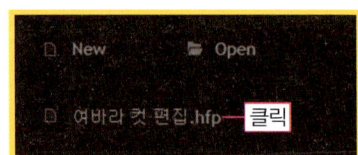

이제 [에스컬레이터.mov] 클립을 클릭 & 드래그하여 비어있는 위쪽 비디오 트랙에 적용합니다. 그러면 Video 2 트랙이 자동 생성되면서 정상적으로 적용되는 것을 알 수 있습니다.

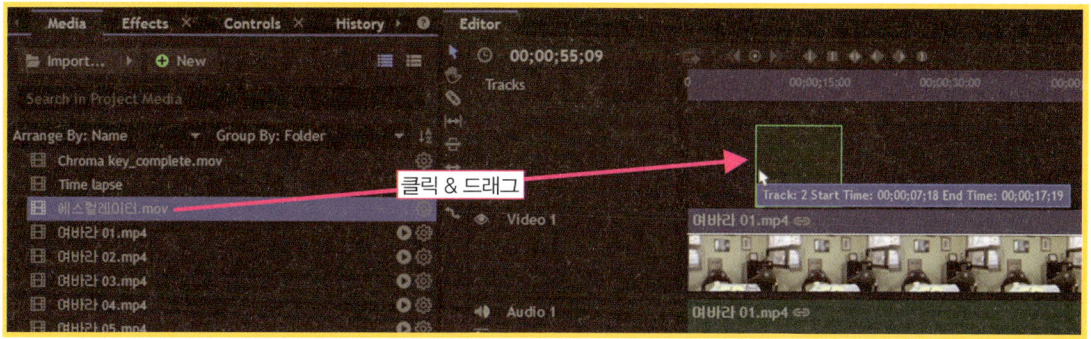

※ 사용할 동영상 클립 중 살펴본 퀵타임(mov)처럼 정상적으로 사용할 수 없는 경우에는 해당 코덱을 찾아 설치하기 바랍니다.

적용한 동영상 클립을 확인하기 위해 플레이헤드를 이동하여 에스컬레이터 클립을 확인해 보면 아래쪽 비디오 1 트랙의 동영상 위에 작은 화면으로 나타나는 것을 알 수 있습니다.

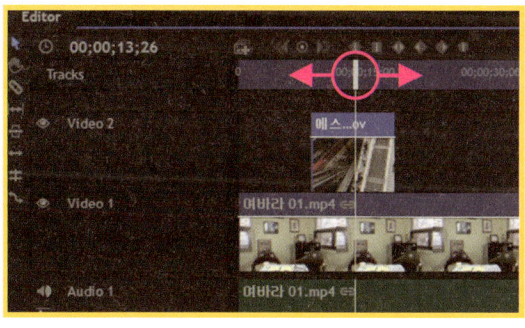 

※ 비디오 트랙은 레이어처럼 층의 개념으로 사용되는데, 위쪽의 비디오 트랙이 아래쪽 트랙보다 상위에 있기 때문에 화면에서는 항상 앞에 나타납니다. 또한 각 트랙은 위아래로 이동하여 순서를 바꿔줄 수도 있습니다.

이제 앞서 만든 단축키를 사용해서 비디오 2 트랙에 적용한 에스컬

Ctrl + Alt + F

레이터 클립의 크기를 현재 프로젝트 크기(비율)에 맞춰주기 위해 [에스컬레이터] 클립을 선택한 후 [Ctrl] + [Alt] + [F] 키를 눌러봅니다. 그러면 해당 클립이 뷰어에 꽉 찬 화면으로 조절됩니다.

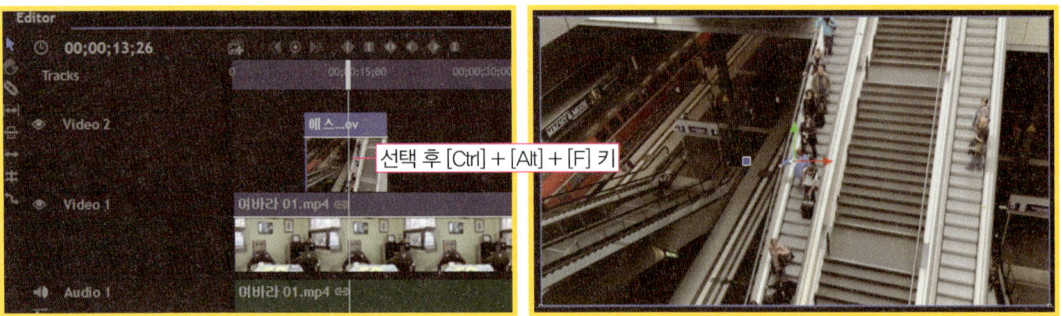

히트필름 사용하기
클립의 선택/복사/이동/붙여넣기/삭제하기

Ctrl + O

편집에서 가장 기본이 되는 것은 바로 클립을 선택하고, 복사, 이동, 삭제, 붙여넣기 하는 것입니다. 먼저 선택에 대해 알아보기 위해 [File] - [Open] 메뉴를 선택하여 **[학습자료] - [프로젝트] - [클립 다루기]** 프로젝트 파일을 열어줍니다. 클립을 선택한다는 것은 선택된 클립을 원하는 위치로 이동, 복사, 삭제 등의 작업을 위해서입니다. 클립의 선택은 기본적으로 선택되어있는 선택 도구(Selection tool)를 이용합니다. 살펴보기 위해 그림처럼 비디오 2 트랙에 있는 [여바라 05] 클립을 클릭(안쪽부분)합니다. 그러면 선택된 클립은 진한 밝은 파란색(링크된 클립인 오디오 클립 포함)으로 표시됩니다.

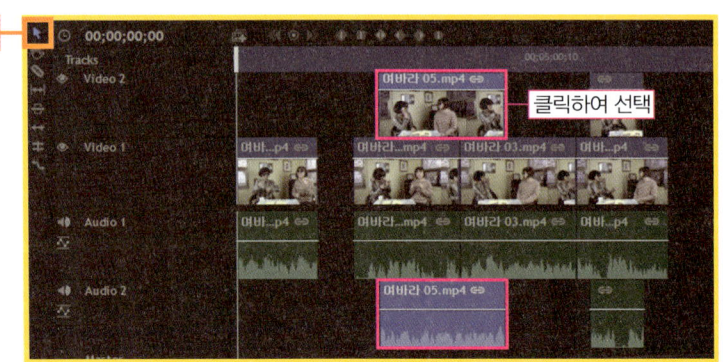

Ctrl + A

※ 모든 클립을 한꺼번에 선택하는 단축키는 [Ctrl] + [A]입니다.

깨진 클립(파일) 다시 연결하기

작업을 하다 보면 사용되는 파일의 경로가 바뀌거나 이름이 바뀌었을 때 혹은 부주의로 사용 중인 파일을 삭제하면 해당 클립엔 [!] 경고 표시, 뷰어에는 빨간색 배경의 [Offline Media] 경고 표시가 나타나게 됩니다. 이처럼 경로의 문제가 발생된 프로젝트 파일을 열게 되면 [Relink Flies] 창이 열리는데, 문제를 해결하기 위해서는 문제의 경로(파일) 목록을 [더블클릭]하여 Choose a file to relink 창에서 문제의 파일을 찾아 가져오면 됩니다.

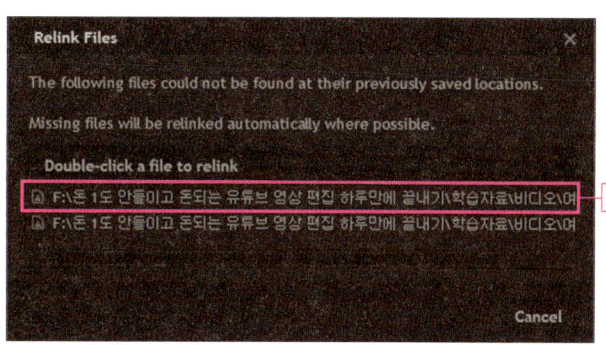

▲ 미디어 패널에서 링크가 깨진 파일 모습

▲ 뷰어에서 링크가 깨진 파일 모습

※ 리링크에 대한 내용은 유튜브 [스터디링크]의 [리링크 활용하기] 동영상을 참고하면 보다 쉽게 활용할 수 있습니다.

계속해서 선택된 클립을 그림처럼 우측으로 드래그합니다. 드래그하다보면 다른 클립의 시작 점(In Point)과 끝 점(Out Point)이 이동되는 클립의 시작 점 혹은 끝 점과 맞닿았을 때 스냅 이벤트가 작동되어 해당 지점에 정확하게 맞춰지게 됩니다. 또한 이동된 거리는 클립 하단에 표시되어 얼마큼 이동되었는지 알 수 있게 해줍니다.

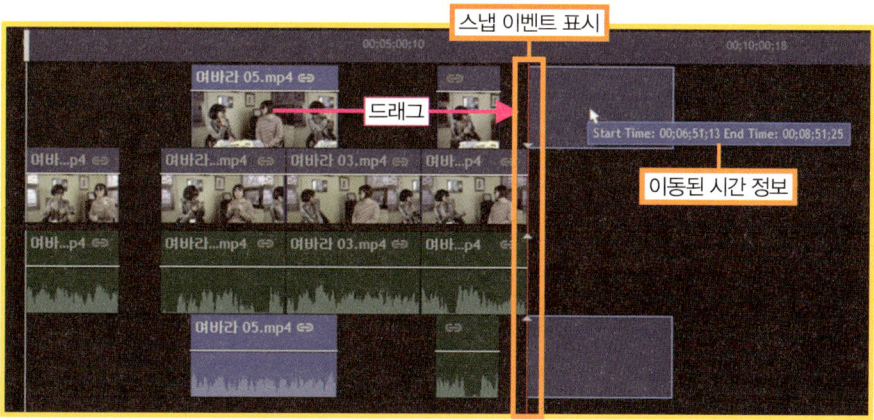

※ 정확한 이벤트 부분에 맞춰주기 위한 스냅은 타임라인 좌측 하단의 구부러진 파란색 자석 모양을 띄고 있습니다. 만약 스냅을 사용하지 않고자 한다면 스냅 [Snapping] 버튼을 클릭하여 꺼주면 됩니다. 단축키는 [Shift] + [S]입니다.

이번에는 클립을 복제하는 방법을 알아봅니다. 클립의 복제는 타임라인의 클립이나 미디어 패널에 있는 클립들이 모두 동일합니다. 앞서 이동한 클립을 복제해보기 위해 해당 클립을 선택한 후 [Ctrl] + [C] 키를 눌러 복사합니다.

※ 복사는 [Ctrl] + [C], 복사된 동영상의 붙여넣기는 [Ctrl] + [V]입니다. 가장 많이 사용되는 단축키이므로 기억해두기 바랍니다.

복사된 클립을 붙여넣기 위해 플레이헤드를 붙여넣기할 지점으로 이동한 후 [Ctrl] + [V] 키를 누릅니다. 그러면 해당 시간의 Video 2 트랙에 붙여넣기(링크된 오디오 클립도 포함)됩니다.

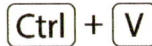

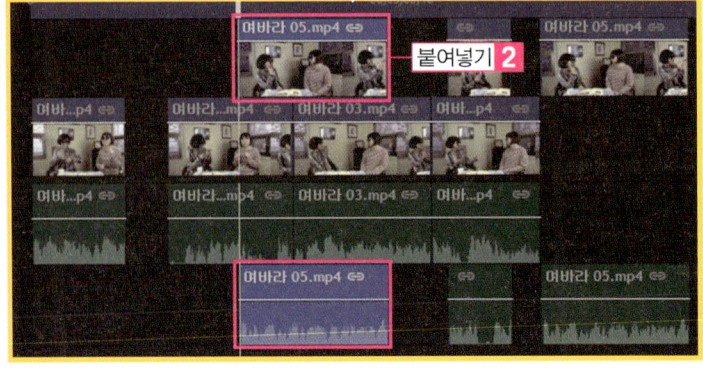

이번에는 원하는 트랙과 지점에 붙여넣기 하기 위해 그림처럼 비디오 1트랙의 우측 빈 곳에서 [우측 마우스 버튼 클릭] - [Paste Here] 메뉴를 선택해봅니다.

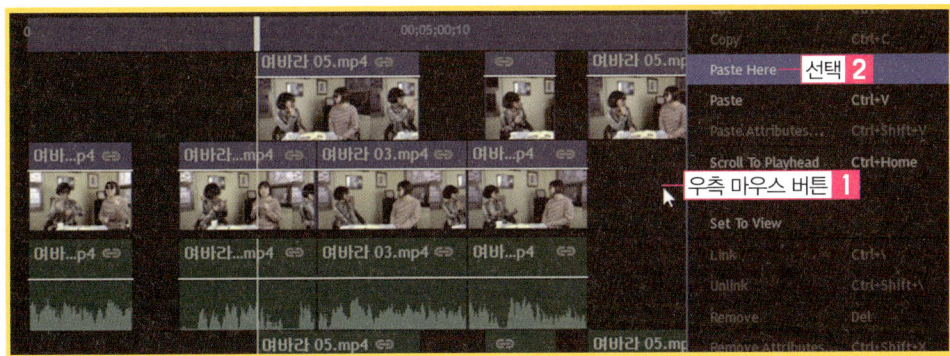

※ 복사된 데이터(동영상)는 다른 데이터를 복사할 때까지 지속적으로 사용할 수 있으며, [우측 마우스 버튼]을 눌러 사용되는 퀵 메뉴는 가장 즐겨 사용되는 메뉴들만을 제공합니다.

페이스트 컨플릭트(Paste Conflict) 창이 열리면 3가지 방식 중 원하는 방식을 선택하여 붙여넣기 하면 됩니다. 하나씩 사용하여 비교해봅니다.

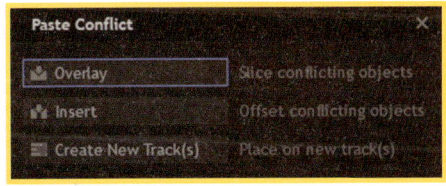

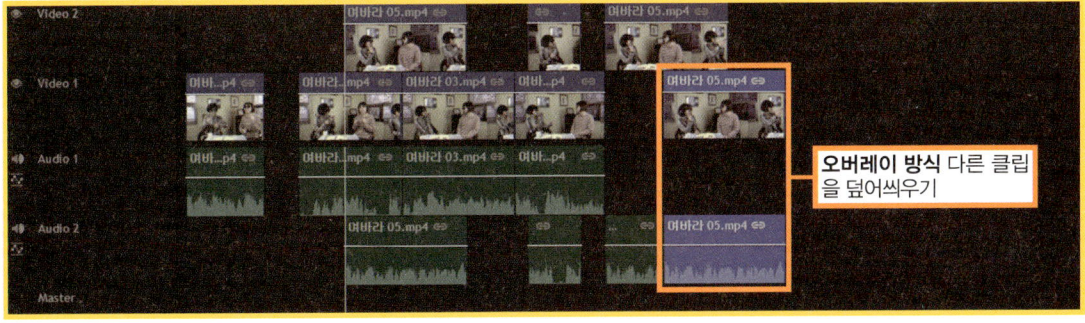

※ 붙여넣기할 지점(시간)을 기준으로 위아래 다른 클립이 없을 경우에는 지금과 같은 설정 창 없이 그대로 붙여넣기 됩니다.

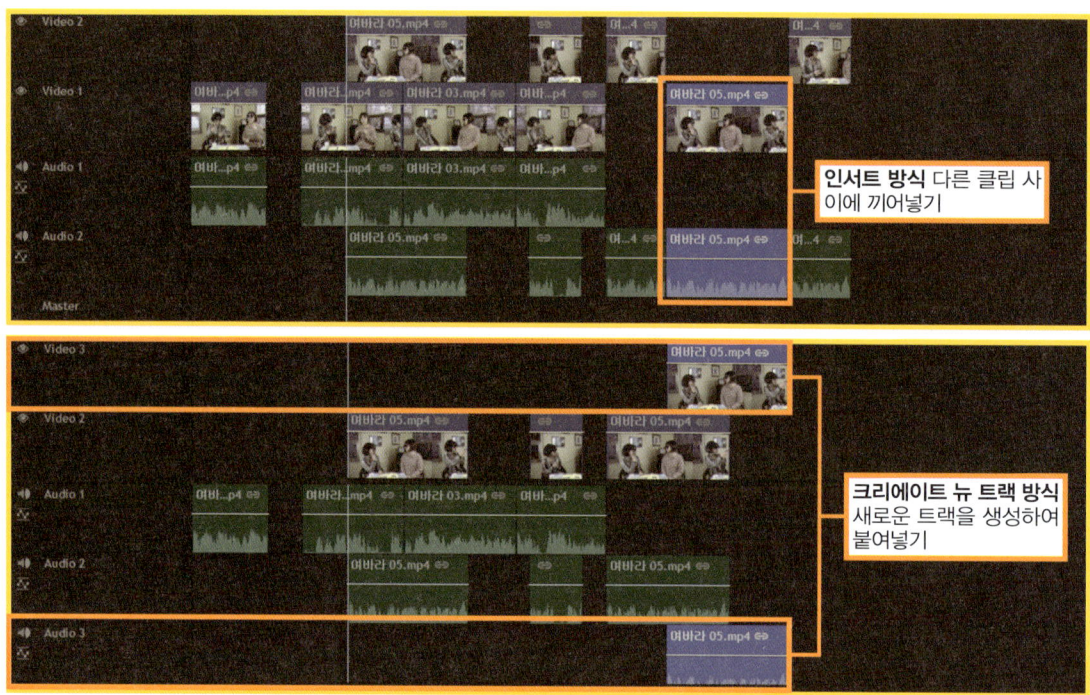

※ 클립 복사 후 위와 방식으로 붙여넣기할 때 이미지 캡처 프로그램을 사용하게 되면 복사된 클립의 데이터가 사라지기 때문에 히트필름 프로그램이 자동 종료될 수 있으므로 주의하기 바랍니다.

작업 취소/복귀하기

작업 후 작업이 잘못되었을 때에는 언두(Undo), 다시 원래 작업 구간으로 복귀할 때에는 리두(Redo)를 할 수 있는데, 이 두 작업은 단축키 [Ctrl] + [Z]와 [Ctrl] + [Y]를 이용합니다. 또한 히스토리(History)는 언두/리두와 같은 목적으로 사용하지만 대체로 원하는 작업 구간을 한꺼번에 이동하고자 할 때 사용됩니다.

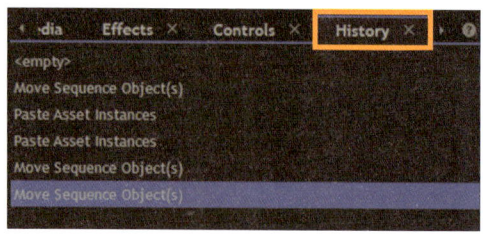

Ctrl + Z 언두(작업 취소하기)

Ctrl + Y 리두(작업 복귀하기)

계속해서 이번에는 삭제하는 방법에 대해 알아보기 위해 언두를 수차례 실행하여 앞서 작업한 내용을 초기 상태로 되돌려줍니다. 그다음 Video 1 트랙의 두 번째 클립을 선택한 후 [Delete] 키를 누릅니다. 그러면 선택된 클립이 삭제되며, 삭제된 클립이 있던 자리는 그대로 보전되어 빈 상태로 남아있게 됩니다.

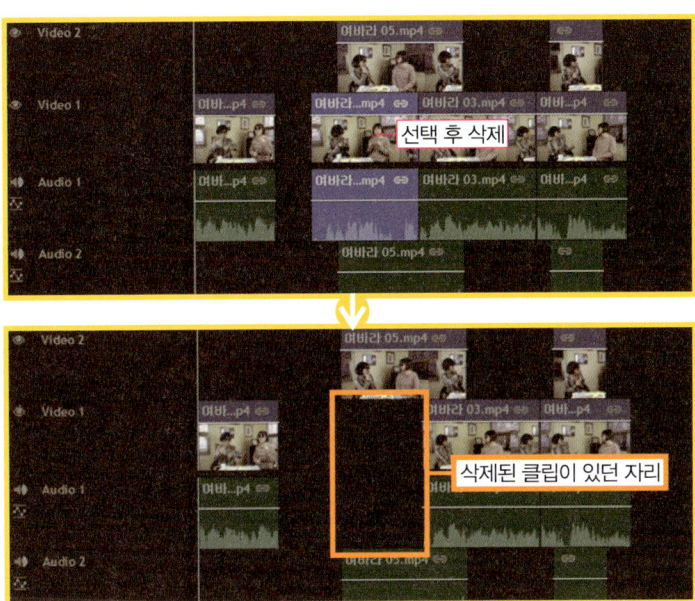

이번에는 삭제된 클립의 공간을 뒤쪽 클립들이 이동하여 메꿔주는 삭제 방식을 사용하기 위해 언두를 한번 실행하여 삭제 전으로 되돌아간 후 [Alt] + [Delete] 키를 누릅니다. 그러면 삭제된 클립의 공간을 뒤쪽 클립들이 이동하여 메꿔줍니다. 이렇듯 클립을 삭제할 때에는 작업 상황에 따라 두 가지 방법을 이용할 수 있습니다.

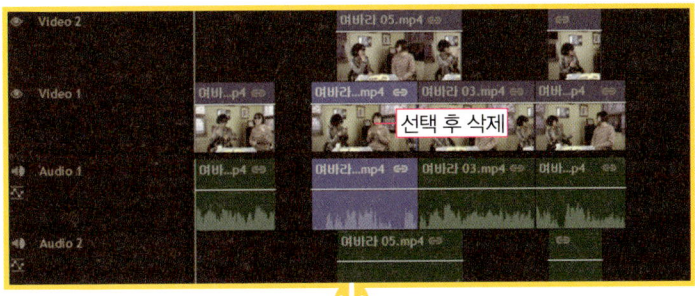

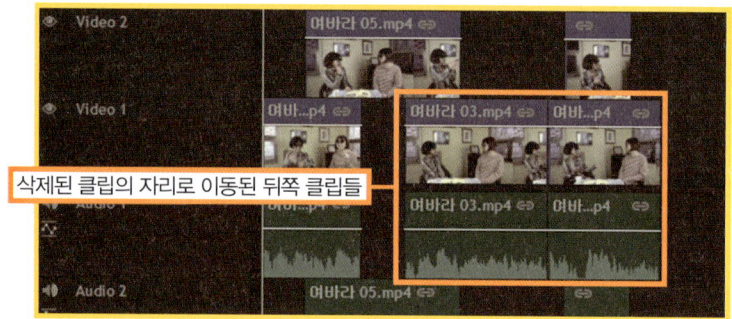

다음 삭제 방법을 위해 다시 언두를 한번 실행하여 원래대로 되돌려 놓은 후 이번에는 트랙의 빈 곳(갭)을 삭제하기 위해 그림처럼 비디오 1 트랙의 빈곳에서 [우측 마우스 버튼 클릭] - [Ripple Delete Gap] 메뉴를 선택합니다.

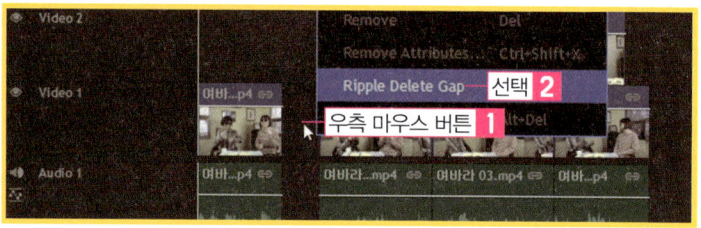

그러면 그림처럼 트랙의 빈곳을 뒤쪽 클립들이 이동하여 메꿔줍니다. 살펴본 것처럼 삭제 방법은 클립 및 공간에 대한 삭제 방법을 사용하게 됩니다.

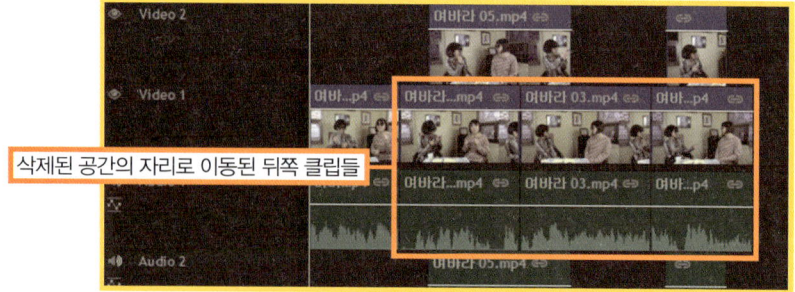

※ 클립과 클립 사이에 약간의 공간만 있어도 화면이 깜빡거리는 플리커(Flicker) 현상이 생기기 때문에 꼼꼼히 살펴보아야 합니다.

히트필름 사용하기
트랙 및 타임라인 설정하기

트랙 및 타임라인의 설정은 부족한 공간을 보다 여유롭게 사용하거나 반대로 세부 편집을 위해 사용됩니다. 먼저 비디오와 오디오 트랙 사이에 커서를 갖다 놓고 위아래로 이동(클릭 & 드래그)해보면 두 트랙의 범위가 조절되며, 각 트랙 리스트 부분을 위아래로 이동해보면 트랙의 위치가 서로 바뀌게 됩니다.

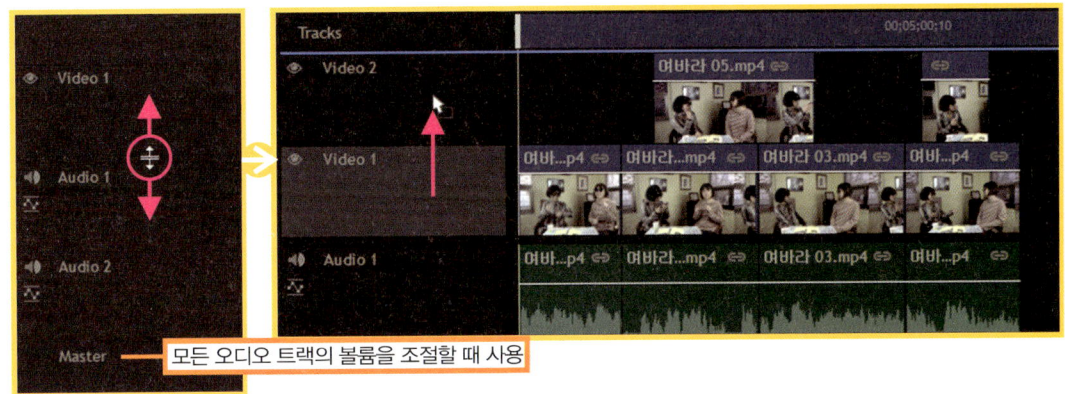

모든 오디오 트랙의 볼륨을 조절할 때 사용

※ 14버전에서 새로 추가된 기능 중 자물쇠 모양의 잠그기 기능이 있는데, 이 버튼을 클릭하여 잠그면 해당 트랙을 사용할 수 없게 됩니다.

트랙 잠그기

섬세한 작업을 하기 위해서는 타임라인을 확대하여 프레임 단위로 편집하는 경우가 있습니다. 이럴 땐 타임라인 좌측 하단의 확대(Increment Scale) 버튼을 클릭하여 원하는 크기만큼 확대할 수 있으며 또한 가운데에 있는 타임라인 스케일(Timeline Scale)을 좌우로 이동하여 확대/축소할 수도 있습니다.

클릭

슬라이더 방식의 확대/축소하기

※ 시간자의 타임코드(Timecode)는 시간:분:초:프레임 단위로 표시됩니다.

※ 타임라인의 확대/축소는 단축키로도 가능한데, [Ctrl] 키를 누른 상태에서 마우스 가운데(휠) 버튼을 회전하게 되면 확대/축소됩니다. 그리고 [Alt] 키를 누른 상태로 마우스 가운데 버튼을 회전하면 타임라인이 좌우로 이동하여 작업 위치(구간)를 찾아줄 수 있습니다.

트랙이 많아지면 전체 트랙의 모습을 한눈에 보기 어렵기 때문에 트랙을 축소하는 것이 좋습니다. 트랙의 크기(높이) 조절은 그림처럼 트랙 리스트 상단의 트랙 옵션(Track Options) 버튼 메뉴에서 가능합니다. 또한 이 메뉴 맨 아래쪽의 프리뷰 모드(Preview Mode)는 비디오 클립의 섬네일(작은 화면) 형태를 설정합니다. 이 부분은 여러분이 직접 선택하여 크기의 변화를 살펴보기 바랍니다.

※ 부족한 트랙의 추가는 비디오 또는 오디오 트랙 리스트에서 [우측 마우스 버튼 클릭] – [Insert Track] 메뉴를 통해 가능하며, 이 메뉴에서는 트랙 삭제 및 이름을 바꿔줄 수도 있습니다.

뷰어에서 클립의 위치 이동하기

기본 사용법의 마지막으로 클립의 위치, 크기, 회전, 투명도를 컨트롤 하는 방법에 대해 알아봅니다. 이 작업은 단순히 클립의 컨트롤

이 아닌 키프레임을 통한 모션, 즉 애니메이션 작업을 위한 것입니다. 먼저 클립의 위치에 대한 컨트롤을 하기 위해 클립을 하나 선택한 후 그림처럼 뷰어에서 선택된 클립의 초록색 Y축과 빨간색 Z축을 이동해보면 해당 클립의 위치가 이동되는 것을 알 수 있습니다.

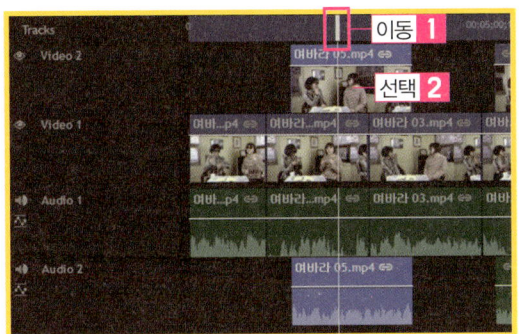

뷰어에서 클립을 회전하기

언두를 두번 실행하여 다시 원래 상태로 되돌아온 후 이번에는 선택된 클립의 파란색 작은 사각형 포인트에 커서를 갖다 놓습니다. 그러면 포인트 주위에 원이 나타납니다. 이때 사각형 포인트를 이동해보면 해당 방향으로 회전되는 것을 알 수 있습니다.

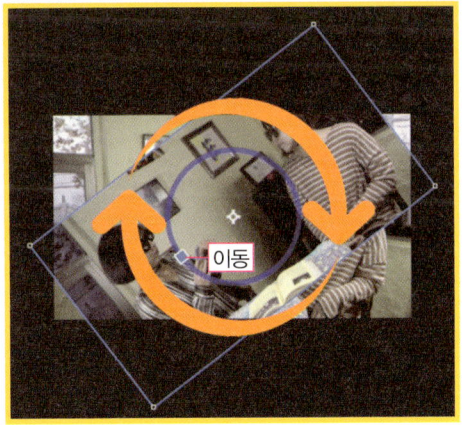

※ 뷰어에서 우측 마우스 버튼을 이용하면 화면의 위치를 간편하게 이동할 수 있습니다.

뷰어에서 클립의 크기 조절하기

이번에는 클립, 즉 화면의 크기를 조절하기 위해 다시 언두를 하여 원래 상태로 되돌아온 후 다음의 그림처럼 뷰어에 나타나는 화면의 모서리를 이동해봅니다. 그러면 이동한 방향대로 크기가 조절되는 것을 알 수 있습니다.

※ 크기 조절 시 [Ctrl], [Shift], [Alt] 키를 차례로 눌러보면 같은 비율, 가운데 기준, 반대쪽 모서리 기준으로 크기가 조절됩니다.

동영상 클립의 투명도 조절하기

계속해서 이번에는 투명도 조절을 위해 조절하고자 하는 클립의 하얀색 수평선을 위아래로 이동하여 그림처럼 Opacity 값을 50%로 낮추면 해당 클립의 화면이 반투명해져 아래쪽 클립과 교차(오버랩)되어 나타납니다.

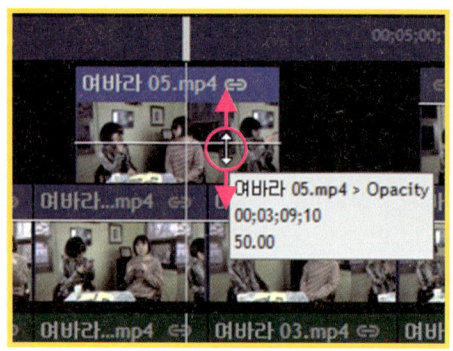 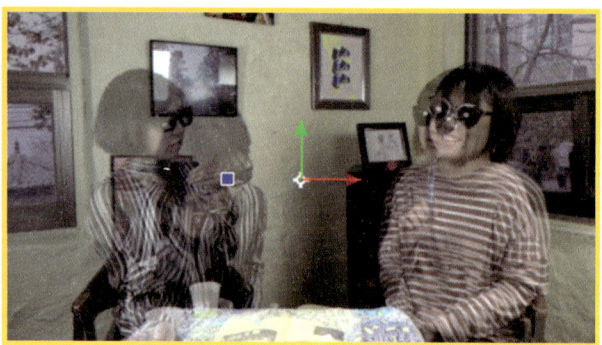

살펴본 것처럼 클립 컨트롤은 직관적으로 사용자에 의해 설정할 수 있지만 정확한 수치를 통해 설정하거나 키프레임(Keyframe)을 통한 모션(애니메이션)을 표현하고자 한다면 컨트롤(Controls) 패널의 해당 옵션들을 이용하게 됩니다. 여기에서는 모션 작업이 어떻게 이루어지는지 간단한 원리에 대해서만 알아보겠습니다. 먼저 모션 작업을 위한 클립을 선택한 후 선택된 클립의 시작 점으로 플레이헤드를 이동합니다. **투명도는 다시 원래대로 되돌려놓음**

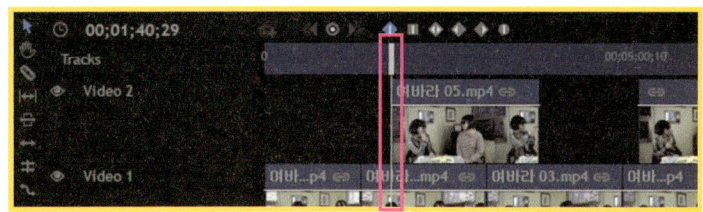

※ 각 클립의 시작 점이나 끝 점으로 쉽게 이동하기 위해서는 단축키 [PgUp]과 [PgDn] 키를 누르면 됩니다.

컨트롤 패널로 이동한 후 트랜스폼(Transform)의 Position X축을 설정하여 그림처럼 선택된 클립의 위치를 우측 화면 밖으로 이동합니다. 그다음 키프레임 생성을 위해 Enable/Disable Animation을 클릭하여 켜줍니다. 그러면 현재 시간에 방금 설정된 위치 값을 가지고 있는 키프레임(Keyframe)이 생성됩니다.

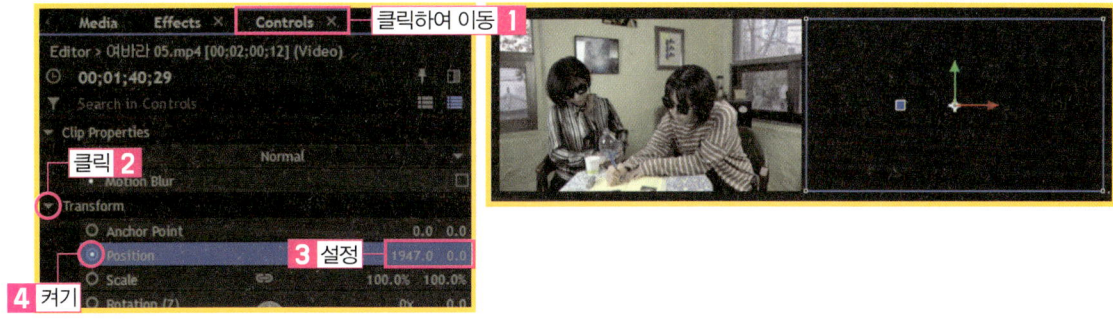

생성된 키프레임을 확인하기 위해서는 디스플레이 타임라인을 클릭하여 열어주면 됩니다. 그러면 그림처럼 현재 시간의 위치 옵션에 키프레임이 생성된 것을 확인할 수 있습니다.

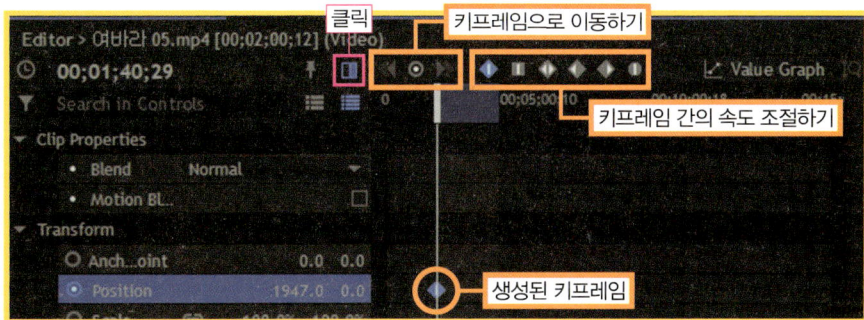

이번엔 시간을 1초 뒤로 이동한 후 Position X축을 0으로 설정하여 가운데로 이동합니다. 그러면 1초 전부터 지금 이시간까지 클립이 우측 화면 밖에서 가운데로 이동하는 모션(애니메이션)이 만들어 집니다. 이와 같은 방법을 통해 나머지 크기, 회전, 투명도에 대한 애니메이션이 가능합니다.

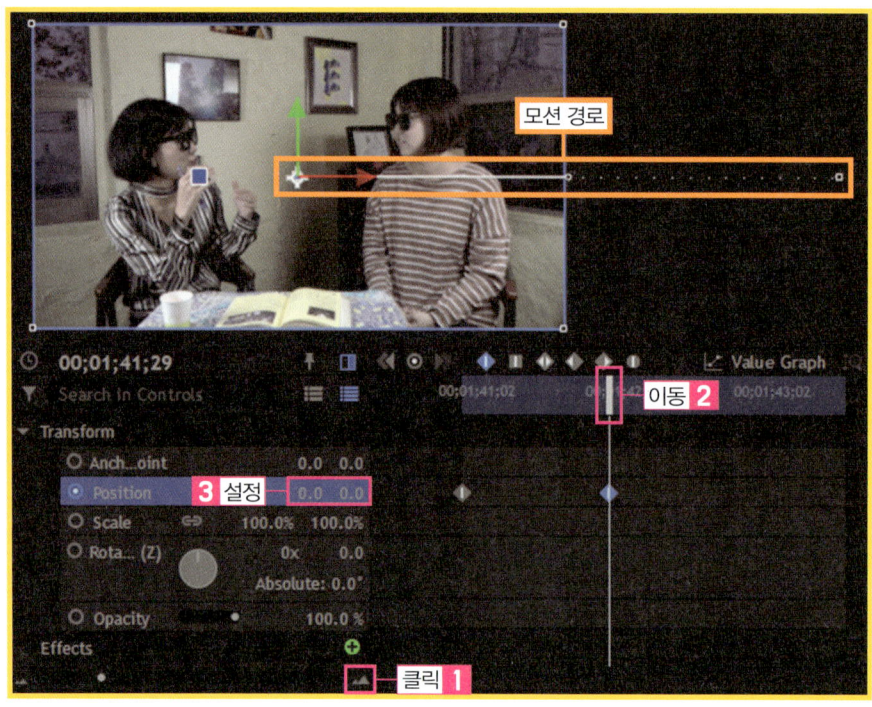

※ 시간(플레이헤드)을 10프레임 단위로 앞 혹은 뒤로 이동하기 위해서는 단축키 [Ctrl] + [Shift] + [→]와 [Ctrl] + [Shift] + [←] 키를 이용하면 됩니다.

모션(애니메이션)의 원리에 대하여

과거 셀 애니메이션(Cell Animation)에서는 캐릭터, 즉 사물의 움직임을 키프레임이 아닌 모든 프레임에서 일일이 그려서 변화를 주어야만 움직이는 애니메이션이 가능했습니다. 하지만 컴퓨터 그래픽을 이용한 애니메이션 시대에서는 움직임의 변화가 시작되거나 끝나는 지점에서만 변화를 주면 나머지 구간은 자동으로 변화가 생기게 됩니다. 이것을 키프레임 애니메이션이라고 하며, 이러한 키프레임과 키프레임의 변수(서로 다른 값)는 두 키프레임 사이에서의 변화를 자동으로 표현해주는데, 이러한 과정을 인터폴레이션(Interpolation) 또는 트위닝(Tweening)이라고 합니다. 물론 이 두 말은 같은 뜻이지만 디지털 영역에서는 일반적으로 인터폴레이션이라고 부릅니다. 아래의 그래프를 보면 보다 쉽게 이해할 수 있을 것입니다.

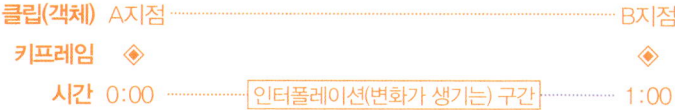

클립 컨트롤의 위치, 크기, 회전, 투명도를 이용한 모션 작업에 대한 이해를 돕기 위해 [학습자료] - [프로젝트] 폴더에 준비된 [약도_애니메이션], [할로윈_애니메이션], [시계_애니메이션] 프로젝트 파일들을 열어서 (Ctrl + O) 어떻게 애니메이션이 만들어졌는지 살펴본 후 간단한 모션 작업을 해보기 바랍니다.

1인 방송 영상물 제작 과정

기획 및 촬영 과정

1 기획하기 자신이 만들고자 하는 컨텐츠에 대해 무엇을 왜, 어떻게 만들 것인지에 대해 고민하기

2 아이디어 구상하기 정해진 컨텐츠에 재미를 가미할 수 있는 다양한 아이템 구상하기

3 스토리텔링 만들기 스토리보드를 작성하여 제작할 컨텐츠의 전체적인 흐름 구성하기

4 장소 정하기 조용하고 부담 없이 촬영할 수 있는 공간(원룸, 스튜디오 등) 섭외하기

5 장비 및 소품 구성하기 스마트폰 및 DSLR, 삼각대, 짐벌, LED 조명, 핀마이크, 크로마키 배경 등 촬영에 필요한 다양한 소품 구성하기

6 촬영하기 가급적 흔들이지 않게 촬영하는 것이 좋으며, 지루하지 않는 화면 구성을 위해 다양한 각도와 장소에서 촬영하며, 촬영된 원본 클립들은 주제별로 정리해놓기

편집 과정

1 프로젝트 생성 컨텐츠 주제와 규격에 맞는 프로젝트 생성하기

2 작업 소스 가져오기 편집에 사용할 클립들은 별도의 작업 폴더로 복사해놓고 사용하기

3 편집하기 불필요한 테크닉을 난발하기 보다는 시청자가 편하게 볼 수 있도록 깔끔한 느낌으로 편집하기(스피커보다는 헤드셋 이용)

4 효과 및 자막 넣기 클립을 색 보정하고, 장면의 변화를 주는 비디오, 오디오, 장면전환 효과 적용 및 장면의 부연 설명을 위한 자막 만들기

5 모션 및 합성하기 클립 컨트롤을 이용하여 화면에 움직임을 주고, 크로마키와 마스크를 이용하여 장면 합성하기

6 타이틀 인트로 제작하기 모션 기법을 활용하여 컨텐츠 도입부에 사용할 시선을 끄는 타이틀 인트로 제작하기

7 최종 출력(파일 만들기) 작업이 완료된 편집분을 유튜브용 동영상 파일로 만들고 업로드하기

편집 실무
REAL EDITING

영상 편집자가 반드시 알아두어야 할 용어들

영상에 관련된 용어는 무수히 많습니다. 물론 처음 시작하는 분들이 모든 용어들을 알아야 하는 건 아닙니다. 하지만 원활한 학습을 하기 위해서는 다음에 설명하는 몇몇 용어에 대해서는 반드시 알아두기 바랍니다.

- **페이드(Fade)** 비디오 및 오디오가 시작되고 끝날 때 장면과 소리를 아무것도 없는(들이지 않는) 상태에서 시작하고 끝나는 것을 말하는데, 시작될 때를 페이드 인(Fade In), 끝날 때를 페이드 아웃(Fade Out)이라고 합니다. 영상의 페이드는 일반적으로 검은색을 사용하지만 때론 하얀색이나 그밖에 색을 사용하기도 합니다.

- **프레임(Frame)** 영상(비디오 및 영화)을 구분하는 가장 작은 단위는 한 장의 스틸(정지) 이미지이며, 이것을 프레임이라고 합니다. 일반적으로 TV는 30(29.97)FPS, 즉 초당 30개의 프레임으로 구성되며, 영화는 24개 그밖에 영상 규격에 따라 25나 60개의 프레임을 사용하기도 합니다. 이렇게 구성된 낱개의 프레임이 연속되면 시각적으로 움직이는 영상으로 보여지게 됩니다. 또한 하나의 프레임은 인터레이스와 프로그레시브 방식으로 나눠집니다.

- **프레임 인/아웃(Frame In/Out)** 피사체(배우)가 화면(프레임) 밖에서 안으로 들어오는 것을 프레임 인, 다시 화면 밖으로 나가는 것을 프레임 아웃이라고 합니다.

- **프레임 레이트(Frame Rate)** 영상 클립에서 초당 사용되는 프레임 속도, 즉 프레임 개수를 말합니다.

- **프레임 크기(Frame Size)** 프레임(화면)의 크기를 말하며, 프레임 크기는 해상도(Resolution)에 영향을 줍니다.

- **H.264** MPEG-4 또는 AVC(고급 비디오 코딩) 방식으로써 촬영 및 배포할 수 있는 표준 압축 방식이며, 인터넷 스트리밍이나 모바일 장치에서도 즐겨 사용됩니다.

- **시작 점/끝 점(In/Out Point)** 인/아웃 포인트는 하나의 클립(영상) 및 오디오가 시작되고, 끝나는 시점을 말합니다.

- **편집 점(Edit Point)** 편집 점은 비디오 및 오디오 클립을 컷(트리밍) 편집하거나 그밖에 작업 시 편집되어지는 지점을 말하는데, 이러한 편집 점은 클립의 끝 점이나 시작 점에 맞춰주는 포인트로도 사용됩니다.

- **JPEG** 스틸 이미지 파일 중 가장 대중적인 포맷 방식입니다. 고도로 압축된 형식이기 때문에 파일 용량을 대폭 줄일 수 있으며, 압축률에 비해 화질 손실률이 적기 때문에 DSLR이나 비디오 및 이미지 편집 프로그램에서 즐겨 사용됩니다.

- **PNG(Portable Network Graphics)** 8비트 색상의 이미지 포맷으로 비교적 용량이 적으며, 합성을 위한 투명 정보가 포함된 알파 채널을 지원합니다.

- **키프레임(Keyframe)** 움직임이 없는 영상(이미지)에 움직임을 주거나 이펙트(효과)의 결과가 시간에 따라 변하도록 하기 위해 사용되는 프레임을 말합니다. 애니메이션이나 모션 그래픽 작업 시 키프레임은 매우 중요한 역할을 합니다.

- **픽셀(Pixel)** 영상(이미지)을 표현하는 가장 작은 단위로써 화소(점)라고도 합니다. 하나의 화면(프레임)에 사용되는 픽셀이 많을수록 해상도가 좋아지며, 적을수록 해상도가 떨어지기 때문에 낮은 해상도에서 화면을 확대했을 때 사각형 모양의 픽셀이 선명하게 드러납니다.

높은 해상도(픽셀)의 영상   낮은 해상도(픽셀)의 영상

- **렌더(Render)** 작업에 사용되는 미디어 파일을 정상적으로 볼 수 있게 하거나 최종적인 파일로 출력할 때의 과정을 말합니다. 렌더링된 파일은 다양한 형태로 재생할 수 있습니다.

- **HDV** 고화질(HD) 비디오를 기록하는 형식으로써 크로마 서브 샘플링 HDV는 8비트 샘플링과 MPEG-2 비디오 압축을 사용합니다. 비트 레이트가 19Mbps인 720 프로그레시브(1280x720)와 25Mbps의 1080 인터레이스(1920x1080) 두 가지 포맷이 지원됩니다.

- **MP3** MPEG-1 또는 MPEG-2 오디오 레이어 3의 표준 압축 포맷으로써 인간이 들을 수 있는 소리 정보(가청 주파수)만 담고, 나머지는 제거되는 저용량 오디오 파일 형식입니다.

제대로 구성된 영상을 만들기 위한 편집의 세 가지 요소

편집(Editing)이란 촬영된 영상 소스들을 기획된 의도(주제)와 영상 문법에 맞게 구성하는 작업입니다. 편집의 구성은 일반적으로 영상과 오디오, 자막 등을 스토리텔링(콘티)에 맞게 자르고 붙이고 이어나가면 되는데, 여기에서 가장 중요한 것은 각각의 장면들을 리듬감있고 자연스럽게 연결해야 한다는 것입니다. 이와 같은 편집 과정은 장면의 배치(Arrangement of Scene), 장면의 타이밍(Timing of Scene), 장면의 변환(Transitional of Scene) 세 가지 요소를 가지고 있습니다. 이 세 가지 요소들은 완성도 높은 작품을 만드는데 매우 중요하기 때문에 아래에서 설명하는 세 가지 요소를 잘 참고하여 보다 세련되고 감각적인 작품을 만들기 바랍니다.

- **장면의 배치** 영상과 오디오의 배치는 서로 대조적인 장면들을 하나의 트랙 또는 그 이상의 트랙에 연결해야 하는데, 연결되는 순서는 시청자에게 제작된 의도를 쉽게 전달될 수 있도록 하는 것이 중요합니다. 잘 배치된 장면은 중간 과정을 보여주지 않아도 그 과정을 예상할 수 있는 마법과 같은 결과를 보여주며, 이런 배치에 따라 하나의 원본 소스들로도 여러 가지의 결과물을 표현할 수 있습니다.

- **장면의 타이밍** 배치 과정은 제작 의도를 시청자에게 어떻게 전달할 것인지에 대한 요소라면 장면의 타이밍은 전달되는 과정에서의 각 장면들을 어떤 위치와 시간(속도) 동안 보여줄 것인지에 대한 좀 더 구체화된 작업입니다. 이 과정에서는 왜 이 장면이 이 타이밍에서 보여줄 수밖에 없었는지에 대한 동기부여를 보여주어야만 시청자에 반향을 할 수 있습니다.

- **장면의 전환** 장면의 전환은 하나의 장면에서 다른 장면으로 넘어갈 때에 사용되는 효과로써 어떠한 전환(트랜지션) 효과를 사용하느냐에 따라 전혀 다른 느낌이 들기 때문에 적절한 효과를 사용할 때만이 시청자의 시선을 사로잡을 수 있습니다. 장면의 전환에서 가장 많이 사용되는 효과로는 자연스럽게 장면이 전환되는 디졸브(Dissolve)가 있으며 그밖에 다이내믹한 움직임을 보여줌으로써 시청자의 시선을 끌도록 유도하는 와이프, 페이지 턴, 푸쉬, 슬라이드, 스플릿 등의 효과들이 있습니다. 물론 이러한 장면전환 효과들은 장면이 바뀔 때에 시선을 끌 수 는 있지만 불필요하게 사용되는 효과는 오히려 시청자에게 불편함을 주기 때문에 단순히 컷만으로 연결된 장면보다도 못한 결과를 초래하기도 합니다.

편집 실무 1
불필요한 장면 컷(트리밍) 편집하기

이제부터 본격적인 실무형 편집 작업을 시작해보도록 하겠습니다. 먼저 트리머 패널과 타임라인을 이용하여 가져온 클립(장면)들의 불필요한 장면을 제거하는 컷, 즉 트리밍 편집을 하는 방법에 대해 알아보도록 하겠습니다.

트리머 패널을 이용한 컷 편집하기

컷 편집을 하기 위해 [학습자료] – [프로젝트] 폴더에서 앞서 열어보았던 [여바라 컷 편집] 프로젝트 파일을 열어줍니다. 먼저 트리머(Trimmer) 패널을 이용한 컷 편집을 하는 방법에 대해 알아보기 위해 미디어 패널에서 [여바라 01] 클립을 선택한 후 트리머 하단의 [재생] 버튼 또는 [스페이스바]를 눌러 선택한 클립이 어떤 장면인지 살펴봅니다.

※ 머뭇거림 없는 물 흐르듯 유연한 편집을 하기 위해서는 어떠한 목적과 대상을 위해 제작되는 컨텐츠인지, 편집할 소스 클립들을 충분히 검토하여 어떤 이야기를 하고 있는지 전체적인 흐름을 파악한 후 어떤 장면을 어떻게 편집할 것인지 구상하고 있어야 합니다.

선택된 영상을 모두 재생해보았다면 이번에는 편집 구간을 지정하기 위해 다시 처음부터 재생합니다. 그리고 재생 중 첫 번째 편집할 시작 장면(사용할 장면)에서 정지(스페이스바)합니다. 그다음 셋 인 포인트(Set In Point) 또는 단축키 [I] 키를 눌러 현재 장면을 마크 인(Mark In)으로 지정합니다.

마크 인으로 지정된 시간 / 클릭

※ 셋 인 포인트 또는 셋 아웃 포인트로 마크 인/아웃 구간을 지정하는 것은 지정된 구간을 최종 편집에 사용하기 위해서입니다.

계속해서 이번에는 끝 점으로 사용될 장면을 찾아주기 위해 다시 재생을 합니다. 그리고 첫 번째 편집할 끝 장면에서 정지한 다음 셋 아웃 포인트(Set Out Point) 또는 단축키 [O] 키를 눌러 현재 장면을 마크 아웃(Mark Out)으로 지정합니다.

마크 아웃으로 지정된 시간 / 클릭

※ 첫 번째 편집 구간은 두 진행자가 화면에 등장(프레임 인)하기 전부터 등장 후 소개 멘트를 한 지점(약 27초)까지입니다. 참고로 편집점을 세부적으로 찾아주기 위해서는 앞선 학습에서 살펴보았듯 한 프레임씩 앞/뒤로 이동하는 Previous/Next Frame 버튼을 이용하거나 단축키 [,]와 [.]를 이용하는 것입니다.

※ 마크 인/아웃 구간을 지정할 때 오디오 파형을 보면서 작업하고자 한다면 커서를 트리머 화면에 갖다 놓았을 때 하단에 나타나는 [Use Video]와 [Use Audio] 버튼 중 유즈 오디오 버튼을 클릭하여 파형 보기로 전환하는 것입니다.

이제 앞서 마크 인/아웃으로 지정된 구간을 타임라인(Video 1 트랙)에 적용하기 위해 먼저 적용될 시간으로 플레이헤드를 이동한 후 트리머 우측 하단의 [Insert Clip] 버튼을 클릭합니다. 그러면 지정된 시간에 마크 인/아웃 구간의 장면이 적용됩니다.

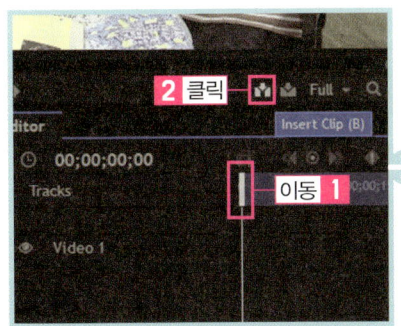
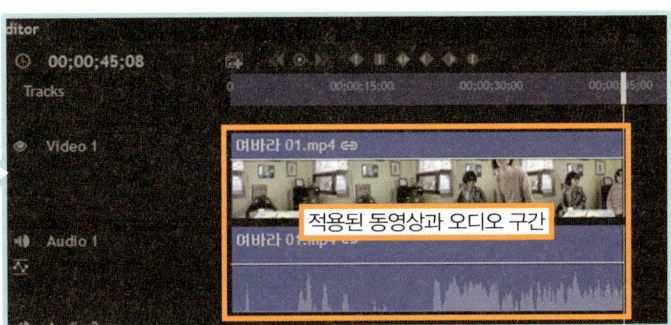

계속해서 두 번째 편집 구간을 지정하기 위해 다시 재생을 합니다. 그리고 두 번째 편집 구간의 시작 점에서 정지한 후 [I] 키를 눌러 마크 인을 지정합니다.

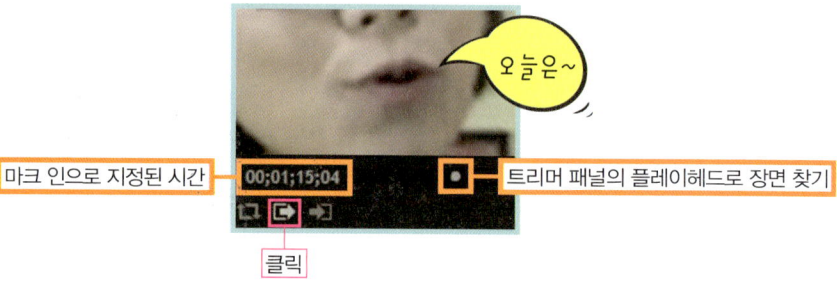

※ 트리머 패널에서는 정확한 편집 점을 찾기가 쉽지 않을 것입니다. 정확한 편집 점을 찾기 위해 진행자의 입 모양이나 동작을 살펴보아도 됩니다. 하지만 트리머에서는 될 수 있는 한 편집 점 근사치에 맞춰주는 것으로도 충분합니다. 그 이유는 세부 편집은 타임라인에서 하는 것이 더 효율적이기 때문입니다.

이번에는 두 번째 편집 구간의 끝 점을 찾아 [O] 키를 눌러 마크 아웃을 지정합니다.

※ 두 번째 편집 구간의 끝은 우측 진행자가 한 말에 좌측 진행자가 웃으며 무안해하는 장면입니다. 이처럼 각 장면의 포인트가 될 만한 장면을 편집 구간으로 지정해나가면 됩니다.

두 번째 편집 구간을 타임라인에 적용할 때 첫 번째 적용된 구간이 있는 곳에 플레이헤드를 이동한 후 [Overlay Clip] 버튼을 클릭해 봅니다. 그러면 플레이헤드가 위치한 곳부터 두 번째 구간의 길이만큼 첫 번째 클립을 덮어씌웁니다. 확인 후 언두(Ctrl + Z)를 하여 다시 적용 전으로 되돌아갑니다.

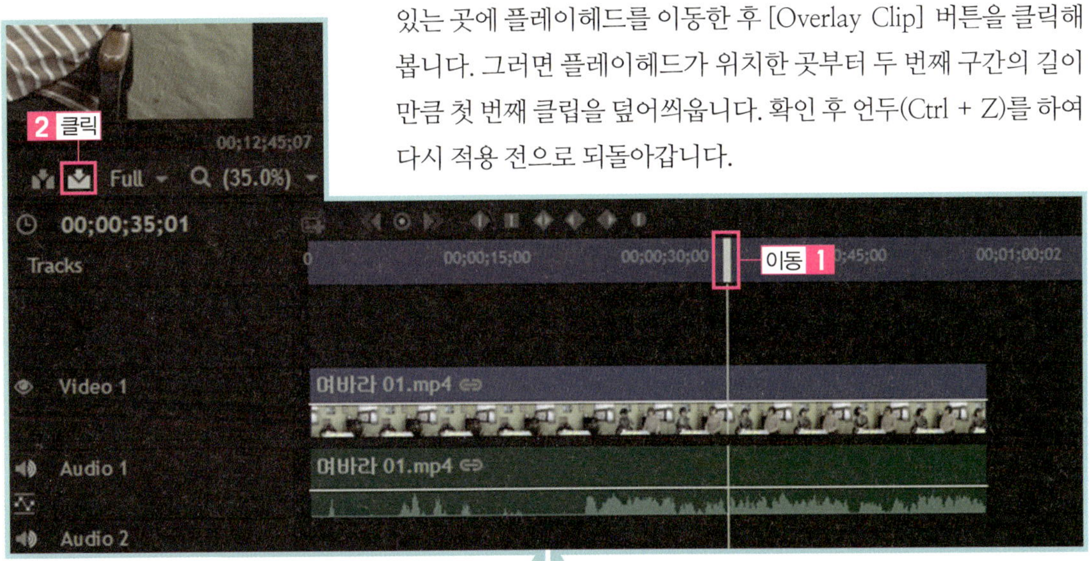

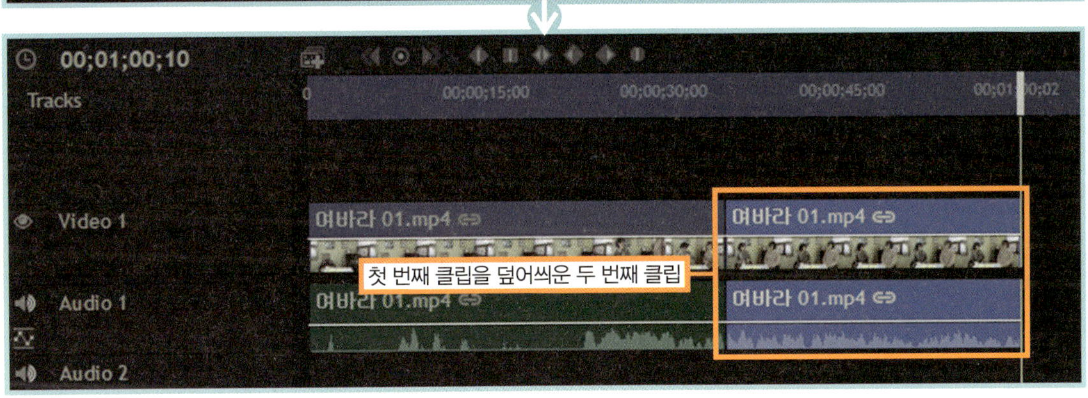

이번에는 [Insert Clip] 버튼을 클릭합니다. 그러면 오버레이 방식과는 다르게 두 번째 클립이 첫 번째 클립 사이에 삽입되고, 남아있는 첫 번째 클립은 뒤쪽으로 밀려나가는 것을 알 수 있습니다. 살펴본 두 가지 방식을 작업 상황에 맞게 적절하게 활용하기 바랍니다.

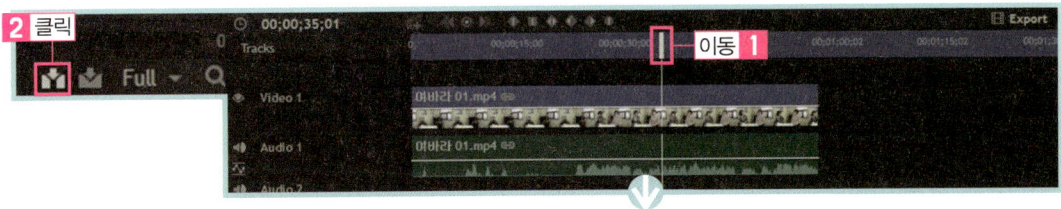

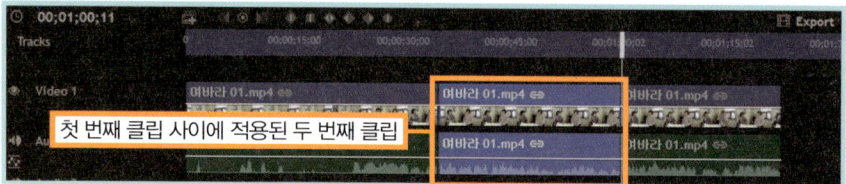

첫 번째 클립 사이에 적용된 두 번째 클립

타임라인을 이용한 컷 편집하기

히트필름에서의 표준 컷 편집은 프리머 패널에서 이루어지지만 필자의 경우엔 타임라인에서 직접 하는 것을 선호합니다. 그 이유는 컷 편집과 세부 편집을 동시에 할 수 있어 작업 시간을 단축할 수 있기 때문입니다. 이번에는 타임라인에서 편집을 하기 위해 언두(Ctrl + Z)를 하여 트리머 편집 전으로 돌아갑니다. 그다음 미디어 패널에서 [여바라 01] 클립을 타임라인(Video 1)에 갖다 적용합니다.

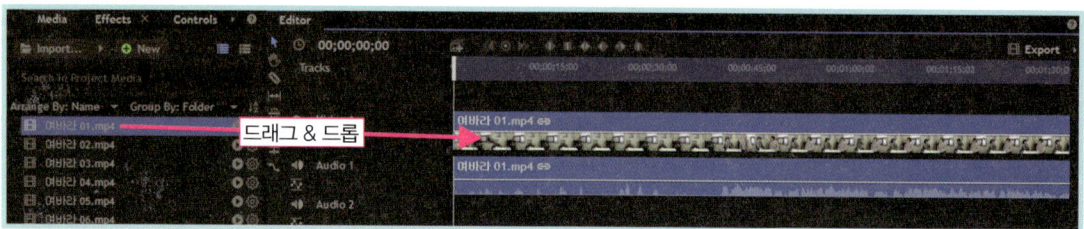

방금 적용된 클립의 첫 번째 편집 구간을 지정해봅니다. 여기에서는 앞서 트리머에서 지정한 시간과 동일하게 해보기 위해 타임코드 보드를 클릭합니다. 그러면 시간을 입력할 수 있는 상태가 되는데, 17초 12프레임을 입력한 후 [엔터] 키를 누릅니다. 이것으로 간단하게 원하는 시간으로 이동하였습니다.

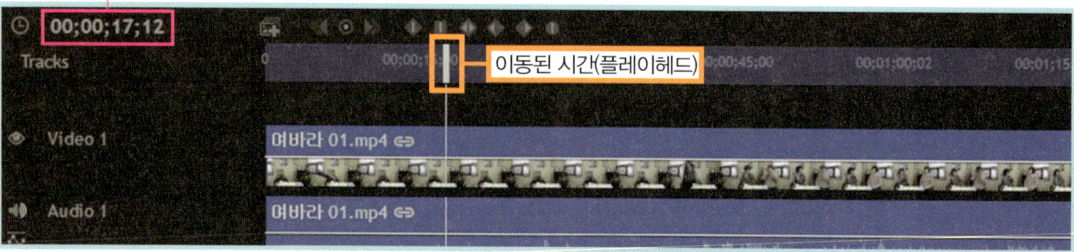

※ 타임코드의 시간을 간편하게 입력하는 방법은 설정하고자 하는 시간 단위(시간;분;초;프레임)을 더블클릭하는 것입니다. 그러면 더블클릭한 단위만 블록화되어 간편하게 시간을 입력할 수 있습니다.

이제 컷 편집을 하기 위해 커서를 클립의 시작 점으로 갖다 놓습니다. 그림처럼 초록색 중괄호 모양이 나타나게 되면 이 상태에서 클릭 & 우측으로 드래그하여 플레이헤드가 위치가 곳으로 이동합니다. 그러면 이동된 길이(시간)만큼 장면, 즉 클립이 잘려(트리밍)집니다. 이처럼 클립의 시작 점을 이동하여 컷 편집을 할 수 있습니다.

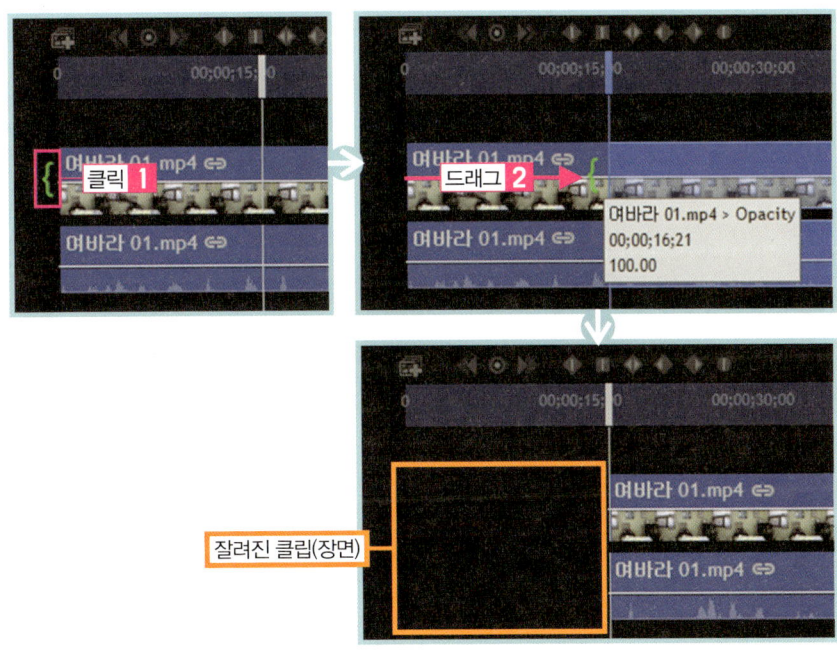

※ 시작 점 또는 끝 점을 이동할 때 플레이헤드나 다른 클립의 시작/끝 점과 같은 스냅 이벤트가 작동되는 지점에 다다르면 이동되는 편집 점이 스냅 포인트에 자동으로 맞춰지게 됩니다.

계속해서 첫 번째 편집 구간의 끝 점을 찾아줍니다. 필자는 좌측 진행자 멘트인 "난 그렇게는 못한다"라는 말이 끝나는 지점을 끝 점

[C]

으로 사용할 것입니다. 첫 번째 편집 구간의 끝 점에 플레이헤드(시간)가 이동되었다면 이 지점을 잘라주기 위해 면도칼 모양의 [Slice] 툴을 선택합니다. 단축키는 [C]입니다. 그다음 그림처럼 플레이헤드가 있는 지점에서 클릭합니다. 그러면 이 지점을 기준으로 [여바라 01] 클립이 둘로 분리됩니다.

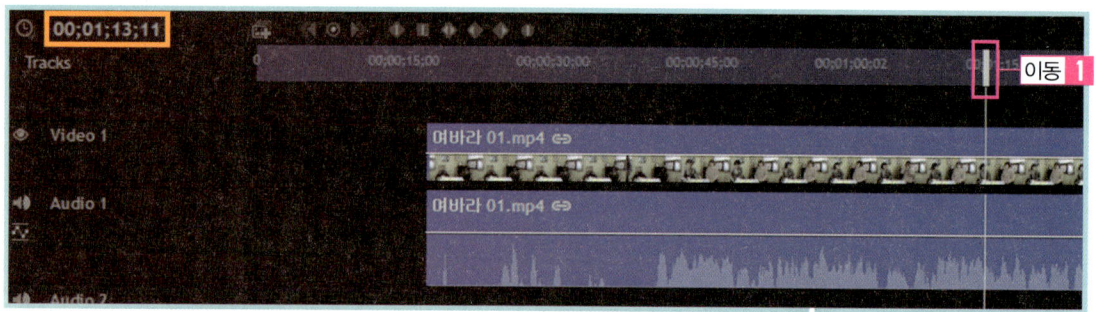

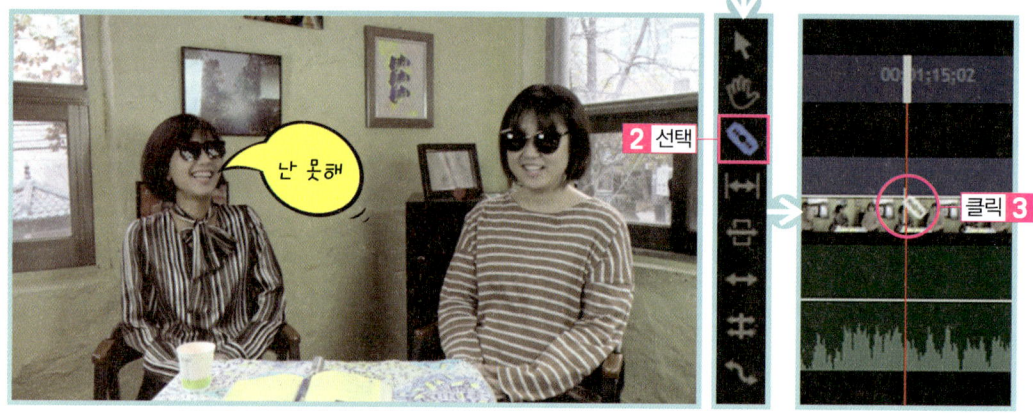

※ 슬라이스 툴을 사용할 때에도 스냅 이벤트로 인해 플레이헤드 지점에서 정확하게 잘려집니다.

※ 슬라이스 툴처럼 플레이헤드가 위치한 지점의 클립을 잘라주는 또 다른 방법으로는 단축키 [Ctrl] + [Shift] + [D]입니다. 이때 자르고자 하는 클립(들)을 선택(Ctrl 키를 누르면 복수 선택 가능)한 후 이 단축키를 사용해야 합니다.

계속해서 두 번째 편집 구간의 시작 점으로 이동합니다. 필자는 좌측 진행자의 "오늘은 유튜브~"란 멘트가 시작되는 지점을 시작 점으로 지정하였습니다. 그다음 다시 기본 툴인 [Selection] 툴을 선택합니다. 단축키는 [V]입니다. 선택 도구가 선택되면 그림처럼 우

[V]

측 클립의 시작 점을 클릭 & 드래그하여 플레이헤드가 위치한 지점으로 이동합니다. 이것으로 두 번째 편집 구간의 시작 장면이 편집되었습니다.

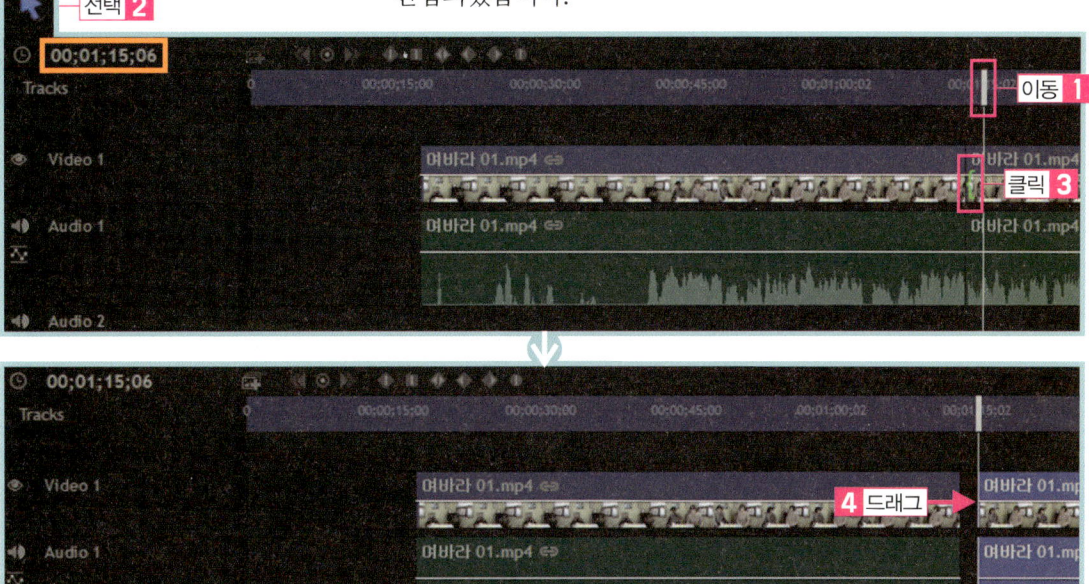

Ctrl + S 작업이 진행되었다면 잊지 말고 수시로 저장하세요.

※ 편집된 구간, 즉 장면은 완전히 사라지는 게 아니라 되살릴 수 있습니다. 편집된 클립의 시작 점 또는 끝 점에 커서를 갖다 놓은 후 클릭 & 드래그하여 잘라준 것과 반대 방향으로 이동하면 편집된 장면을 다시 되살릴 수 있습니다.

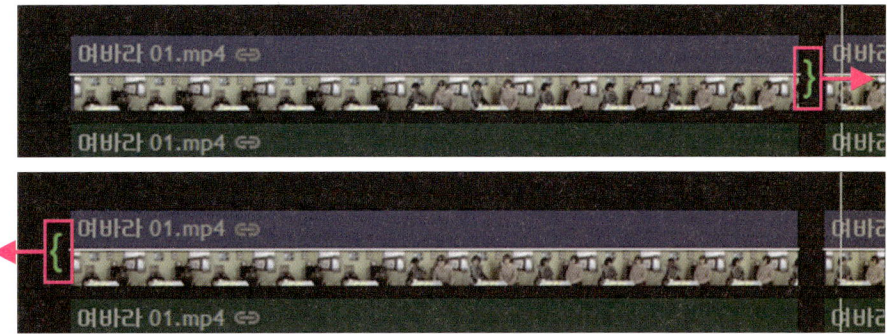

※ 오디오 파형을 보면서 편집을 해야 할 경우에는 오디오 트랙의 크기를 크게 하는 것이 유리하며, 반대로 비디오 트랙은 크기를 작게 해주어야 많은 트랙을 사용할 때 효율적입니다.

이번엔 두 번째 편집 구간의 끝 점을 지정하기 위해 일단 [Drag] 툴을 사용하여 타임라인 공간을 좌측으로 이동합니다. 클릭 & 좌측 드래그하여 공간을 이동하면 됩니다. 단축키는 [H]입니다.

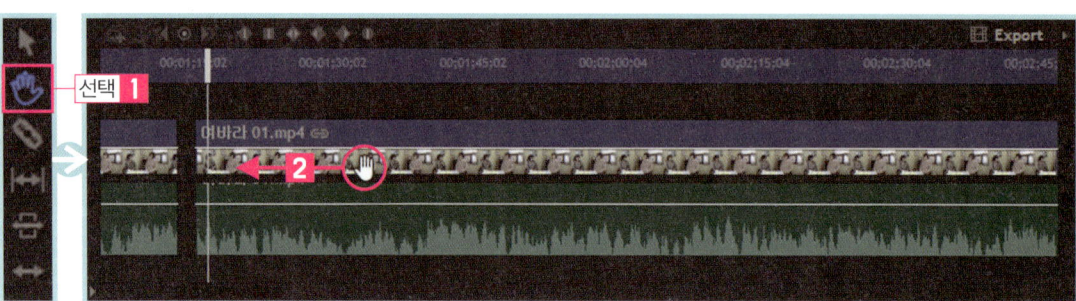

타임라인의 우측 공간이 확보되었다면 재생(스페이스바)하여 끝 점으로 사용될 장면을 찾아줍니다. 필자는 우측 진행자의 말에 좌측 진행자가 무안해하면서 웃는 장면을 끝 점으로 사용하였습니다. 그다음 [슬라이스] 툴을 사용하여 지정된 지점을 잘라줍니다.

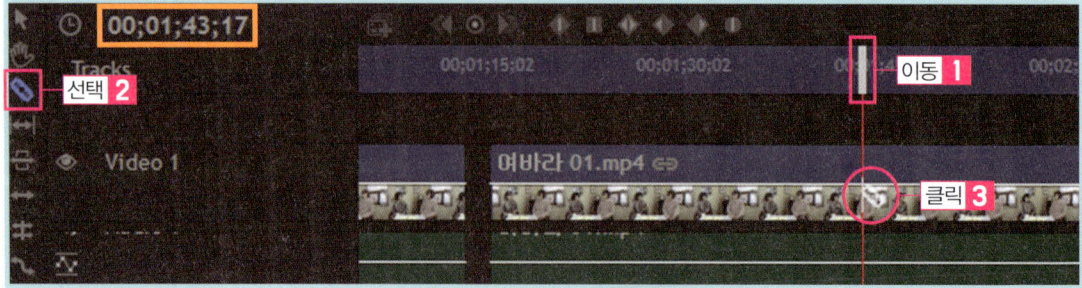

같은 방법으로 나머지 장면을 편집해나갑니다. 아래 그림은 필자가 작업한 [여바라 01] 클립에 대한 컷(트리밍) 편집이 모두 끝난 모습이며, 불필요하다고 판단된 장면을 편집하고 난 자리는 그대로 비어놓은 상태입니다.

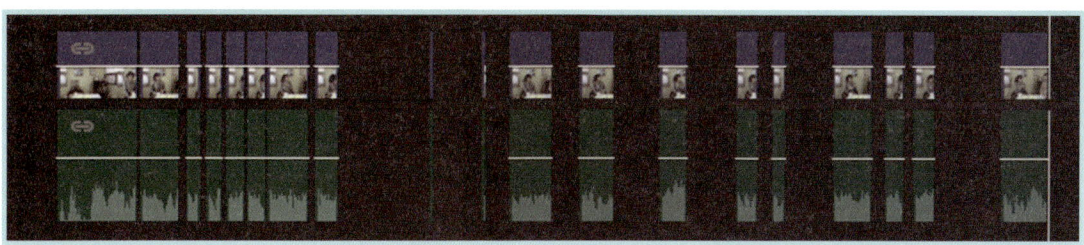

이제 이 빈 곳을 메꿔주기 위해 첫 번째 빈 곳에서 [우측 마우스 버튼 클릭] - [Ripple Delete Gap] 메뉴를 선택하여 빈 곳을 메꿔줍니다. 계속해서 같은 방법으로 뒤쪽 공간도 메꿔나갑니다.

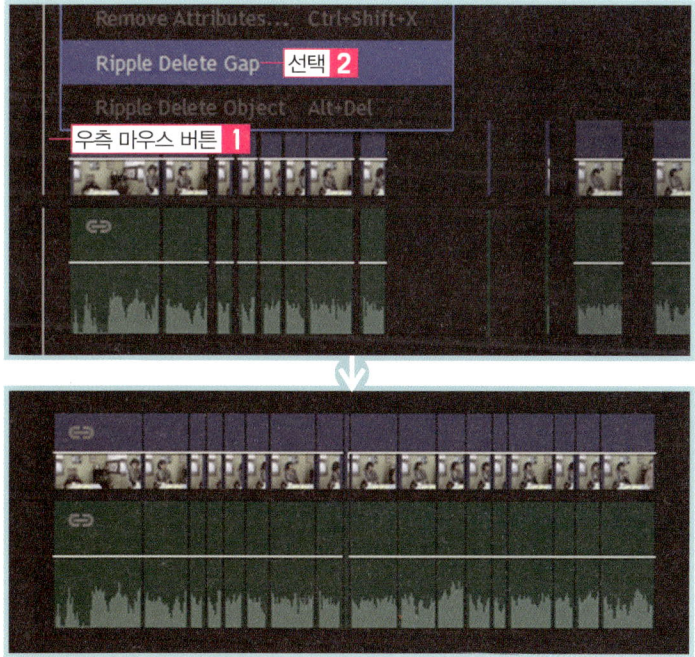

첫 번째 클립인 여바라 01에 대한 컷 편집이 모두 끝났다면 계속해

서 [여바라 02] 클립을 앞서 편집이 끝난 맨 뒤쪽에 갖다 적용한 후 두 번째 클립에 대한 컷 편집을 진행하고, 두 번째 클립의 컷 편집이 끝나면 여바라 03~06 클립까지 컷 편집을 끝내놓습니다.

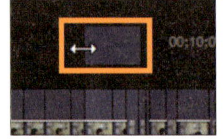

※ 시간자에 있는 인/아웃 에어리어(In/Out Area)를 이동하여 편집하고자 하는 셋 인/아웃(Set In/Out Point) 영역을 편집 점으로 표시해놓으면 컷 편집 작업에 많은 도움이 됩니다. 영역 설정은 주로 단축키 [I], [O] 키를 사용합니다.

모든 컷 편집이 끝났나요? 필자는 대략 20분 정도의 컷 편집 결과물이 나왔습니다. 여러분은 어떻게 나왔는지 모르겠지만 원본 1시간 정도의 분량보다는 많이 줄어들었을 것입니다. 이렇듯 편집은 불필요한 장면을 과감하게 잘라버리는 것에 인색해서는 안될 것입니다. 이제 컷 편집 결과물을 토대로 10분짜리 혹은 20분, 30분 등등의 최종 영상 컨텐츠의 시간을 결정하면 됩니다. 그리고 시간이 결정되면 컷 편집 내용을 더 잘라내거나 이미 편집된 장면을 다시 사용하여 결정된 시간에 맞게 재편집하면 될 것입니다.

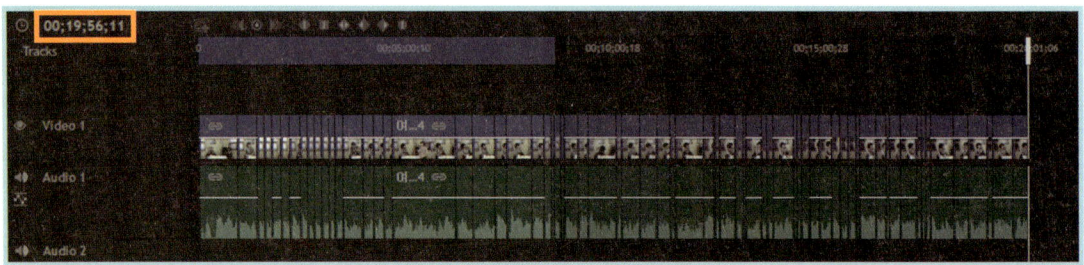

※ 사전에 몇 분짜리 혹은 몇 시간짜리의 결과물을 만들 것인가 정해지지 않았다면 지금처럼 일단 컷 편집을 끝낸 후 적당한 기준을 만드는 것도 하나의 방법입니다. 이것은 항상 비슷한 환경과 상황에서 촬영 소스들이 만들어지기 때문인데, 만약 준비된 촬영 소스들로도 원하는 기준대의 시간을 채우지 못했다면 촬영 소스를 더 보충해야만 할 것입니다.

편집 실무 2
효과 적용 및 자막 만들기

컷 편집 및 세부 편집 작업까지 끝났다면 이번에는 각 장면과 장면이 넘어갈 때의 모습을 어떻게 표현할 것인가와 장면에 변화를 주는 효과 적용 그리고 자막을 만들어주는 방법에 대해 알아보도록 하겠습니다.

장면전환(트랜지션) 효과 사용하기

먼저 장면과 장면이 바뀔 때의 모습을 표현해보기 위해 [학습자료] - [프로젝트] - [여바라 컷 편집_완성] 프로젝트 파일을 열어줍니다. 그다음 편집된 모습을 재생해보면 각 장면과 장면이 바뀔 때 진행자들의 움직임이 매끄럽게 연결되지 않고 툭툭 튀는 것을 알 수 있습니다. 물론 유튜브 영상과 같은 최근엔 이와 같은 움직임을 문제삼지 않지만 그래도 눈에 거슬린다면 디졸브 효과를 적용하여 조금이라도 자연스럽게 연결되도록 해야 할 것입니다.

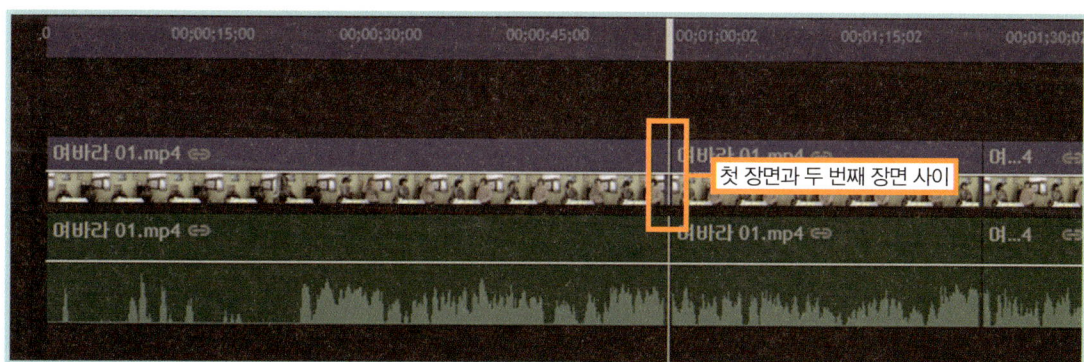

컷 형태로 장면전환이 되는 것을 원치 않는다면 이펙트(Effect) 패널의 [Transitions - Video] - [Dessolve]에서 [Cross Dissolve] 장면전환 효과를 클릭 & 드래그하여 첫 번째와 두 번째 장면(클립) 사이에 갖다 놓습니다. 장면전환(트랜지션) 효과는 이와 같이 각 클립과 클립 사이에 갖다 놓으면 됩니다.

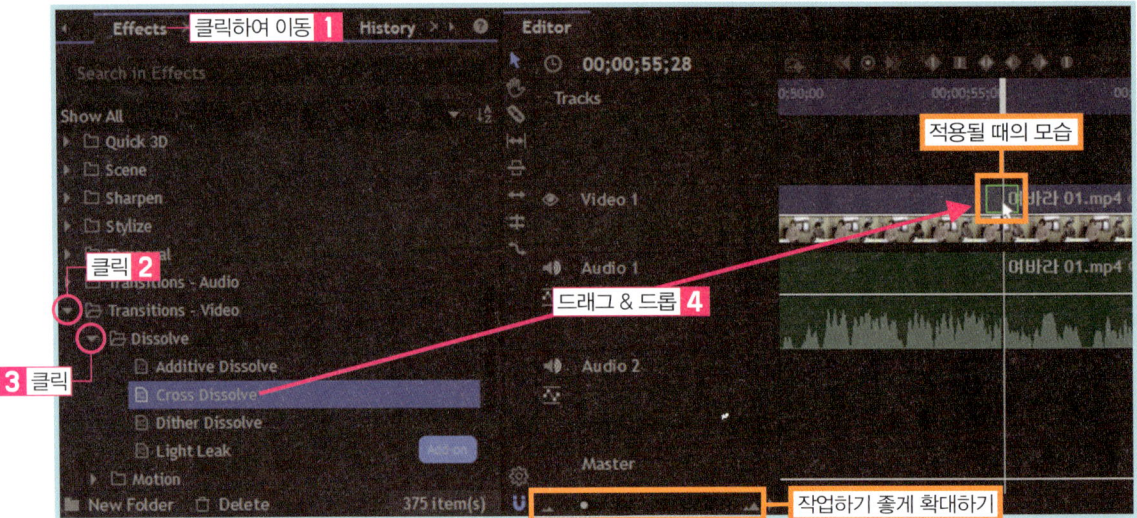

적용된 크로스 디졸브 효과를 확인해보면 첫 번째 장면과 두 번째 장면이 서로 교차되어 이전보다 훨씬 부드럽게 표현되는 것을 알 수 있습니다.

※ 크로스 디졸브(Cross Dissolve) 효과는 트랜지션 효과 중 가장 즐겨 사용되는 효과로써 장면전환 시 자연스럽게 교차되는 모습을 표현할 때 사용됩니다.

트랜지션 효과의 길이 조절하기

트랜지션 효과가 지속되는 길이는 적용된 트랜지션 구간에서 클립의 시작/끝 점을 이동하듯 원하는 길이로 조절할 수 있습니다.

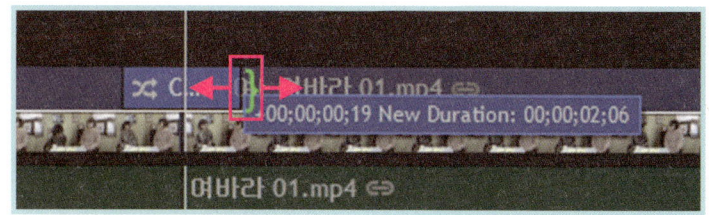

오디오 클립과 클립이 바뀔 때에도 자연스럽게 들리도록 하고자 한다면 [Transitions - Audio]의 [Cross Fade] 효과를 비디오 클립과 마찬가지로 클릭 & 드래그하여 오디오 클립과 클립 사이에 갖다 놓으면 됩니다.

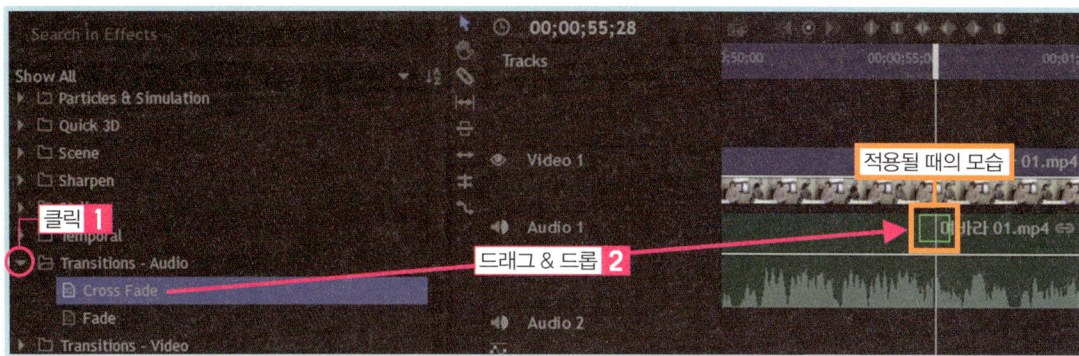

계속해서 이번에는 다른 비디오 장면전환 효과를 적용하기 위해 [Motion]에서 [Push] 효과를 끌어다 앞서 적용한 첫 번째와 두 번째 비디오 클립 사이에 적용합니다. 그러면 이전에 적용되었던 효과와 대체됩니다.

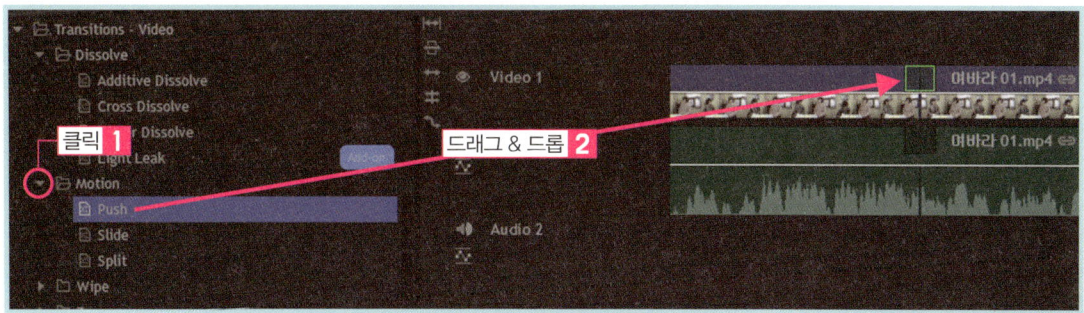

효과가 적용된 후 컨트롤(Controls) 패널을 보면 적용된 효과를 세부 설정할 수 있는 옵션을 볼 수 있는데, Direction은 효과 방향, Motions Blur는 효과가 움직일 때의 흐림 정도를 조절할 수 있습니다. 여기에서는 모션 블러를 0으로 설정하여 선명하게 해줍니다.

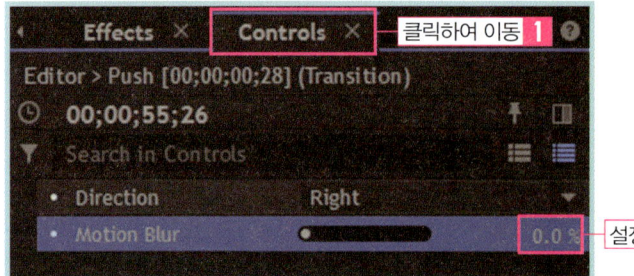

※ 효과 컨트롤의 설정 옵션은 적용된 효과에 따라 달라지는데, 원하는 결과가 나타나도록 직접 설정해나가면 됩니다.

불필요한 트랜지션 효과 삭제하기

적용된 트랜지션 효과가 불필요해졌다면 제거하고자 하는 트랜지션 효과를 클릭하여 선택한 후 [Delete] 키를 눌러 삭제할 수 있습니다. 필자는 크로스 디졸브 효과를 사용하지 않기 위해 삭제하였습니다.

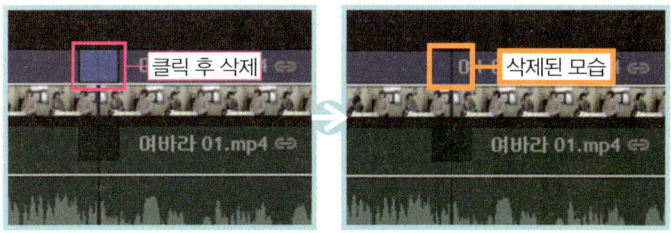

하지만 오디오 클립과 클립 사이의 전환은 자연스럽게 들리도록 하기 위해 모든 오디오 클립과 클립 사이에 크로스 페이드 효과를

적용하였습니다. 참고로 마지막 오디오 클립의 끝 점이 있는 부분에도 크로스 페이드 효과를 적용하여 서서히 소리가 줄어들도록 하기 바랍니다.

오디오 볼륨과 비디오 투명도 조절에 대하여 [Ctrl]

오디오의 볼륨과 비디오의 투명도를 조절하는 방법은 여러 가지가 있지만 가장 손쉬운 방법은 각 클립의 표면에 나타나는 하얀색 수평선을 이용하는 것입니다. 비디오의 투명도는 앞선 학습에서도 잠깐 언급한 적이 있듯이 마우스 커서를 비디오 클립 상단의 하얀색 수평선에 갖다 놓고 위아래로 이동하면 되며, 오디오 볼륨 또한 오디오 클립의 하얀색 수평선에 커서를 갖다 놓고 위아래로 이동하는 것으로 간단하게 볼륨을 조절할 수 있습니다.

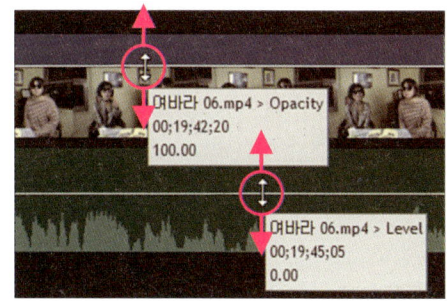

여기에서 만약 볼륨(투명도)이 조절되는 구간을 개별적으로 설정하고자 한다면 [Ctrl] 키를 누른 상태에서 볼륨 조절 선 위에 마우스 커서를 갖다 놓고, [+] 표시가 나타날 때 클릭하여 조절 포인트를 추가하면 추가된 포인트를 위아래(좌우)로 이동하여 구간별로 조절할 수 있습니다. 참고로 지금의 방법은 오디오뿐만 아니라 구간별 비디오의 투명도 조절 및 페이드 인/아웃에도 이용됩니다.

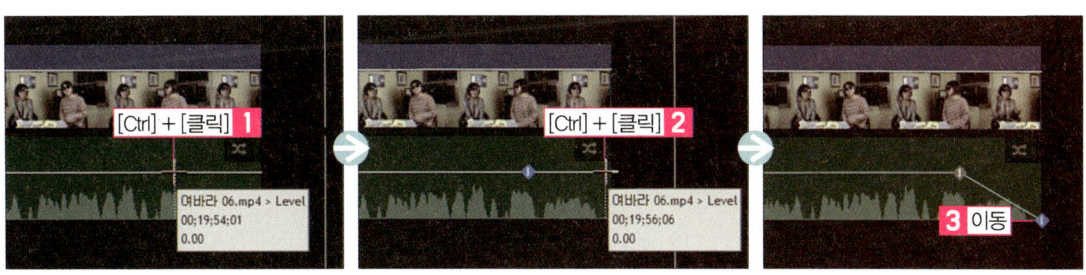

앞서 설명한 것을 참고하여 첫 번째 장면과 마지막 장면에 페이드 인/아웃되는 장면을 표현해보기 바랍니다. 아래 그림은 첫 번째 장면의 페이드 인을 3초로 설정한 모습입니다.

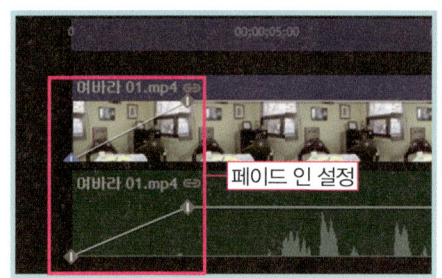

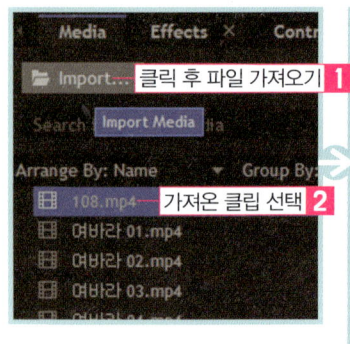

계속해서 이번에는 템플릿 소스를 가져와 장면과 장면 사이에 적용하여 트랜지션 효과를 표현해보도록 하겠습니다. 미디어 패널에서 [Import] 버튼을 누르거나 단축키 [Ctrl] + [Shift] + [O]를 눌러 **[템플릿] - [트랜지션(장면전환)]** 폴더에 있는 [108.mp4] 파일을 가져온 후 [PgUp] 또는 [PgDn] 키를 눌러 첫 번째와 두 번째 클립 사이로 플레이헤드를 이동합니다.

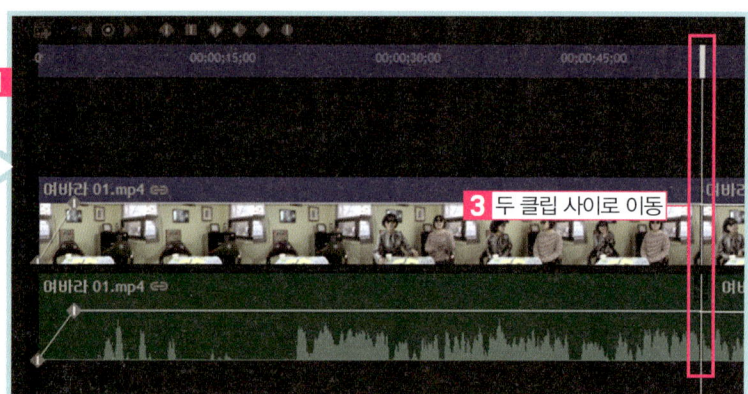

그다음 트리머 패널 하단의 [Insert Clip] 버튼을 클릭합니다. 그러면 그림처럼 플레이헤드가 위치한 지점에 [108] 트랜지션 소스 클립이 적용되고, 적용된 클립의 길이만큼 두 번째 이후의 클립들이 뒤쪽으로 밀려나갑니다.

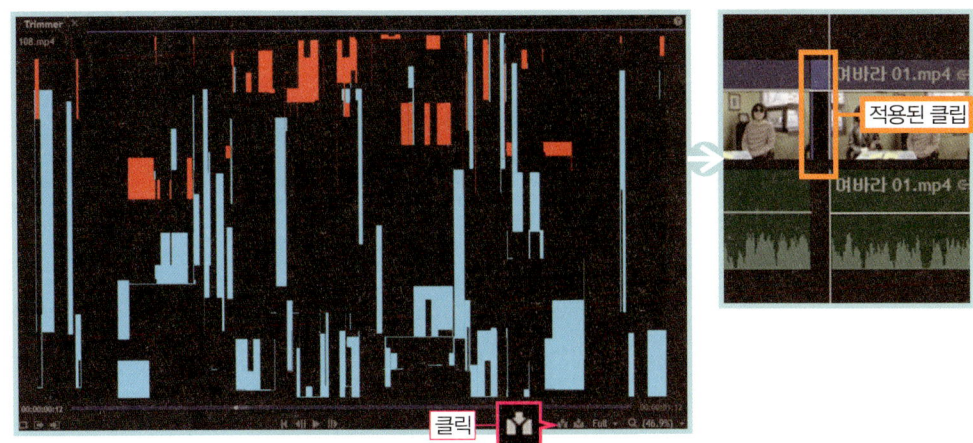

※ 적용된 트랜지션 템플릿 소스 클립 구간을 확인해보면 거친 글리치 화면이 보이고 다음 장면으로 넘어가는 것을 알 수 있습니다. 이렇듯 장면전환 효과는 외부에 있는 클립(비디오 또는 이미지)을 가져와 독특한 효과를 표현할 수 있습니다.

이번에는 글리치 형태의 트랜지션 구간에 사용할 효과음을 적용하기 위해 [Import] 버튼을 클릭하여 [템플릿] - [효과음 & 배경음] 폴더에 있는 [글리치(스크래치) 04.mp3] 오디오 파일을 가져와 클릭 & 드래그하여 그림처럼 108 클립의 시작 점을 기준으로 하여 아래쪽 Audio 2 트랙에 갖다 적용합니다.

이제 적용된 [글리치(스크래치) 04.mp3] 오디오 클립의 끝 점을 좌측으로 이동하여 트랜지션 구간의 길이만큼 잘라줍니다.

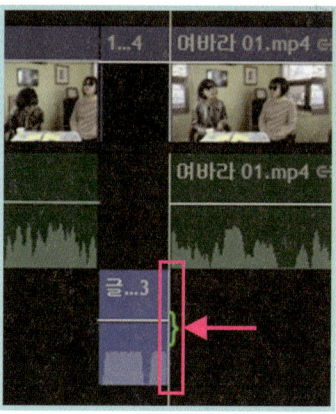

※ 지금 살펴본 트랜지션 효과는 최근에 많이 사용되는 유튜브 스타일이며, 모든 장면과 장면에 사용하기 보다는 약간의 지루함이 느껴지는 시간(분 단위)에 사용하는 것이 효과적입니다. 만약 적용된 트랜지션 소스와 효과음이 마음에 들지 않는다면 템플릿에서 적당한 것을 찾아 사용하기 바랍니다.

시퀀스 파일 형태로 된 트랜지션 만들기

Alt + Del

앞서 외부 소스 파일을 가져와 트랜지션 효과로 사용하는 방법에 대해 알아보았습니다. 이번에는 다른 방법을 살펴보기 위해 언두(Ctrl + Z) 또는 108 클립 위에서 [우측 마우스 버튼 클릭] - [Ripple Delete Object] 메뉴(Alt + Delete)를 선택하여 트랜지션 효과로 사용된 클립을 삭제합니다. 그러면 삭제된 클립의 공간을 뒤쪽 클립들이 이동하여 메꿔줍니다. 그다음 효과음으로 사용한 글리치 클립은 일반적인 방법으로 삭제(Delete)합니다.

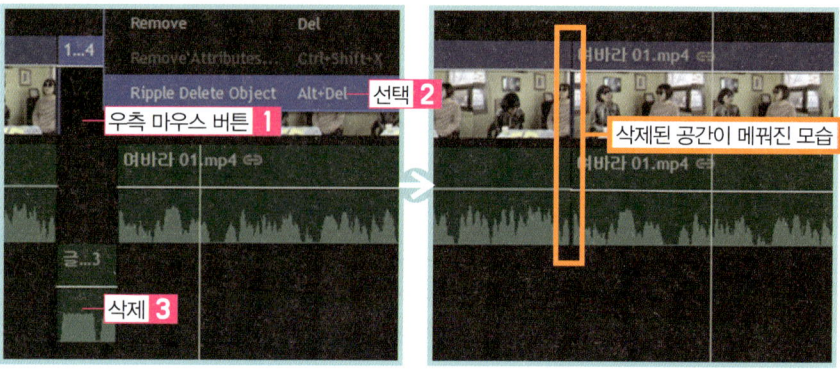

이번엔 시퀀스 형태의 트랜지션 파일을 가져오기 위해 먼저 앞서 타임라인에서 삭제한 [108]과 [글리치] 클립을 선택한 후 삭제(Delete)한 후 [Import] - [Image Sequence] 메뉴를 선택합니다. 그다음 [템플릿] - [트랜지션(장면전환)] 폴더에 있는 [37] 폴더를 선택한 후 [폴더 선택] 버튼을 클릭하여 37 폴더 안에 있는 시퀀스 파일을 모두 가져옵니다.

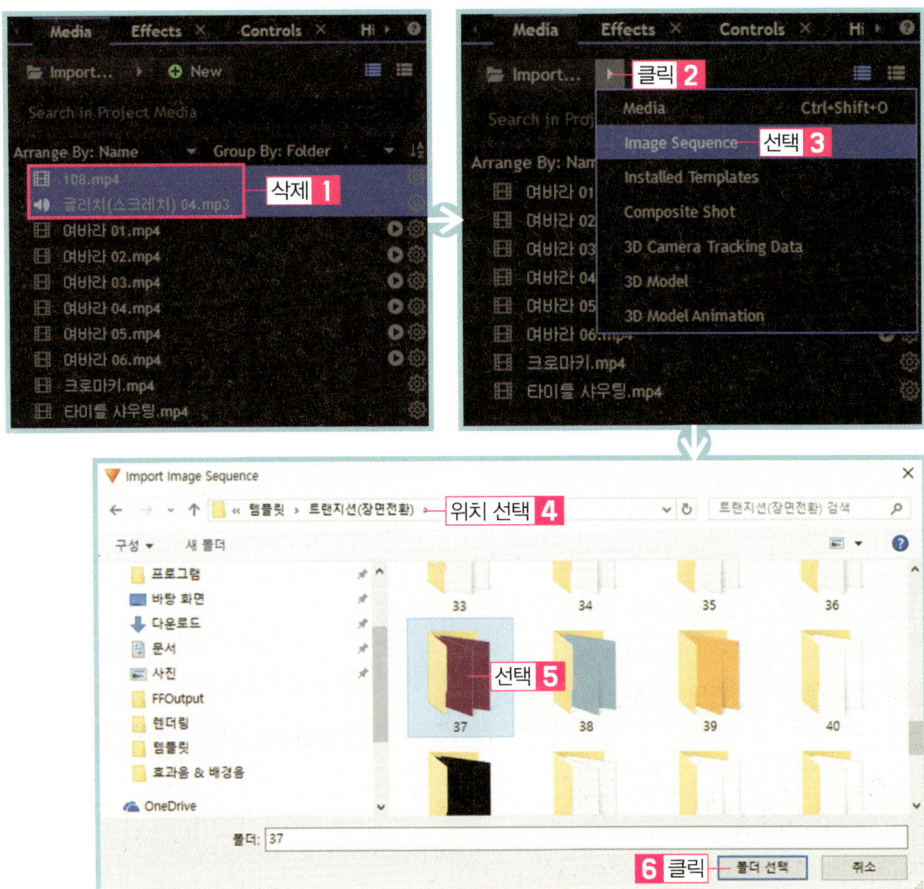

이제 방금 가져온 [37] 시퀀스 클립을 첫 번째 클립과 두 번째 클립 사이의 위쪽 트랙에 갖다 적용합니다. 그리고 확인해보면 해당 폴더에 있는 시퀀스 파일들의 동영상처럼 나타나는 것을 알 수 있습니다. 현재의 트랜지션은 손으로 커튼을 당기듯 화면을 가리는 장면으로 손과 커튼을 제외한 나머지 영역은 투명(알파 채널)하게 처리되어 투명한 영역에는 아래쪽 두 클립들의 모습이 나타납니다.

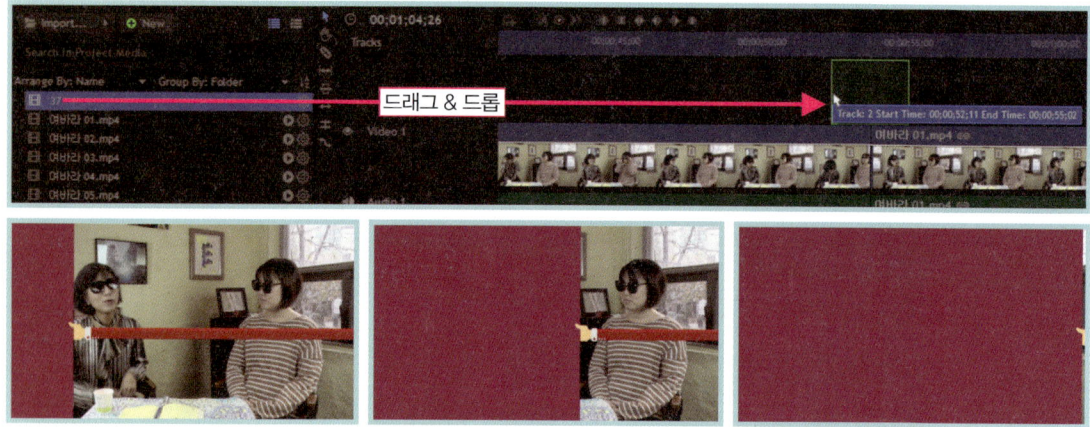

※ 알파 채널(Alpha Channel)은 이미지에 투명한 정보가 있는 파일 형식으로 PNG, TGA, GIF, TIFF 등이 투명 정보를 포함하는 파일 형식이며, 포토샵 파일인 PSD도 투명 정보를 포함합니다. 참고로 이러한 형식의 파일은 주로 합성 작업을 위해 사용됩니다.

살펴본 것처럼 장면전환을 표현하기 위한 방법은 다양합니다. 살펴본 몇 가지 방법을 통해 여러분이 원하는 장면전환 효과를 사용하기 바랍니다. 계속해서 다음 작업을 하기 위해 시퀀스 형태의 트랜지션 효과 클립을 미디어 패널에서 삭제(Delete)합니다. 그러면 타임라인에 있는 클립도 같이 삭제됩니다.

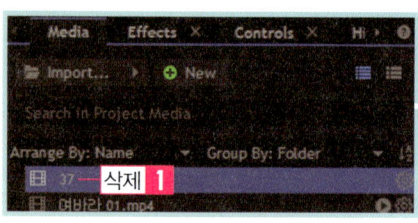
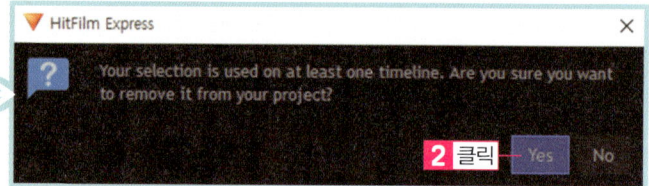

비디오 효과 사용하기

색 보정을 위한 효과 적용하기

비디오 효과(이펙트)는 평범한 장면에 물결치는 파형을 만들거나 장면 전체 또는 특정 부분에 모자이크를 처리하고, 흐리게 만들고, 색상을 바꾸고, 컬러를 흑백으로 만들고, 모양을 변형하는 등의 다양한 표현을 할 때 사용됩니다. 일단 여기에서는 색 보정 효과를 적용해보기로 하겠습니다. 현재의 동영상을 보면 채도와 조도가 낮아 전체적으로 탁하고 어두운 느낌이 듭니다. 이러한 문제를 보정하기 위해 비디오 패널에서 [Color Correction] - [Auto Color] 비디오 효과를 클릭 & 드래그하여 첫 번째 장면(클립) 위에 갖다 놓습니다.

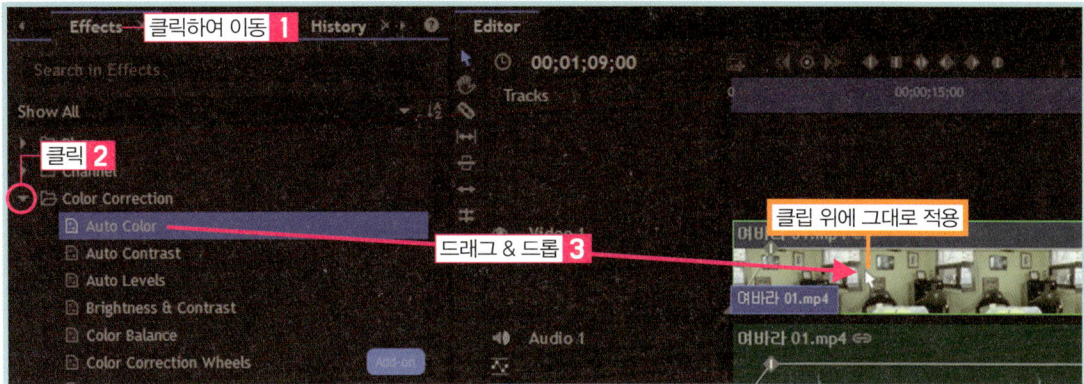

※ 비디오(오디오) 효과의 적용은 적용하고자 하는 효과를 끌어다 적용되는 클립 위에 갖다 놓기만 하면 되며, 비디오 효과는 트랜지션 효과와는 다르게 여러 가지의 효과를 반복적으로 적용할 수 있은 중첩된 효과를 얻을 수 있습니다.

자동으로 색 보정을 해주는 오토 컬러 효과가 적용된 후의 모습을 보면 아래의 두 그림처럼 확연한 차이가 있는 것을 알 수 있습니다. 누가 보아도 우측 그림이 더욱 선명한 색상으로 느껴집니다.

※ 촬영 시 의상 또한 중요한데 지금 착용하고 있는 두 진행자의 의상은 가로와 세로 줄무늬입니다. 이와 같은 줄무늬 옷은 줄무늬가 흔들리는 모아르(Moire) 가상 패턴 현상을 일으키기 때문에 가급적 피하는 것이 좋습니다.

비디오 효과가 적용되면 컨트롤(Controls) 패널이 열리고, 적용된 효과가 나타나는데 여기에서는 적용된 효과에 대한 세부 설정을 할 수 있습니다. 또한 불필요한 효과는 효과의 이름 부분을 선택한 후 [Delete] 키를 눌러 삭제할 수 있습니다.

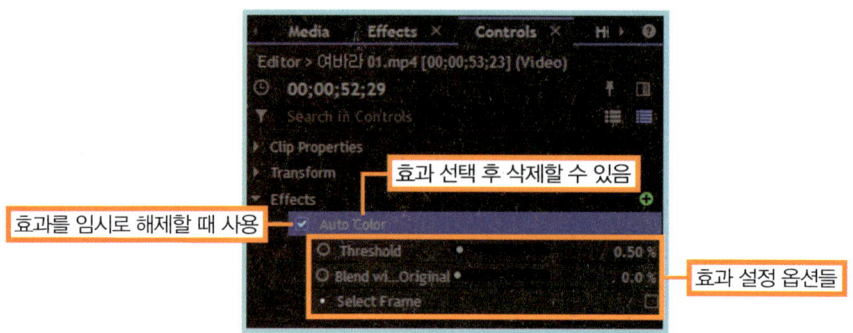

계속해서 앞서 적용한 자동 색 보정 효과를 모든 비디오 클립에 적용하기 위해 그림처럼 우측 빈 곳에서 드래그하여 두 번째 클립까지 선택합니다. **모든 클립들이 보이도록 타임라인을 축소하여 선택함**

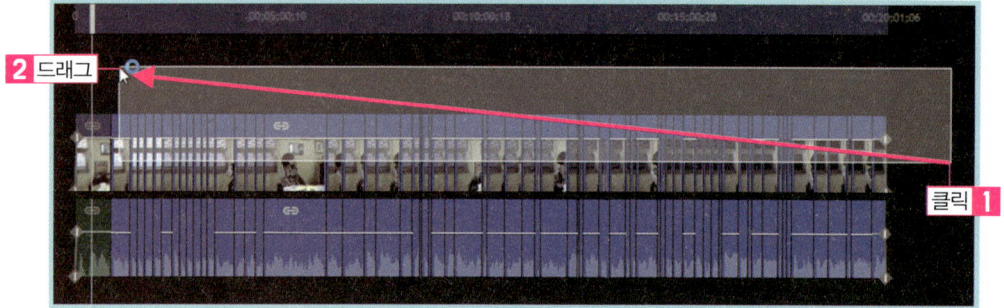

첫 번째 클립을 제외한 모든 클립이 선택되면 선택된 클립 중 아무 클립이나 상관없이 앞서 적용한 [Auto Color] 비디오 효과를 적용합니다. 그러면 선택된 모든 클립에도 효과가 적용됩니다.

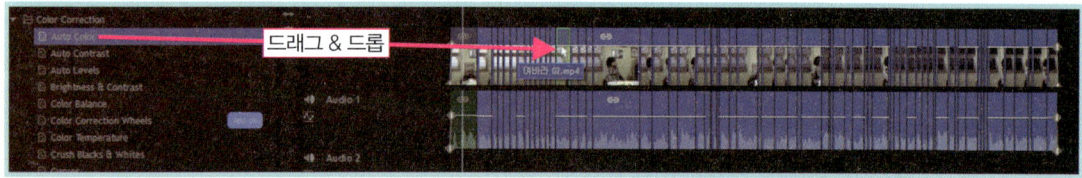

※ 만약 효과가 적용된 모든 클립의 효과를 제거하고자 한다면 모든 클립을 선택(Ctrl + A)한 후 아무 클립 위에서 [우측 마우스 버튼 클릭] – [Remove Effects] 또는 단축키 [Ctrl] + [Alt] + [X]를 누르면 선택된 모든 클립에 적용되었던 효과들이 모두 제거됩니다.

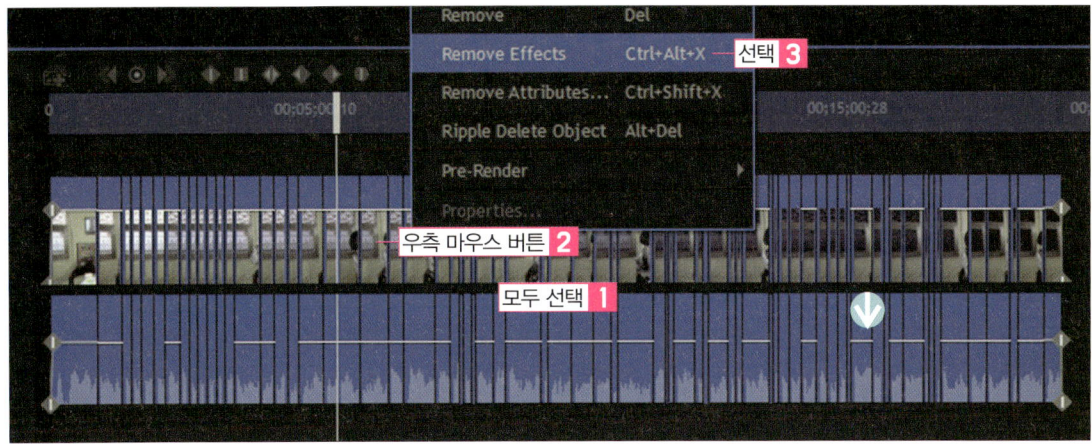

히트필름에서의 효과는 매우 다양합니다. 여기에서는 하나의 효과만 적용해보았지만 여러분은 살펴보지 않는 효과에 대해 더 알아볼 필요가 있습니다. 참고로 효과에 대한 정보를 알아보기 위해서는 이펙트 패널 우측 상단에 있는 [?] 모양의 [Open online help for Effects panel] 버튼을 누르면 됩니다.

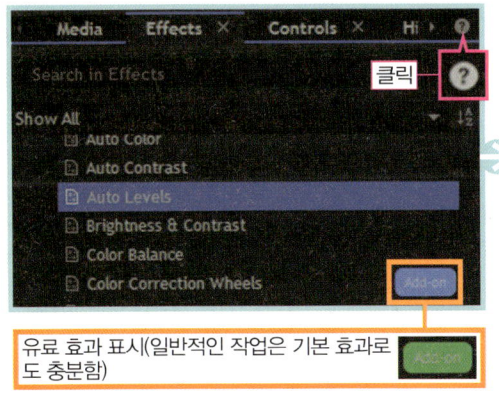

유료 효과 표시(일반적인 작업은 기본 효과로도 충분함)

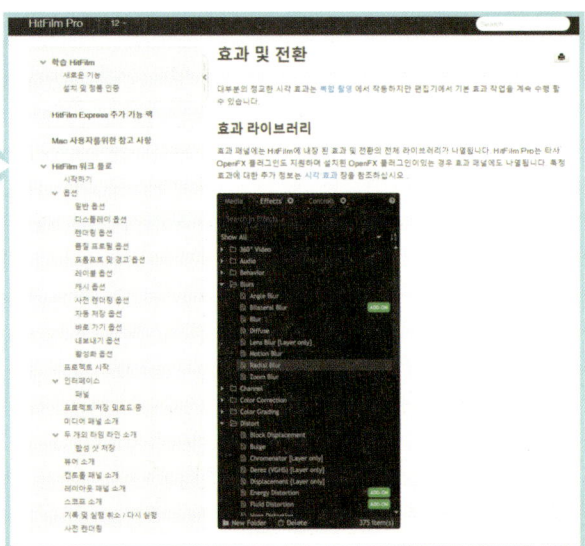

자막 만들기

일반적으로 사용되는 정지 자막 만들기

자막(타이틀)은 장면에 부가적인 설명과 정보를 전달하기 위해 사용되며, 최근엔 영상의 심미적인 요소를 위해 사용되기도 합니다. 예를 들어 출연자의 얼굴이 빨개지는 장면이나 두꺼운 입술, 쫑긋한 귀 그밖에 코믹적이거나 감정을 전달하는 등의 극적인 장면을 연출하기 위해서도 사용됩니다. 여기에서는 가장 많이 사용되는 정지 자막을 만들어보기 위해 두 번째 장면을 확인해봅니다. "유튜브 어떤 식으로 만들 것인가"란 주제를 이야기하고 있는 것을 알 수 있습니다. 이 주제에 맞는 자막을 만들기 위해 시간(플레이헤드)을 두 번째 장면이 시작되는 위치로 이동합니다.

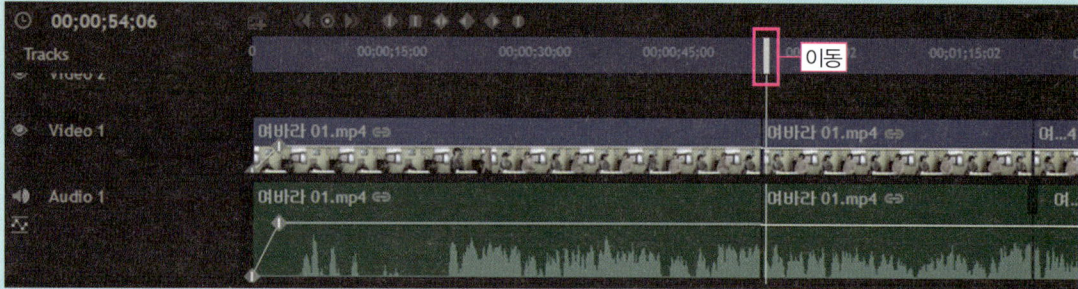

그다음 뷰어(Viewer) 좌측 상단 툴 바에서 [A] 모양의 [Text] 툴을 사용하여 자막이 입력될 영역을 클릭 & 드래그하여 지정해줍니다.

글자 입력 박스가 생성되었다면 장면의 주제에 맞는 자막을 입력해줍니다. 필자는 [유튜브 어떻게 만들 것인가에 대한 고민을 해보자]라고 입력하였습니다. 자막은 기본적으로 하얀색이며, 글꼴(폰트)과 크기 또한 기본 상태로 적용되기 때문에 설정이 필요합니다.

현재는 글자가 너무 작고, 글꼴과 그밖에 설정이 필요합니다. 그러기 위해 입력된 글자를 드래그하여 선택(파란색 블록이 만들어짐)한 후 텍스트(Text) 패널에서 글꼴, 자간, 행간, 정렬 등을 원하는 형태로 설정합니다.

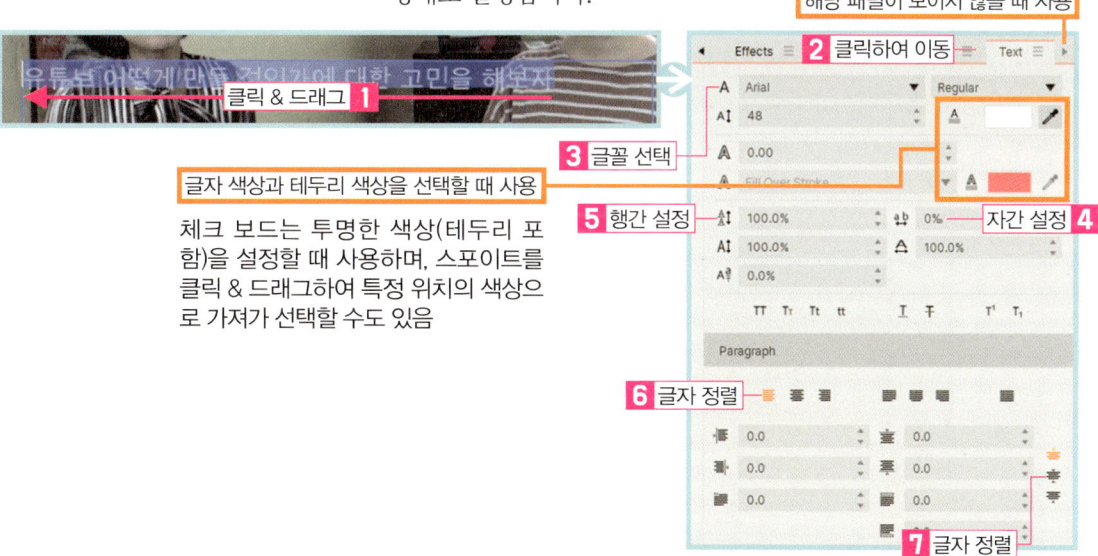

체크 보드는 투명한 색상(테두리 포함)을 설정할 때 사용하며, 스포이트를 클릭 & 드래그하여 특정 위치의 색상으로 가져가 선택할 수도 있음

※ 자막, 즉 텍스트 클립은 일반적인 이미지(동영상) 클립처럼 시작/끝점을 이동하여 자막이 지속되는 길이를 조절할 수 있으며, 복제하여 반복 사용할 수도 있습니다.

글꼴, 크기, 정렬 등을 설정한 후의 모습을 보면 이전보다 훨씬 눈에 들어오는 것을 알 수 있습니다. 이렇듯 중요한 자막은 가독성 좋은 글꼴과 크기, 정렬로 설정해야 합니다.

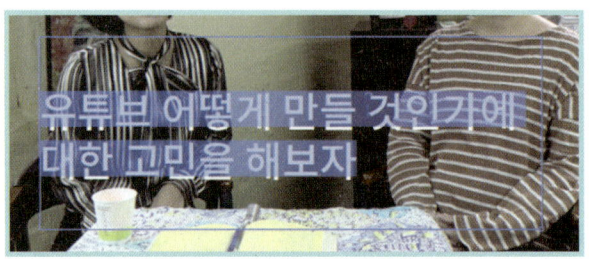

특정 글자만 다르게 표현하기

이번에는 입력된 글자 중 더 강조해야 할 필요성이 있는 글자에 변화를 주도록 하겠습니다. 여기에서는 [유튜브] 앞 글자만 선택(클릭 & 드래그)한 후 텍스트 패널에서 색상과 테두리를 만들어줍니다. 필자는 선택된 글자 색상을 하얀색, 테두리 두께는 2.5, 테두리 색상은 분홍색으로 설정하였습니다.

위와 같이 설정하면 문맥상의 중요한 글자를 더욱 강조할 수 있어 가독성을 높이고, 디자인적인 요소도 가미됩니다.

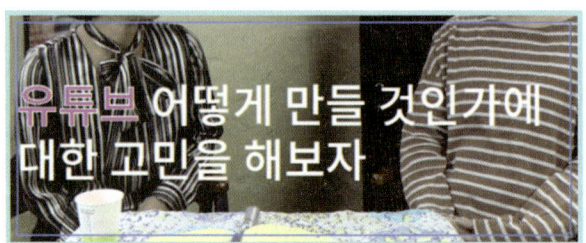

페이드 인/아웃되는 자막 만들기

자막이 시작되고 사라질 때의 모습은 단순히 컷 형태로 나타나고 사라집니다. 만약 자막의 시작과 끝 장면을 페이드 인/아웃으로 표현하고자 한다면 앞서 오디오 볼륨을 조절했을 때처럼 텍스트 클립의 하얀색 수평선에 그림처럼 4개의 조절 포인트를 생성(Ctrl + 클릭)한 후 첫 번째와 네 번째 포인트를 맨 아래로 내려주고 각 포인트 간격을 조절해주면 됩니다.

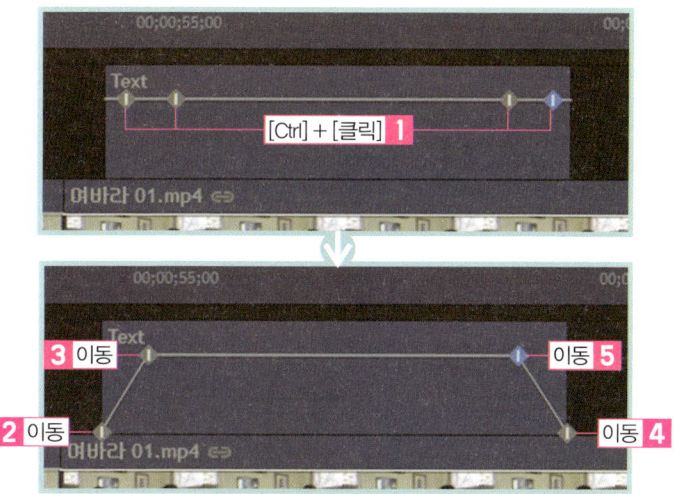

자막의 가독성을 높여주는 그림자와 배경 만들기

자막을 사용할 때의 색상과 테두리는 가독성을 높여주기 위해 중요한 요소입니다. 먼저 그림자 효과를 적용하여 자막의 가독성을 높여주는 방법에 대해 알아보기 위해 이펙트 패널의 제너레이트(Generate) 폴더에서 [Drop Shadow] 효과를 자막(글자) 클립에 갖다 적용합니다.

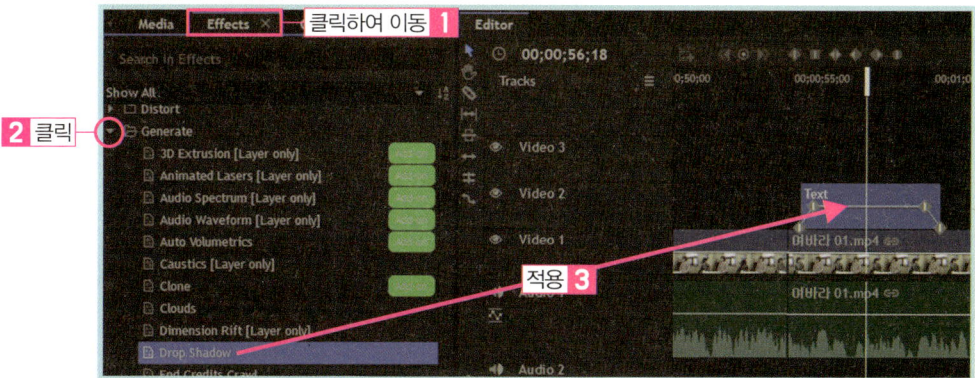

그림자 효과를 적용한 후의 모습을 보면 입체적인 느낌이 드는 것 뿐만 아니라 글자(자막) 주변의 검정색 그림자로 인해 자막이 더욱 뚜렷하게 보이는 것을 알 수 있습니다.

그림자 효과를 적용하면 자동으로 컨트롤 패널이 열리는데, 여기에서는 방금 적용된 드롭 셰도우(Drop Shadow) 효과의 방향(Angle), 간격(Distance), 색상(Shadow Color), 불투명도(Opacity) 등을 설정할 수 있습니다. 필자는 기본 상태를 그대로 사용할 것입니다.

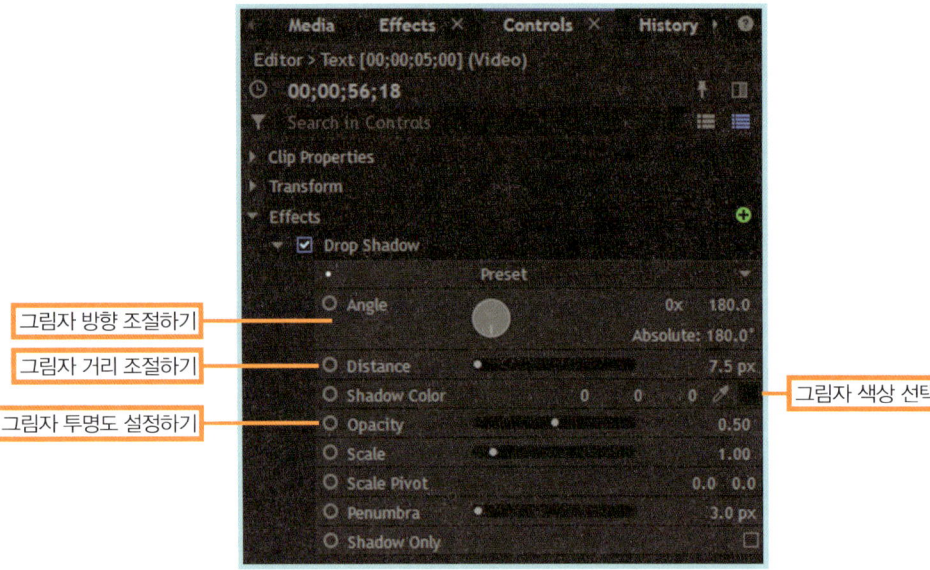

이번엔 자막에 사용할 배경을 만들기 위해 미디어 패널 상단의 [New] - [Plane] 메뉴를 선택합니다. 플레인 설정 창이 열리면 [자막 배경]이란 이름의 검정색(기본 색) 매트를 생성합니다.

Ctrl + Shift + A

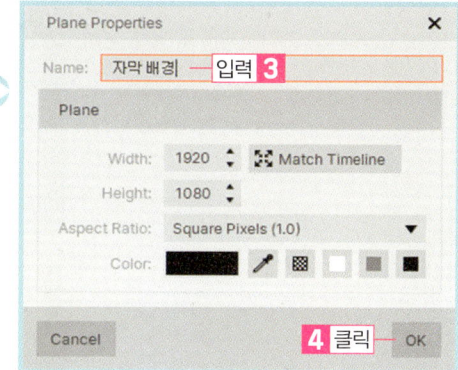

미디어 패널에 자막 배경 매트(플레인)가 생성되었다면 이제 이 자막 배경 클립을 끌어다 자막 클립 아래쪽 트랙에 적용해야 합니다. 적용하기 전에 먼저 자막 클립을 위쪽 트랙으로 이동해놓은 후 [자막 배경]을 그 아래쪽으로 갖다 놓습니다.

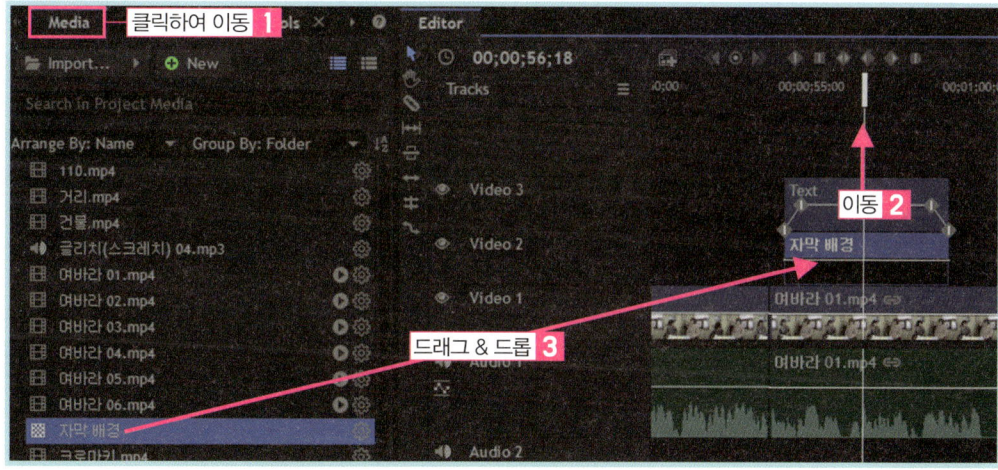

방금 적용된 자막 배경 클립의 크기가 너무 크기 때문에 다음의 그림처럼 줄여주고, 위치 또한 아래쪽으로 이동해줍니다. 필자는 세 줄로 된 자막을 입력했을 때를 미리 준비하고자 맨 아래쪽까지 배경이 나타나도록 크기를 조절하였습니다. 하지만 배경이 완전히 불투명한 상태이기 때문에 아래쪽 화면(여바라)이 보이지 않게 되었습니다.

이제 마지막으로 자막 배경의 투명도를 낮춰주기 위해 자막 배경의 투명도 조절 선을 아래로 내려 50% 정도의 투명도로 만들어줍니다. 그러면 자막의 가독성을 높이면서도 아래쪽 화면이 나타나게 됩니다.

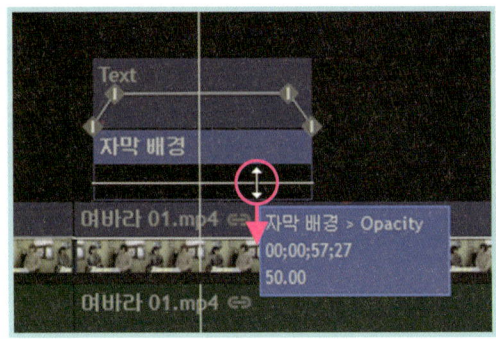

자막 복제하여 반복 사용하기

Ctrl

방금 만든 자막은 복제하여 반복적으로 사용할 수 있는데, 이것은 하나의 자막 스타일(글꼴, 크기, 색상, 간격 등)을 글자만 바꿔서 사용할 수 있기 때문에 자막마다 스타일을 변경해야 하는 번거로움을 없애줍니다. 자막 클립을 복제하기 위해 복제한 자막 클립을 선택한 후 이동하여 원하는 위치로 이동합니다. 이때 [Ctrl] 키를 누르면 선택된 자막 클립이 완전히 독립적인 형태로 복제됩니다.

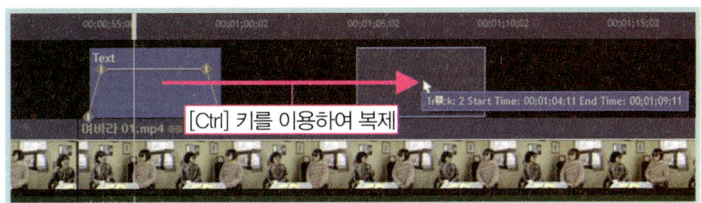

※ 에디터 작업 공간에서 만든 자막(글자) 클립은 미디어 패널이 아닌 타임라인 트랙에만 생성되고 관리됩니다.

포토샵 스타일 컬렉션 도서에 대하여

포토샵은 유료 프로그램이지만 포토샵 스타일을 사용하면 다양한 스타일 자막을 쉽게 만들어 사용할 수 있습니다. 만약 히트필름에서의 자막보다 더 다양하고 세련된 자막 스타일을 사용하고자 한다면 [유튜브 자막 디자인 걱정하지 말아요] 도서를 활용하길 권장합니다.

빠르게 재생되는 화면 만들기

진행자의 설명이 길어져서 지루함이 느껴지거나 설명하는 내용이 그다지 중요하지 않을 경우에는 아예 편집을 하여 제거할 수도 있지만 그 장면의 속도를 빠르게 하여 재미있게 표현할 수도 있습니다. 타임라인의 4분 40초 15프레임으로 시작되는 클립을 보면 다른 클립보다 유독 길게 편집된 것을 알 수 있는데, 이제 이 클립의 속도를 빠르게 조절해보도록 하겠습니다.

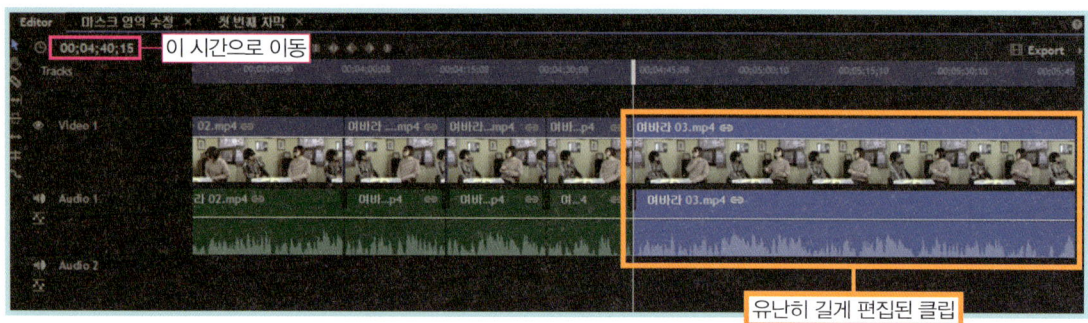

Ctrl + Shift + D 속도가 빨라지기 시작하는 지점으로 시간을 이동한 후 [Ctrl] + [Shift] + [D] 키를 눌러 클립을 둘로 나눠줍니다.

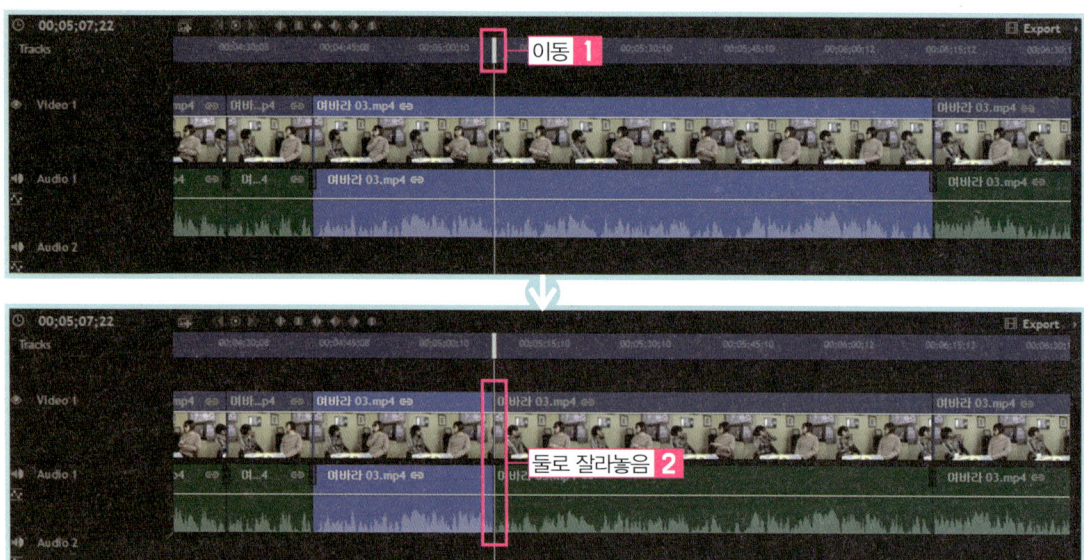

※ 슬라이스 툴을 이용하여 잘라주어도 됨

클립의 속도를 조절하는 레이트 스트레치 툴(Rate Stretch Tool)을 선택한 후 잘려진 클립 중 뒤쪽(좌측) 클립의 끝 점을 클릭 & 좌측으로 이동하여 그림처럼 짧게 해줍니다. 그러면 짧아진 만큼 클립, 즉 장면의 속도가 빨라집니다.

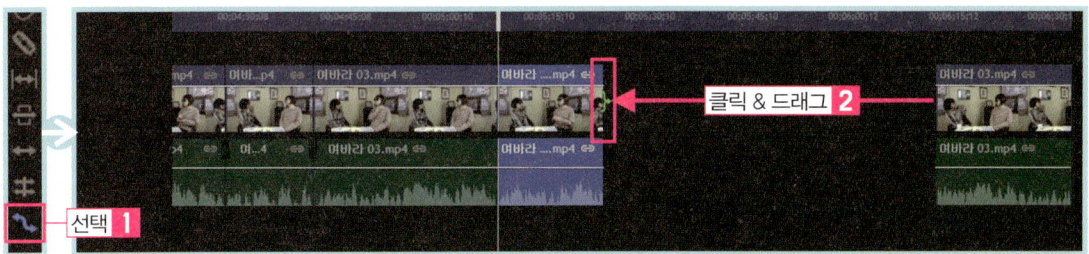

※ 반대로 속도를 느리게 하고자 한다면 느리게 할만큼 길게 늘려주면 되며, 다시 원래의 정상적인 속도로 정확하게 되돌려주고자 한다면 클립 위에서 [우측 마우스 버튼 클릭] - [Speed/Duration] 메뉴를 선택하여 Speed 값을 100%으로 설정하면 됩니다.

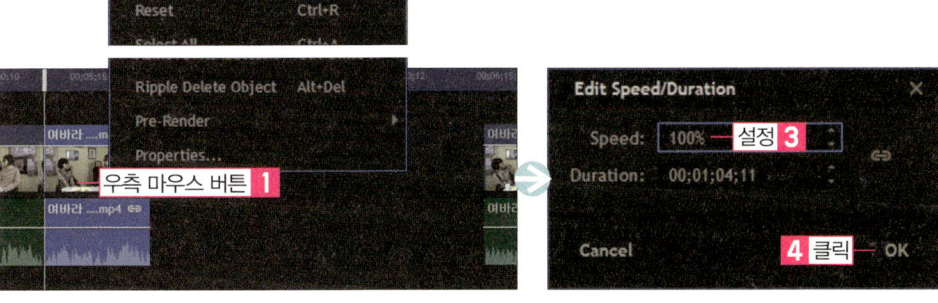

속도만큼 짧아진 클립의 공간을 뒤쪽 클립들이 이동하여 메꿔주기 위해 빈 트랙에서 [우측 마우스 버튼 클릭] - [Ripple Delete Gap] 메뉴를 선택합니다. 그러면 빈 트랙이 삭제되면서 뒤쪽 클립들이 이동하여 메꿔줍니다.

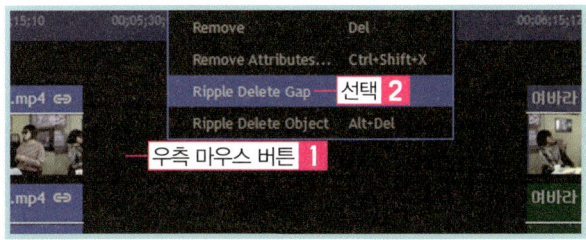

지루한 장면에 사용되는 인서트 컷에 대하여

지루한 장면이 길게 이어지고 있을 때 속도를 빠르게 하여 그 지루함을 없애주고, 역재생되는 장면을 만들어주는 이러한 기법들은 모두 장면의 구성을 다채롭게 하기 위함이며, 시청자의 시선을 끌기 위한 일련의 장치들입니다. 하지만 이와 같은 상황에서 속도와 역재생 같은 효과로만 일관한다면 역시 전체적인 흐름에 방해되어 시청자를 더욱 불편하게 할 것입니다. 이제 지루한 장면이 지속된다면 별도로 촬영된 장면을 해당 장면 사이에 끼어 넣는 인서트 컷을 해보기 바랍니다. 잠깐 살펴보기 위해 [Import] 버튼을 클릭하여 [학습자료] – [비디오] 폴더에 있는 [거리]와 [건물]이라는 두 동영상 파일을 가져옵니다.

앞서 속도를 빠르게 했던 구간도 다소 길게 느껴지기 때문에 방금 가져온 장면(클립)을 이 구간에 적용해봅니다. 필자는 [거리] 클립을 5분 14초 정도 되는 시간(지점)의 Video 2 트랙에 적용해보았습니다.

적용된 동영상은 오디오가 포함되어있으며, 속도를 빠르게 한 구간이기 때문에 이 클립 역시 [레이트 스트레치] 툴을 사용하여 그림처럼 속도를 빠르게 조절합니다.

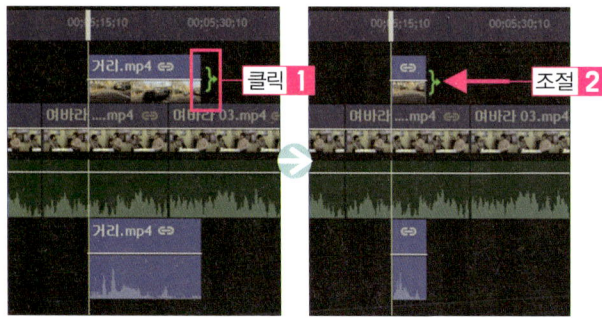

필자는 방금 인서트 컷에서 사용된 [거리] 동영상 클립의 소리는 제거하는 것보다 사용하는 것이 더 자연스럽다고 판단하여 그냥 사용할 것입니다. 계속해서 이번엔 [건물]을 인서트 컷으로 사용해봅니다. 10분 59초 정도에 있는 장면도 역시 다른 장면보다 길게 편집되었기 때문에 지루함을 느낄 수 있으므로 그림처럼 해당 클립의 중간 부분에 갖다 놓습니다.

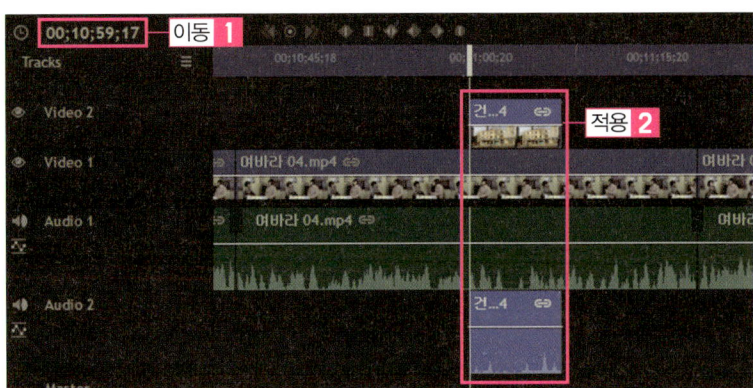

방금 적용된 클립에서의 소리는 두 진행자의 대화에 방해가 되기 때문에 오디오 부분을 제거해야 할 것입니다. 그러기 위해서는 먼저 비디오와 오디오를 서로 분리를 한 후 오디오 클립만 삭제해야 합니다. 비디오와 오디오를 분리하기 위해서 분리하고자 하는 클립 위에서 [우측 마우스 버튼 클릭] - [Unlink] 메뉴를 선택합니다. 그다음 분리된 클립 중 오디오 클립만 다시 선택하여 삭제(Delecte)합니다.

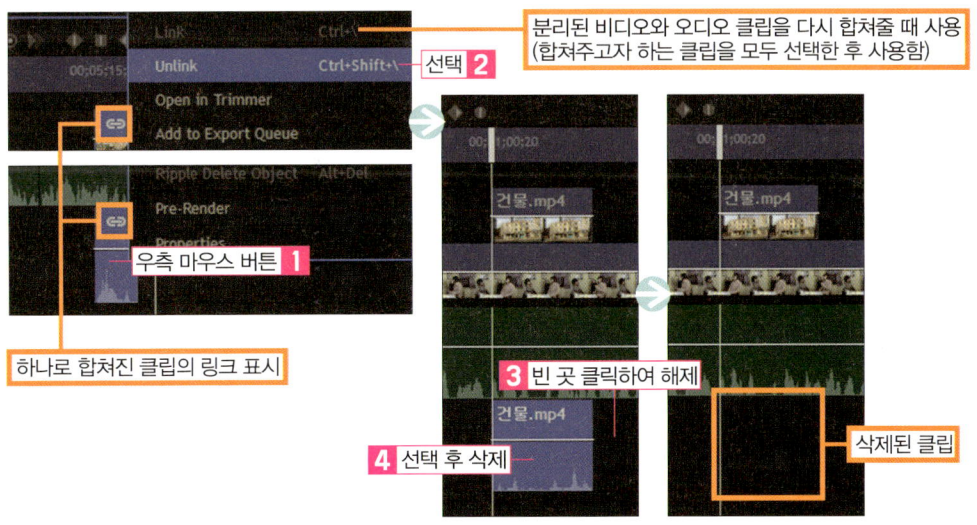

계속해서 이번에는 인서트 컷에 사용된 동영상 클립을 Video 1 트랙에 사용한 컬러 컬렉션의 오토 컬러(Auto

Color) 효과를 적용하여 같은 색감으로 만들어줍니다. 참고로 오토 컬러 색 보정 효과는 앞서 인서트 컷에 사용한 [거리] 클립에도 똑같이 적용하여 같은 색감으로 해줍니다.

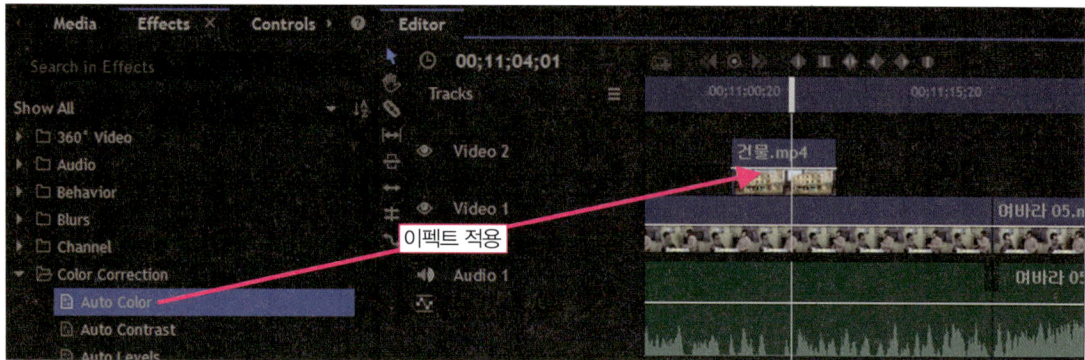

두 번째로 사용된 [건물] 인서트 컷 클립은 한낮에 촬영된 장면이기 때문에 어두워지기 시작하는 현재의 모습과는 대조적입니다. 그러므로 이번에는 어두운 느낌으로 변화를 주는 색 보정 작업이 필요합니다. 이번에는 컬러 컬렉션에 있는 레벨 히스토그램(Levels Histogram) 효과를 건물 클립에 적용합니다.

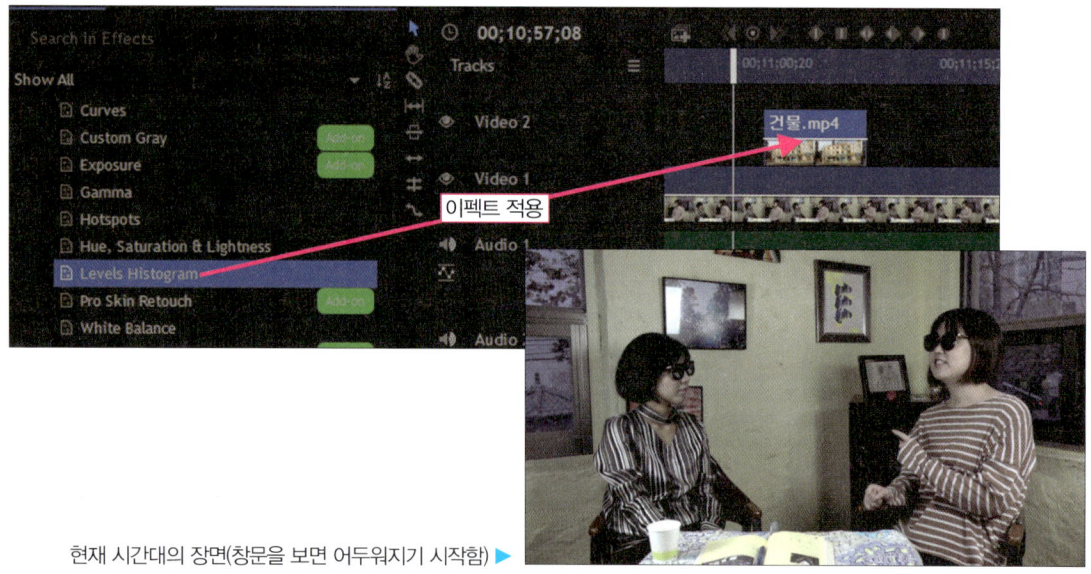

▶ 현재 시간대의 장면(창문을 보면 어두워지기 시작함)

컨트롤 패널이 열리면 이펙트(Effects) 항목에서 방금 적용된 레벨 히스토그램의 값을 다음의 그림처럼 설정하여 조금 어둡게 해줍니다. 그다음 채널(Channels)을 Blur로 선택한 후 히스토그램 값을 설정하여 저녁 무렵의 파란빛이 돌도록 해줍니다. 이와 같은 방법으로 창문에서 보이는 느낌의 밝기와 톤으로 보정합니다.

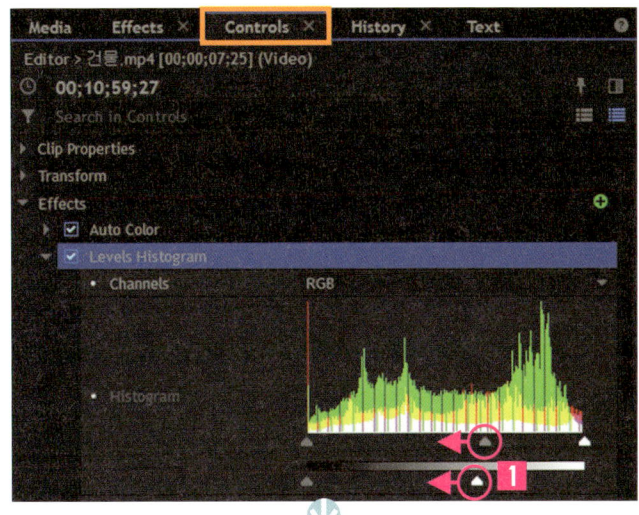

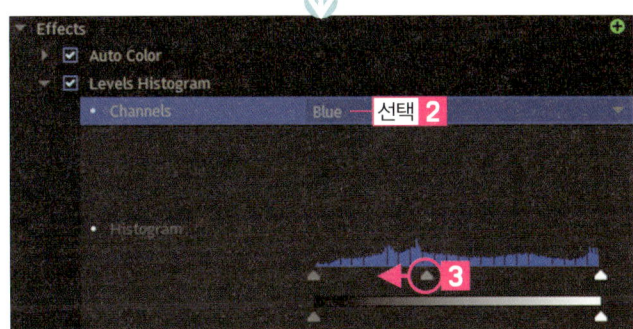

살펴본 것처럼 인서트 컷은 다채로운 장면을 구성하기 위한 장치로써 단순히 장면전환을 위하거나 지금처럼 지루한 장면이 오래 지속될 때 시청자의 시선을 환기시켜 지루함을 없애주는 역할을 하기 때문에 촬영 시 다양한 장면을 충분히 준비해놓길 권장합니다.

편집 실무 3
두 개의 장면을 하나로 합성하기

합성(Composite)은 하나 이상의 장면을 마치 하나의 장면, 즉 한 공간에서 촬영된 것처럼 표현하거나 단순히 두 장면이 한 화면에 나타나게 하는 기법을 말합니다. 히트필름에서는 크로마키와 마스크 등을 이용하여 다양하고 세밀한 합성 작업을 할 수 있습니다.

크로마키를 이용하여 합성하기

크로마키(Chroma key)는 합성 작업의 가장 기본적인 기법으로써 배경에 블루(Blue) 또는 그린(Green) 등의 스크린 배경으로 촬영된 영상에서 배경을 뺀 후 다른 장면(이미지)과 합성을 하기 위한 작업입니다. 작업을 위해 [학습자료] - [Project] - [여바라 컷 편집_완성_효과 및 자막 완성] 프로젝트 파일을 열어줍니다. 이 프로젝트는 앞서 효과, 자막 등의 작업이 완성된 파일입니다. 일단 효과(효과음)와 자막이 어떻게 작업되었는지 확인을 해보기 바랍니다. 확인 후 시간을 2분 50초 지점으로 이동한 후 이 지점을 다시 확인해보면 앞 장면과 뒤 장면 사이에 음성이 "저", "저" 두 번 반복되는 것을 알 수 있습니다. 이러한 문제는 항상 있을 수 있기 때문에 꼼꼼히 살펴보아야 합니다.

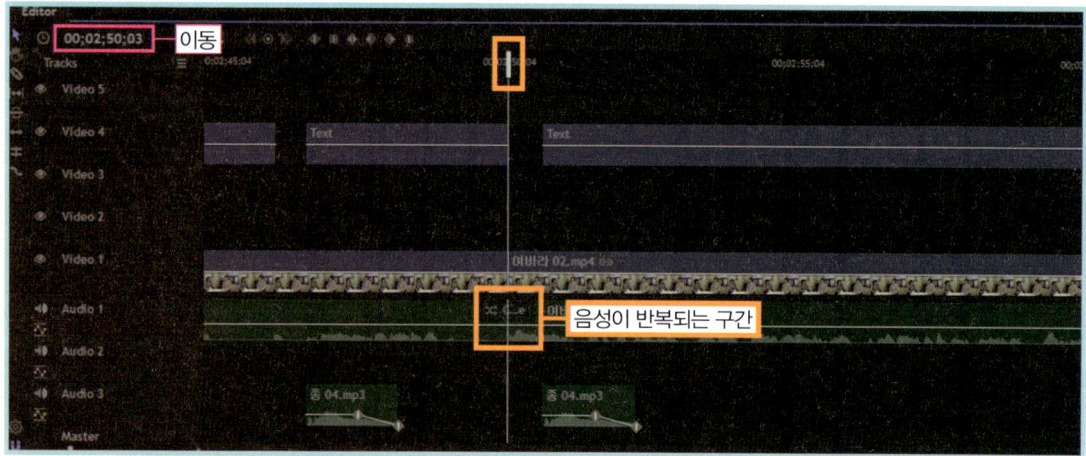

리플 에디트 툴을 이용하여 세부 편집하기

만약 지금처럼 효과나 자막 등이 적용된 대부분의 편집이 끝난 상태에서 트리밍 작업을 해야 할 경우에는 뒤쪽의 클립들과 오디오 전환 효과 등에 문제가 생길 수 있으므로 리플 트리밍 편집을 해야 합니다. 살펴보기 위해 타임라인 툴 바에서 리플 에디트(Ripple Edit) 툴을 선택합니다. 그다음 자르고자 하는 위치(첫 번째 "아" 소리)로 시간을 이동한 후 앞쪽 클립의 끝 점을 좌측으로 이동하여 잘라줍니다. 그러면 적용된 오디오 전환 효과가 그대로 보존되며, 뒤쪽 클립들이 이동하여 잘려진 공간을 메꿔줍니다.

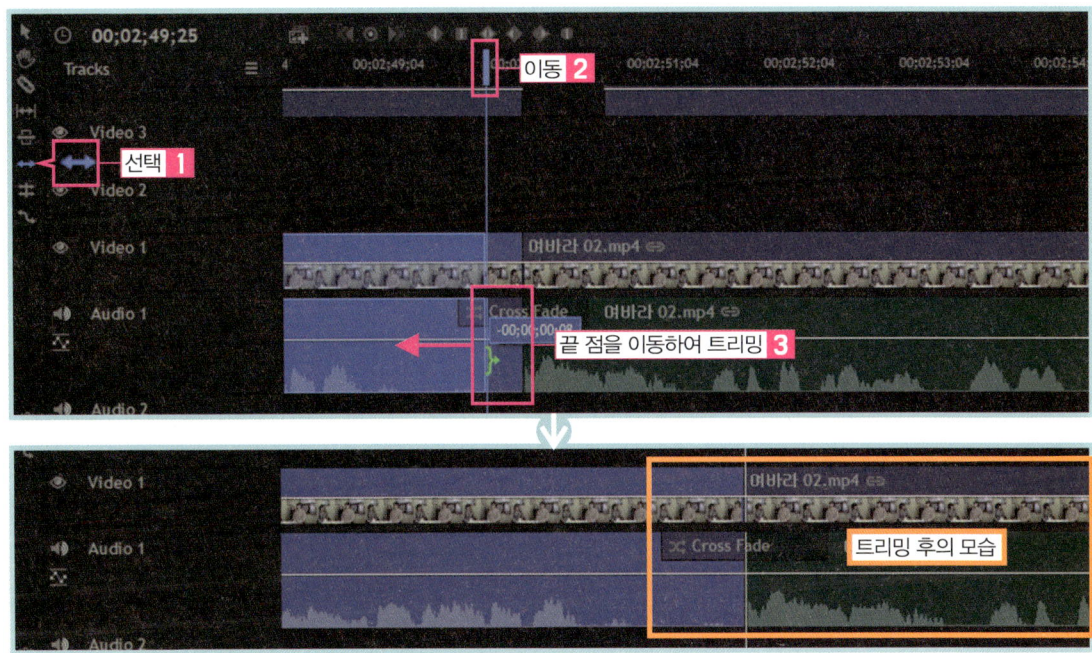

※ 이처럼 많은 트랙과 클립을 사용한 편집 작업에서는 리플 에디트 툴이 아주 유용하게 사용됩니다.

새로운 컴포지트 작업 공간 생성하기

이제 크로마키 작업을 하기 위해 일단 미디어 패널 상단의 [New] - [Composite Shot] 메뉴를 선택합니다.

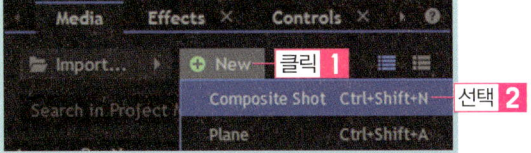

컴포지트 쇼트 속성 설정 창이 열리면 적당한 이름(크로마키 작업)만 입력하고 나머지는 기본 값을 그대로 사용하여 컴포지트 작업 공간을 하나 만들어줍니다.

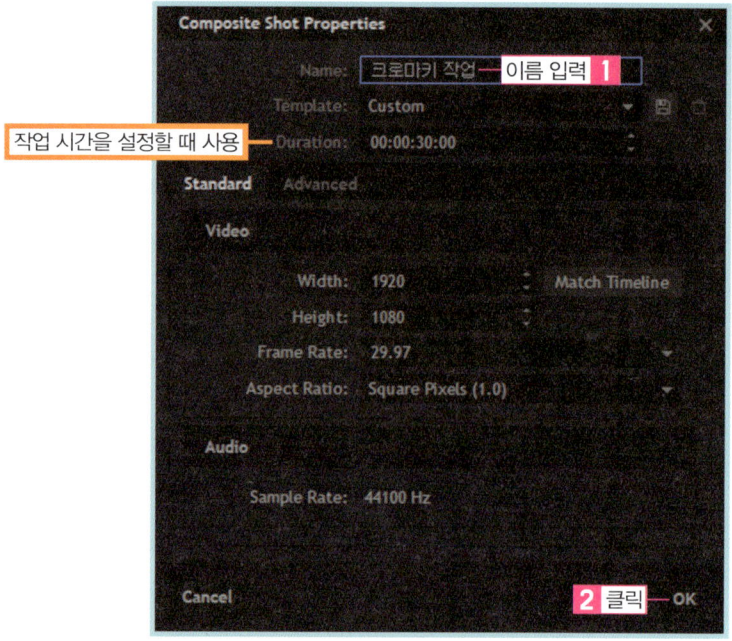

※ 컴포지트는 합성, 모션(애니메이션) 등과 같은 작업을 할 때 주로 사용하는 또 하나의 작업 공간이며, 전체 편집을 하는 기본 편집 공간인 에디터(Editor)에서 사용되는 작업 소스로도 사용되기 때문에 주로 10~30초 정도의 짧은 작업 시간을 이용합니다.

이제 미디어 패널에 있는 [크로마키] 비디오 클립을 새로 생성된 [크로마키 작업] 컴포지트의 타임라인에 갖다 적용합니다.

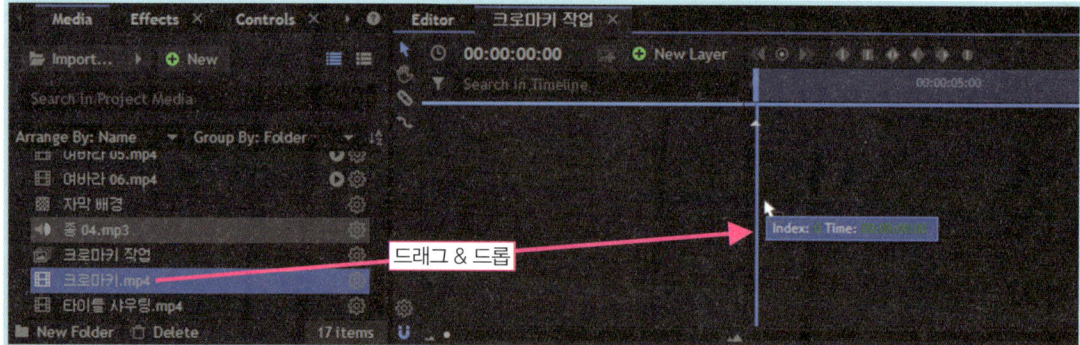

컴포지트가 에디터와 가장 큰 차이점은 사용되는 비디오(이미지) 클립이 얇은 레이어 형태로 사용된다는 것이며, 레이어를 열어보면 위치, 크기, 회전, 투명도를 설정하는 트랜스폼 옵션들이 레이어 상에서 가능하다는 것입니다.

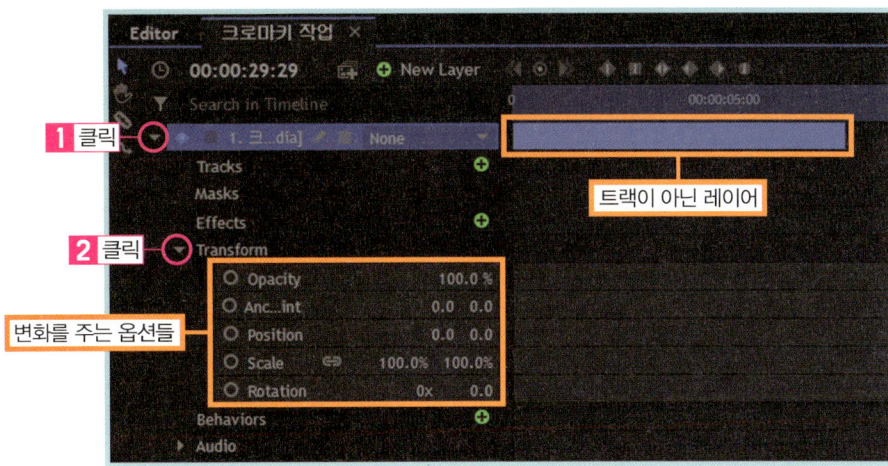

현재의 레이어를 보면 전체 길이가 7초 27프레임인 것을 알 수 있는데, 이것은 해당 컴포지트(크로마키 작업)의 30초와 많은 차이가 있습니다. 만약 이 상태로 에디터 작업 공간에서 작업 소스로 사용하게 되면 뒤쪽 7초 27프레임 이후부터는 아무것도 없는 빈 상태로 방치됩니다.

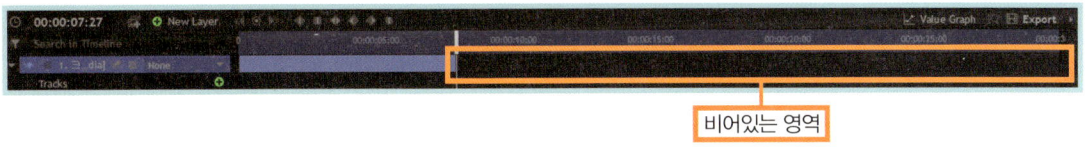

컴포지트 속성 재설정하기

이제 컴포지트의 길이를 타임라인에 적용된 크로마키 레이어의 길이에 맞춰주기 위해 다음의 그림처럼 [쇼우 프로퍼티스(Show Properties)] 버튼을 클릭합니다. 컴포지트 쇼트 속성 설정 창이 열리면 작업 시간(Duration)을 7초 27프레임으로 수정한 후 [OK]합니다. 이로써 컴포지션과 적용된 레이어의 길이가 같아졌습니다.

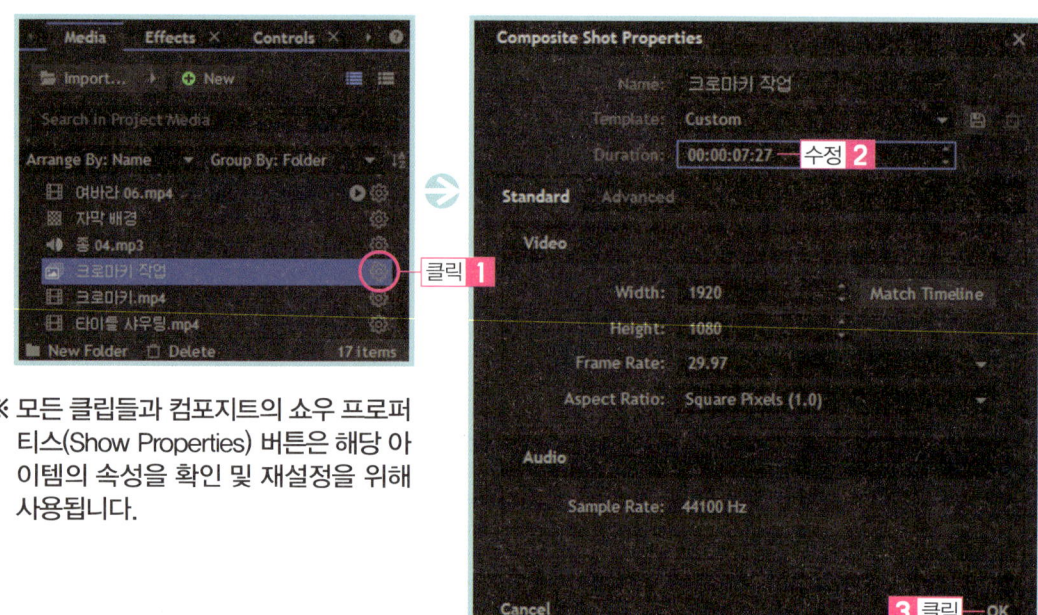

※ 모든 클립들과 컴포지트의 쇼우 프로퍼티스(Show Properties) 버튼은 해당 아이템의 속성을 확인 및 재설정을 위해 사용됩니다.

그린 스크린 키 효과로 배경 빼기(투명하게 하기)

현재 사용되는 크로마키 소스를 자세히 확인해보면 배경인 그린 스크린 하단 부분이 접히고, 그림자가 있으며, 우측 진행자의 재킷 주머니 부분이 배경과 흡사한 초록색입니다. 이것만으로도 지금의 크로마키는 최악에 가까운 환경이라는 것을 알 수 있습니다.

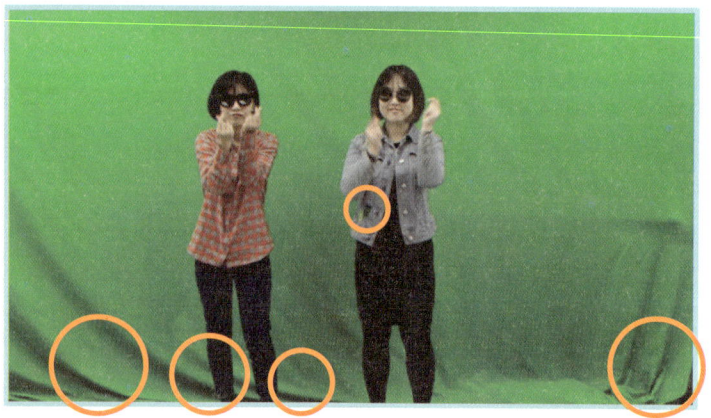

이제 크로마키 레이어에 크로마키 효과를 적용하여 배경을 빼보도록 하겠습니다. 이펙트 패널의 [Keying] 폴더에서는 다양한 키 작업

을 위한 효과들을 제공하는데, 이번에는 유료인 크로마 키가 아닌 자동으로 키를 완벽에 가깝게 빼주는 맨 아래쪽 프리셋 폴더로 이동한 후 그린 스크린(Greenscreen Key) 효과를 사용할 것입니다.

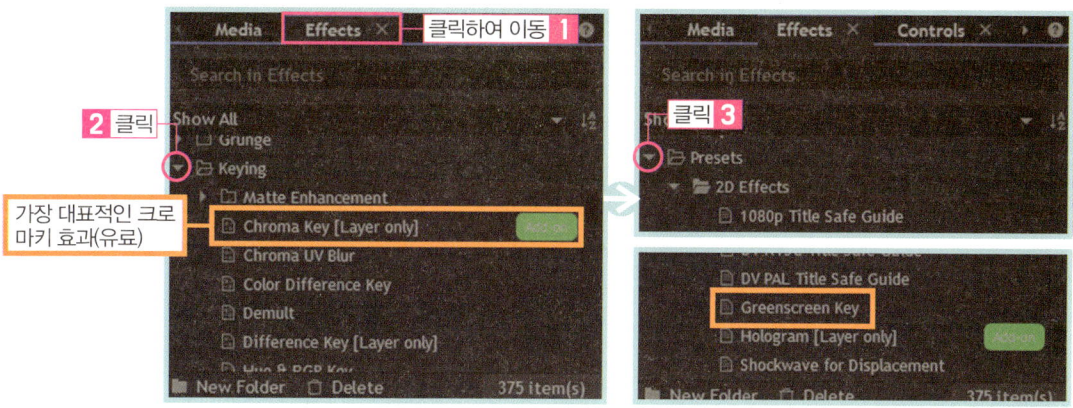

이제 그린 스크린 키 효과를 타임라인에 있는 크로마키 레이어에 갖다 적용합니다. 그러면 특별한 설정 없이도 초록색이었던 배경이 깨끗하게 빠진 것을 알 수 있습니다.

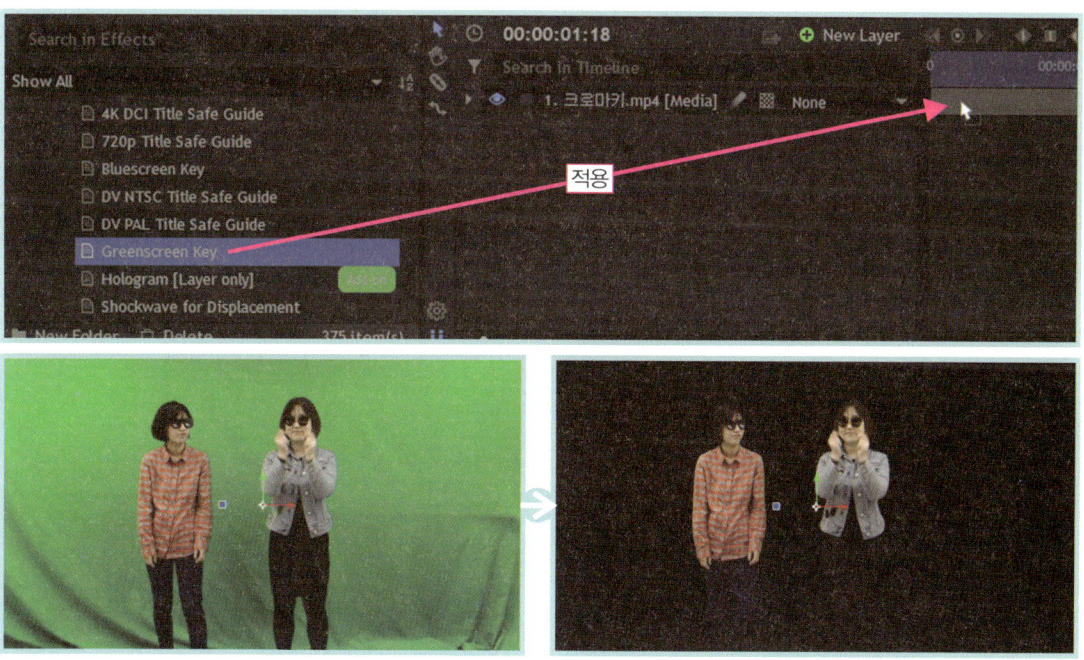

하지만 현재는 키가 빠진 부분이 검정색으로 보이기 때문에 세부적인 확인이 필요합니다. 확인을 위해 크로마키 레이어를 열고, 이펙트(Effects)를 보면 앞서 적용한 그린 스크린 키 효과의 결과가 세 가지의 효과에 의해 설정되었다는 것을 알 수 있습니다. 일단 여기에서 맨 위쪽의 Color Difference Key를 열고, View Matte를 체크해봅니다. 그러면 크로마키에서 최종적으로 표현되는 영역이 흰색, 빠져서 투명해진 영역이 검정색으로 나타나는 것을 알 수 있는데, 우려했던 것처럼 하단과 주머니 부분이 문제가 있는 상태입니다.

마스크를 사용하여 크로마키 영역 만들기

세부 설정을 하기 전에 먼저 마스크를 이용하여 두 진행자의 모습만 마스크 영역으로 만들어주기 위해 크로마키 레이어를 선택합니다.

이제 뷰어(Viewer) 좌측 상단 툴 바에서 맨 아래쪽에 있는 펜 모양의 프리핸드 마스크(Freehand Mask) 툴을 선택한 후 [클릭] - [클릭] - [클릭] - [클릭]을 반복하여 그림처럼 두 진행자의 움직임

을 고려한 마스크를 만들어줍니다.

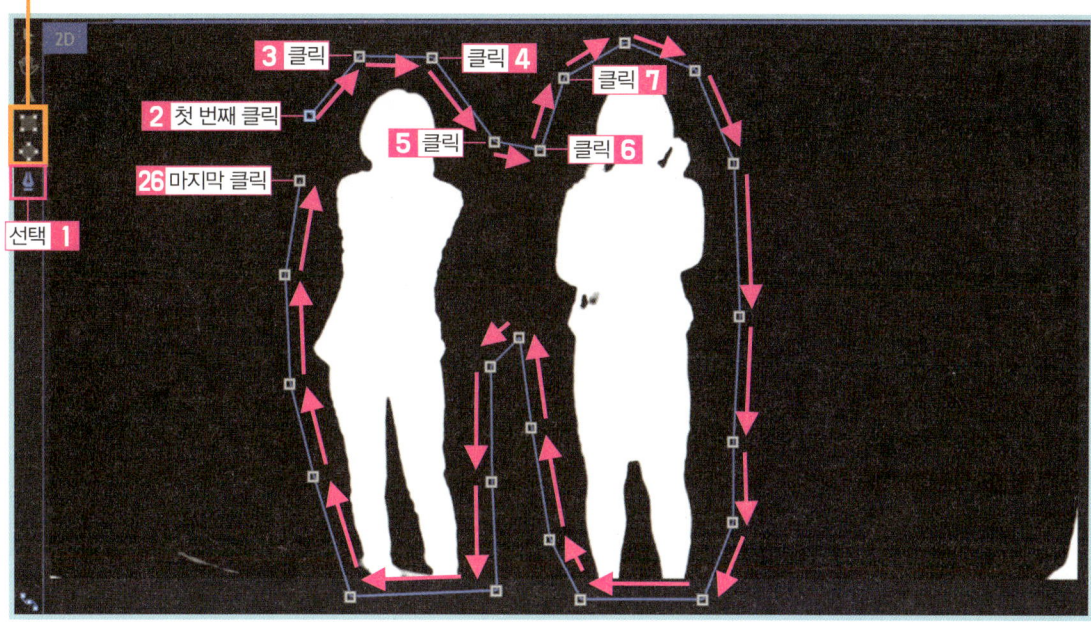

※ 마스크 포인트를 많이 사용할 수록 정교한 모양을 만들 수 있기 때문에 클릭 횟수를 필자와 같게 할 필요는 없습니다.

마지막으로 마스크를 완성(닫힌 마스크)하기 위해 첫 번째로 만든 마스크 포인트를 클릭합니다. 그러면 마스크가 완성되며, 마스크 영역 이외는 투명하게 처리되기 때문에 양쪽 하단의 흰색 부분이 깔끔하게 처리된 것을 알 수 있습니다.

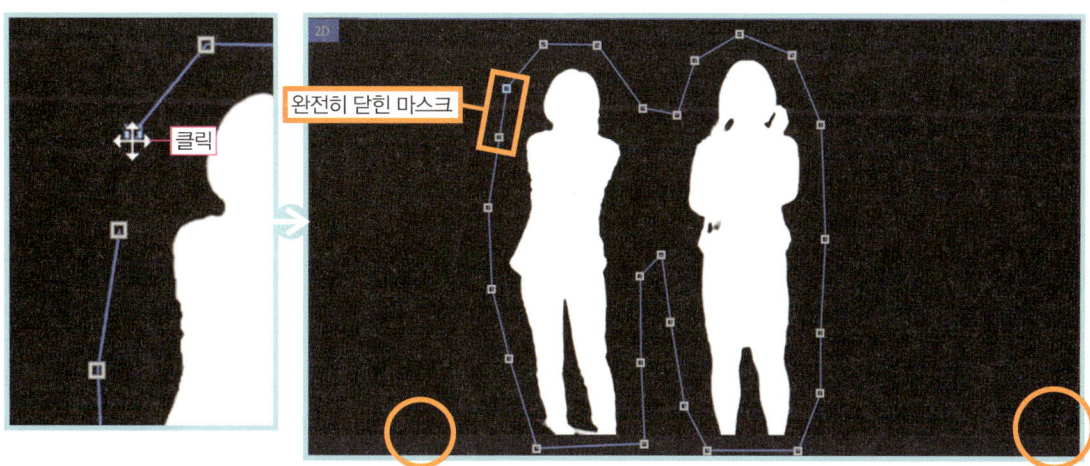

크로마키 영역 세부 설정하기

이번에는 앞서 적용한 그린 스크린 키 효과에 대한 세부 설정을 통해 좀 더 좋은 결과를 만들어보겠습니다. Color Difference Key의 Min, Max, Gamma 값을 적절히 설정하여 우측 진행자의 재킷 주머니 부분의 검정색 영역이 가능한 한 보이지 않도록 해줍니다.

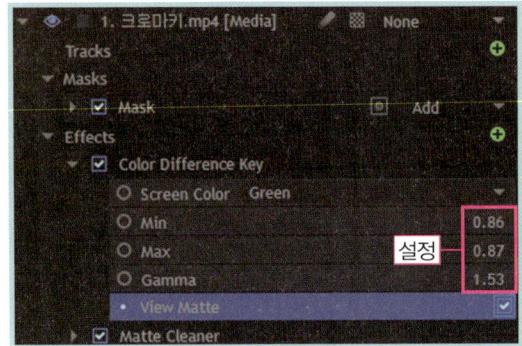

확장된 하얀색 경계로 인한 테두리 두께를 조금만 다듬어주기 위해 Matte Cleaner 효과의 Choke를 조금만 증가합니다. 설정이 끝나면 다시 Color Difference Key 효과의 View Matte를 해제하여 두 진행자의 모습이 다시 정상적으로 나타나도록 해줍니다.

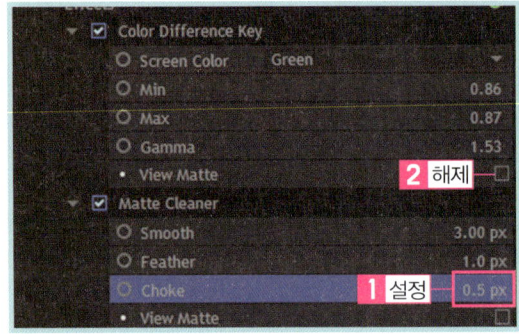

완벽한 크로마키 작업을 위한 세 가지 조건들

- 배경과 유사한 색상의 옷이나 모자, 악세서리 등을 착용하지 않을 것.
- 배경에 그림자가 생기지 않도록 가능한 한 3개 이상의 조명을 설치할 것.
- 머리카락이나 동물의 털 같은 미세한 것에 대해서는 단정하게 처리할 것. (머리카락과 같은 얇은 물체는 크로마키 작업 시 같이 빠질 수 있기 때문)

크로마키 작업을 미디어 클립으로 사용하기

이제 [크로마키 작업] 컴포지트를 미디어 클립으로 사용하기 위해 에디터 패널로 이동합니다. 그다음 앞서 작업한 [크로마키 작업] 컴포지트 클립을 6분 55초 지점의 Video 5 트랙에 갖다 놓습니다.

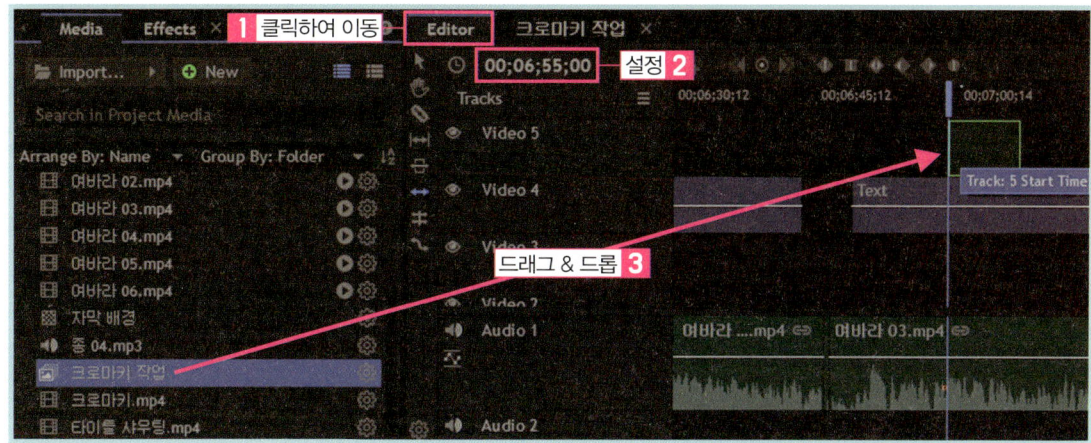

※ 지금의 크로마키 소스는 장면의 분위기 전환을 위해 사용할 것이기 때문에 적당한 장면에 사용하면 됩니다.

방금 적용된 크로마키 작업 클립의 크기와 위치를 그림처럼 설정합니다. 참고로 여기에서 두 진행자의 다리 부분을 화면 밖으로 조금 더 내려서 완전하게 제거되지 않았던 크로마키 영역이 보이지 않도록 해줍니다.

마지막으로 크로마키 작업 클립이 페이드 인/아웃 형태로 나타났다 사라지도록 하기 위해 그림처럼 투명도 조절 포인트를 만들어 설정합니다. 살펴본 것처럼 다양한 장면의 크로마키 소스를 준비하여 보다 재미있는 장면을 연출하기 바랍니다.

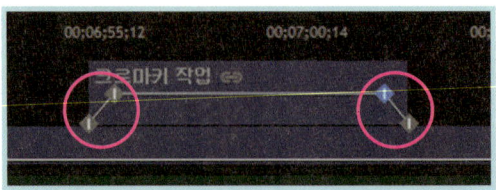

마스크 영역만 흑백 화면으로 만들기

또 다른 작업 공간인 컴포지트 만들기

앞서 크로마키 작업에서 마스크를 사용해본 적이 있습니다. 이번에는 또 다른 마스크 활용법에 대해 알아보기로 하겠습니다. 3분 31초 지점의 장면을 보면 지난 일에 대한 아쉬움을 이야기하고 있습니다. 이 장면에 마스크를 적용하여 아쉬움과 패배감을 더욱 극단적으로 표현하기 위해 해당 클립 위에서 [우측 마우스 버튼 클릭] - [Make Composite Shot] 메뉴를 선택합니다.

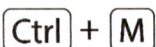

메이크 컴포지트 쇼트(Make Composite Shot) 설정 창이 열리면 적당한 작업명을 입력한 후 [OK]하여 앞서 선택한 클립(여바라 02)이 포함된 새로운 컴포지트를 생성합니다.

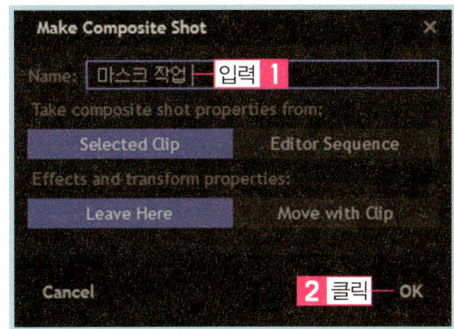

※ 메이크 컴포지트는 특정 클립(복수 선택 가능)을 새로운 컴포지트 공간으로 이동하여 작업을 하기 위한 과정을 한번에 수행해줍니다.

사각형 마스크 영역만 흑백으로 만들기

새로운 컴포지트를 보면 앞서 선택한 [여바라 02] 클립(레이어)이 이동되어있는 것을 알 수 있습니다. 이제 이 레이어에 그림과 같은 사각형 마스크를 만들어줍니다. 화면 위쪽에 마스크가 적용되면 해당 영역만 사용(표현)되기 때문에 화면이 나타나지 않게 됩니다.

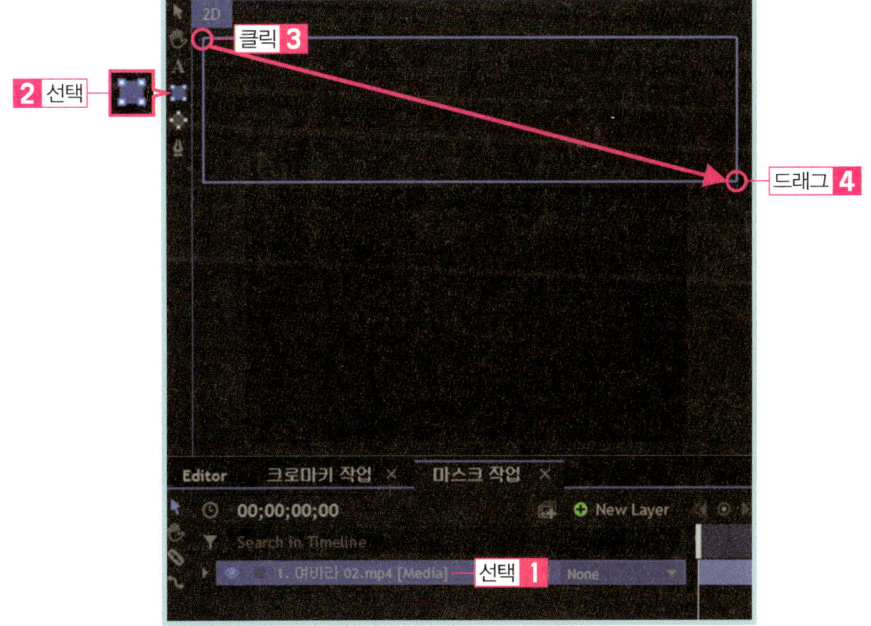

이번에는 마스크가 아래로 내려와 화면 상단 부분의 모습이 나타나는 모션(애니메이션)을 만들기 위해 시간을 13초 정도로 이동한 후 레이어에 적용된 마스크(Mask)의 트랜스폼(Transform)에서 위치(Position)의 Enable/Disable Animation을 클릭하여 키프레임을 생성합니다.

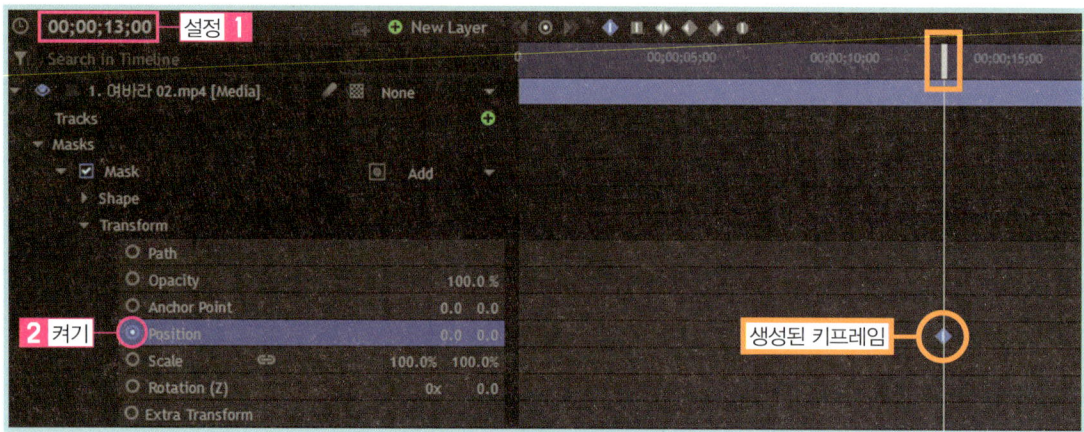

계속해서 시간을 1초 정도 뒤로 이동한 후 Position Y축을 설정하여 그림처럼 화면 위쪽 부분이 나타나도록 해줍니다. 이처럼 마스크는 마스크 영역만 표현하기 위해 사용됩니다.

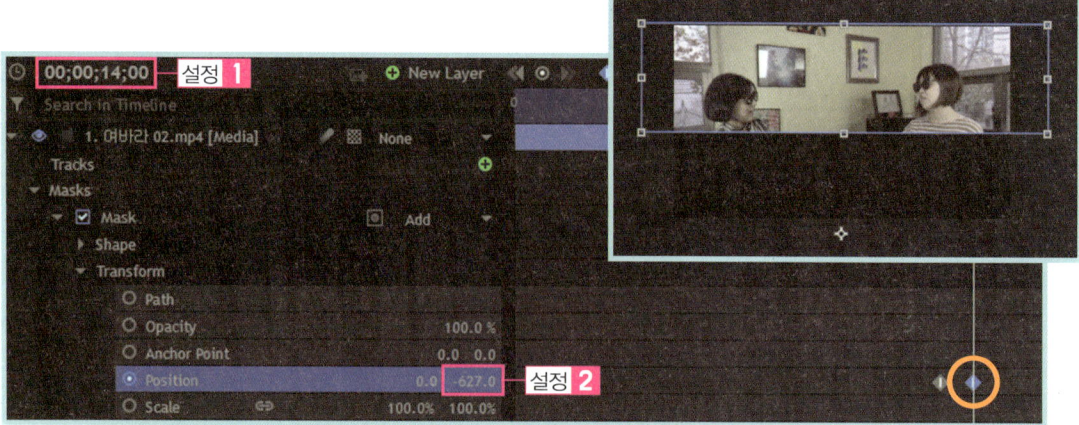

※ 모션의 속도는 몇 프레임 간격에도 많은 차이가 나기 때문에 작업 후 키프레임 간격을 조절(이동)하여 가장 보기 좋은 느낌이 들도록 해야 합니다.

마스크 경계가 너무 뚜렷하기 때문에 경계를 부드럽게 처리하기 위해 마스크의 셰이프(Shape)에서 Feather Strength 값을 증가하여 그림처럼 부드러운 마스크를 만들어줍니다.

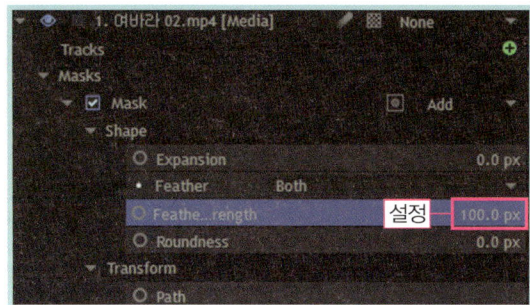

이제 마스크 영역의 화면을 흑백으로 만들어주기 위해 이펙트 패널에서 컬러 컬렉션(Color Correction) 폴더의 [Hue, Saturation & Lightness] 효과를 마스크가 적용된 레이어에 갖다 적용합니다.

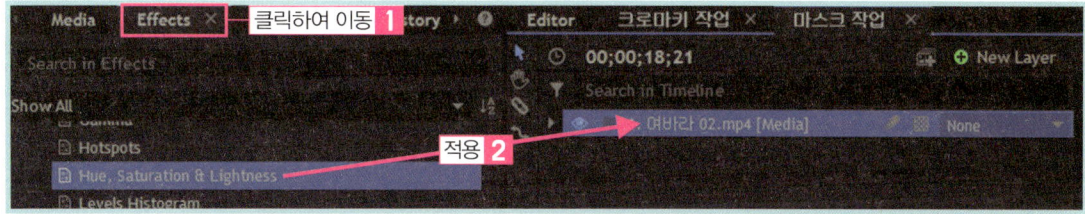

이제 휴, 새츄레이션 & 라이트니스 효과에서 Master의 Saturation 값을 -100으로 설정하여 완전한 흑백 화면으로 만들어줍니다.

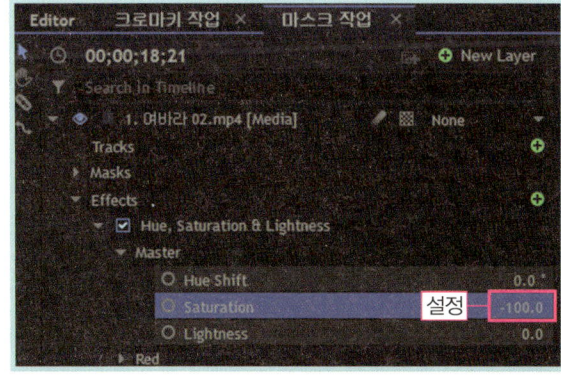

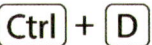 이번에는 흑백 화면 이외의 아래쪽 화면을 컬러로 나타나게 하기 위해 마스크 작업을 한 레이어를 선택한 후 [Ctrl] + [D] 키를 눌러 복제합니다.

계속해서 아래쪽 레이어에 적용된 마스크와 효과(Hue, Saturation & Lightness)를 삭제하여 다시 원본 컬러가 되도록 해줍니다. 이것으로 위쪽은 흑백, 아래쪽은 컬러로 나뉘어진 화면이 만들어졌습니다.

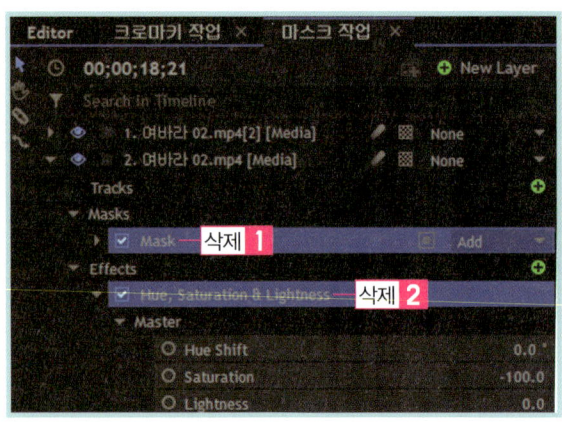

마지막으로 위쪽 흑백 레이어의 끝 점을 좌측으로 이동하여 흑백 화면이 나타나는 시간을 조절합니다. 필자는 흑백 화면이 나타난 후 4초 정도 머물다가 사라지도록 하였습니다.

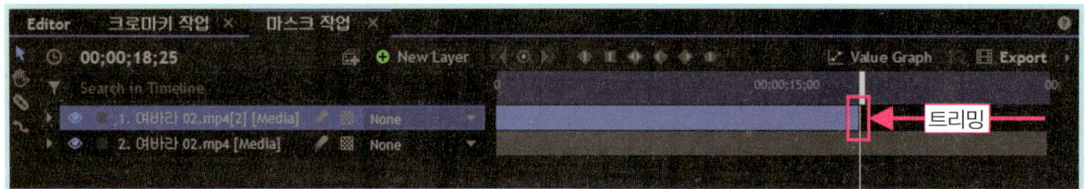

이제 다시 에디터 작업 공간으로 이동한 후 확인해보면 [여바라 02]이었던 동영상 클립이 방금 작업한 [마스크 작업] 컴포지트 클립으로 바뀐 것을 알 수 있습니다. 이렇듯 에디터에서 사용 중인 클립도 메이크 컴포지트를 통해 간편하게 컴포지트 작업 공간을 생성하여 작업(합성 및 모션)을 할 수 있다는 것을 알 수 있습니다.

※ 컴포지트화된 클립을 수정하기 위해서는 해당 컴포지트 클립을 더블클릭하여 작업 공간을 열어주면 됩니다.

편집 실무 4
모션 템플릿 100% 활용하기

본 도서에서 제공하는 모션 템플릿은 시퀀스 이미지, 스틸 이미지를 그대로 사용할 수 있으며, 프로젝트 파일로 제작된 템플릿을 가져와 글자 및 이미지(동영상)만 수정하여 손쉽게 원하는 결과물을 얻을 수 있게 해줍니다.

시퀀스/스틸 이미지/프로젝트 템플릿 사용하기

시퀀스 템플릿 사용하기

먼저 템플릿 소스 중에 시퀀스 이미지와 스틸 이미지를 활용하는 방법에 대해 알아보도록 하겠습니다. 작업을 위해 [학습자료] - [프로젝트] 폴더에서 [여바라 컷 편집_완성_효과 및 자막 완성_크로마키 합성 및 마스크 작업 완성] 프로젝트를 열어줍니다. 이제 방금 열린 프로젝트에서 방송이 시작되는 도입부에 사용할 레코딩 되는 모습을 표현하기 위해 [Import] - [Image Sequence] 메뉴를 선택하여 [템플릿] - [콜아웃 & 프레임] 폴더에서 [34] 폴더를 선택하여 가져옵니다.

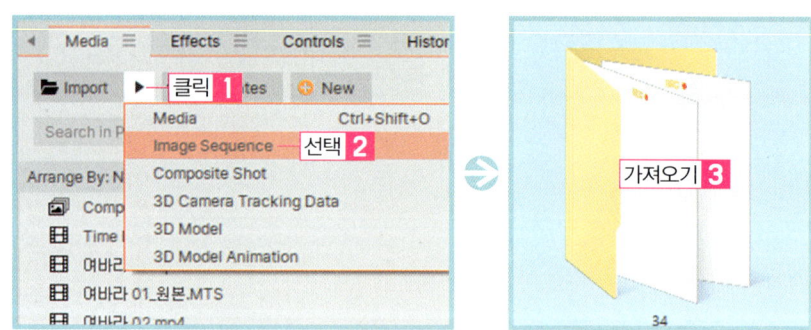

방금 가져온 [34] 시퀀스 클립을 Video 5 트랙의 시작 프레임에 갖다 놓습니다. 적용한 34 시퀀스 클립은 촬영 시 레코딩되는 프레임과 레코딩 표시가 나타나는 시퀀스 형식의 템플릿입니다. 그다음 현재 5초로 된 길이를 좀 더 길게 사용하기 위해 [Ctrl] 키를 누른 상태로 [34] 클립을 우측으로 이동하여 복제합니다. 필자는 전체 35초 정도 사용하기 위해 그림처럼 6개 복제를 하여 배치하였습니다.

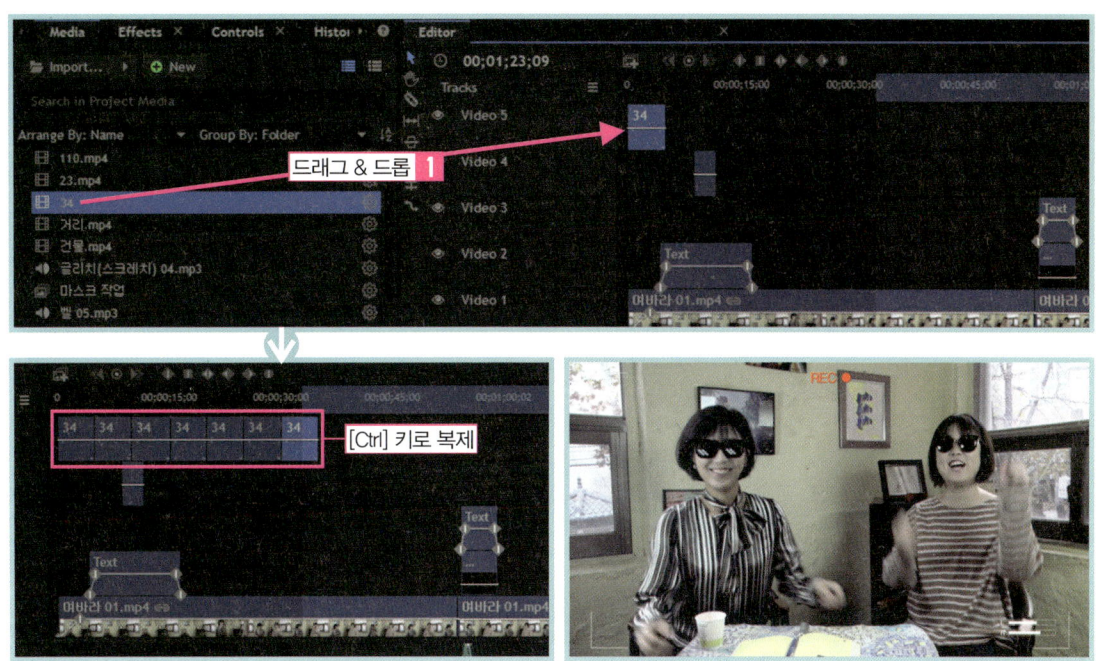

스틸 이미지 템플릿 사용하기

Ctrl + Shift + O

계속해서 이번에는 39초 지점에서 진행자가 선글라스를 벗는 장면에 사용할 스틸 이미지 파일을 [Import] 버튼 또는 [Ctrl] + [Shift] + [O] 키를 눌러 [템플릿] - [안전 & 경고 & 보안] 폴더에 있는 [51] 이미지 파일을 가져와 Video 5 트랙에 적용합니다. 적용되는 위치는 Audio 3 트랙에 미리 적용해놓았던 효과음에 맞춰주면 됩니다.

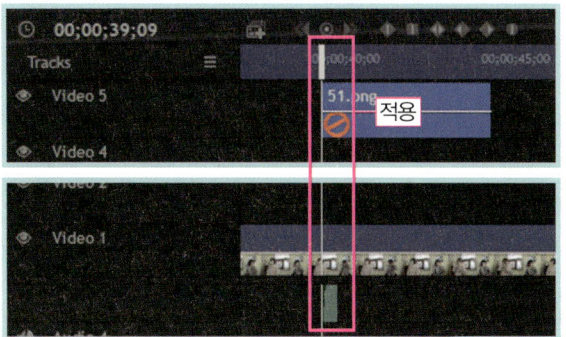

※ 이미지의 길이는 여러분이 원하는 만큼 조절하면 됩니다.

방금 적용한 [51] 금지 표시를 재미있게 연출하기 위해 선글라스를 벗는 좌측 진행자의 얼굴에 맞게 크기와 위치를 설정합니다.

이번에는 1분 14초 25프레임 지점의 대화에서 우측 진행자의 말에 좌측 진행자가 무안해하는 장면을 약간의 코믹적인 느낌의 템플릿을 사용하여 재미있게 표현해보겠습니다. 먼저 이 지점의 클립을 [Ctrl] + [Shilft] + [D] 키를 눌러 분리한 후 분리된 오른쪽 클립(여바라 01) 클립을 선택한 후 [Ctrl] + [M] 키를 눌러 [VS 프레임 템플릿 작업]이란 이름의 컴포지트를 생성합니다.

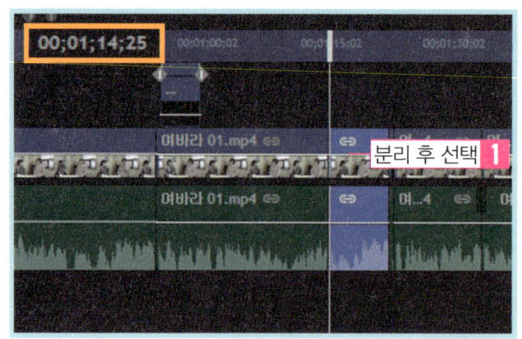
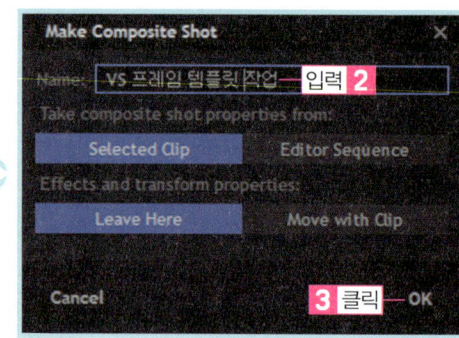

※ 메이크 컴포지트는 앞서 마스크 영역을 흑백으로 만드는 작업에서 살펴보았듯이 특정 클립을 별도의 컴포지트 공간으로 옮겨놓고 작업을 하기 위해 사용됩니다.

모션 템플릿 프로젝트 파일 사용하기

새로운 컴포지트(VS 프레임 템플릿 작업)가 만들어졌다면 이제 작업 시간을 90% 단축할 수 있는 모션 템플릿 프로젝트 파일을 사용하기 위해 [Import] - [Composite Shot] 메뉴를 선택한 후 [템플릿] 폴더에서 [프레임 12] 프로젝트 파일을 가져옵니다.

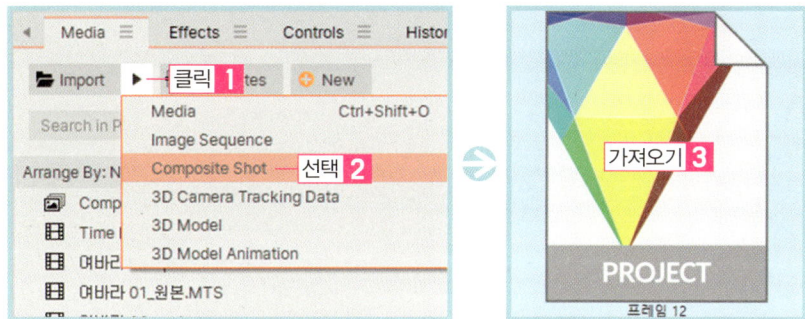

※ 임포트 메뉴의 컴포지트 쇼트 메뉴를 이용하면 히트필름에서 작업한 다른 프로젝트 파일에서 사용된 컴포지트를 가져와 동영상 클립처럼 사용할 수 있는데 이것은 해당 컴포지트에서 사용된 동영상이나 이미지를 다른 것으로 바꿔주는 것만으로 원하는 결과물을 얻을 수 있게 해줍니다.

임포트 컴포지트 쇼트 선택 창이 열리면 방금 가져온 [프레임 12] 프로젝트에서 사용된 모든 컴포지트 목록들이 나타나는데, 여기에서 원하는 컴포지트를 체크하여 가져오면 됩니다. 이번에는 [번개 & 투(스플릿) 모션 프레임]과 [스톤 블록 & 투(스플릿) 모션 프레임] 두 컴포지트만 해제하고 나머지 컴포지트를 모두 가져옵니다.

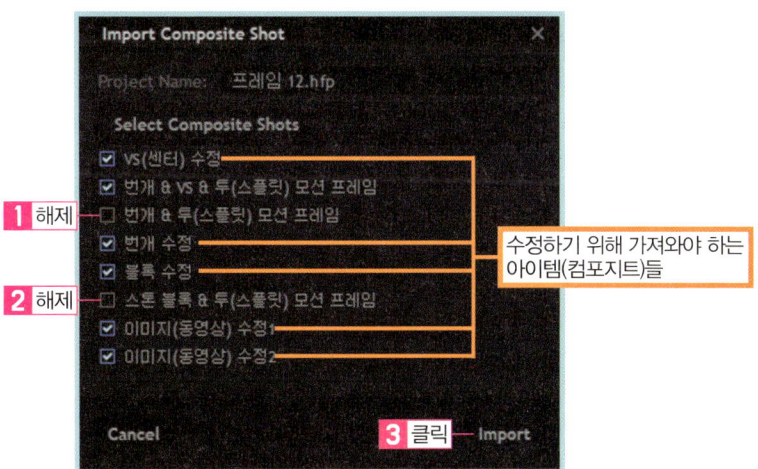

※ 모션 템플릿에 대한 자세한 정보는 본 도서 190페이지부터 소개되는 [템플릿] 목록 소개 편을 참고하기 바랍니다.

이제 방금 가져온 컴포지트들을 활용하기 위해 일단 [번개 & VS & 투(스플릿) 모션 프레임] 컴포지트를 더블클릭하여 해당 컴포지트를 열어줍니다.

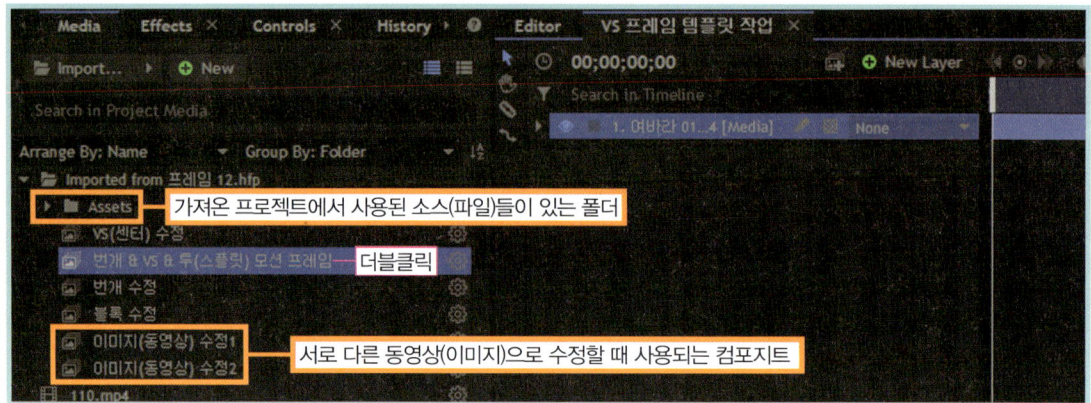

열린 컴포지트는 그림처럼 둘로 나뉜 화면 사이로 번개가 치고 VS 카툰 이미지가 나타나는 재미있는 템플릿입니다. 이제 이 템플릿 효과를 [여바라 01] 화면 사이에 나타나도록 하겠습니다.

여기에서는 아래쪽 [이미지(동영상) 수정1, 2] 컴포지트 레이어는 필요 없기 때문에 삭제합니다.

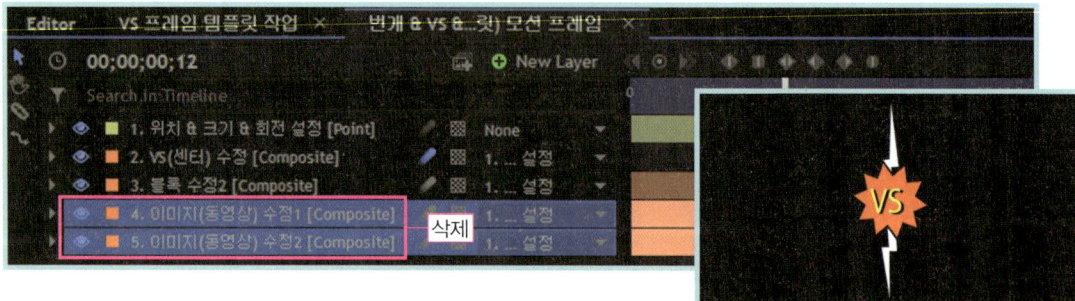

이제 다시 [VS 프레임 템플릿 작업] 컴포지트로 이동한 후 방금 두 레이어를 삭제한 [번개 & VS & 투(스플릿) 모션 프레임] 컴포지트를 그림처럼 여바라 01 레이어 위쪽에 갖다 놓습니다.

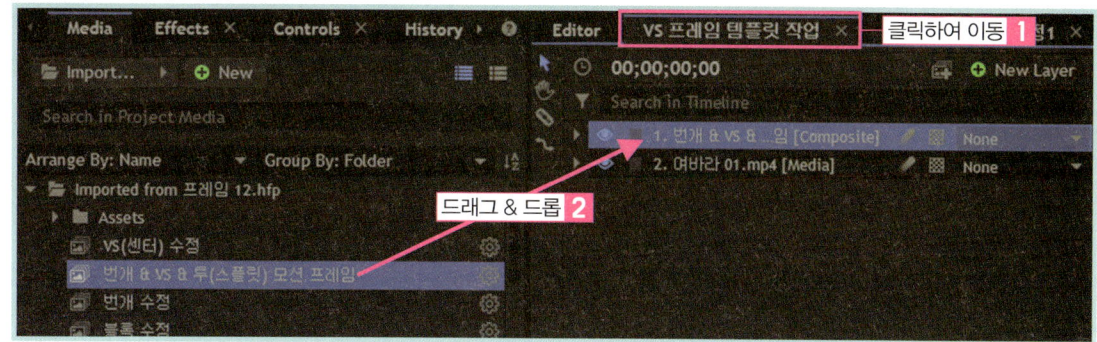

적용된 모습을 확인해보면 번개와 VS 카툰 이미지가 화면 사이로 나타나는 것을 알 수 있습니다. 이처럼 미리 제작된 모션 템플릿을 사용하면 보다 손쉽게 원하는 결과물을 얻을 수 있습니다.

지금 이대로 사용해도 되겠지만 번개 & VS 효과가 사라질 때 그냥 사라지는 것이 아닌 나타났던 방향과 반대로 사라지도록 하기 위해 시간을 1초 15프레임으로 이동합니다.

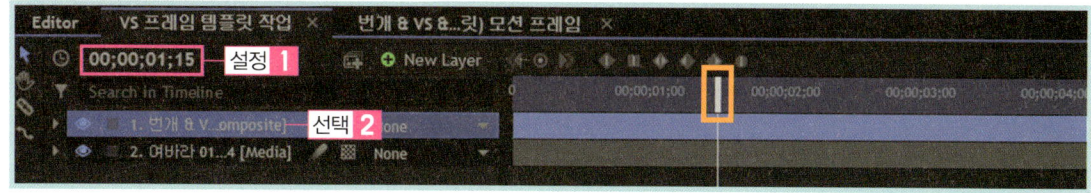

이제 [Ctrl] + [Shift] + [D] 키를 눌러 현재 시간대의 번개 & VS 레

이어를 둘로 분리합니다. 그러면 그림처럼 둘로 나눠져 개별 레이어로 사용됩니다. 그다음 둘로 분리된 클립 중 아래쪽 클립은 삭제합니다.

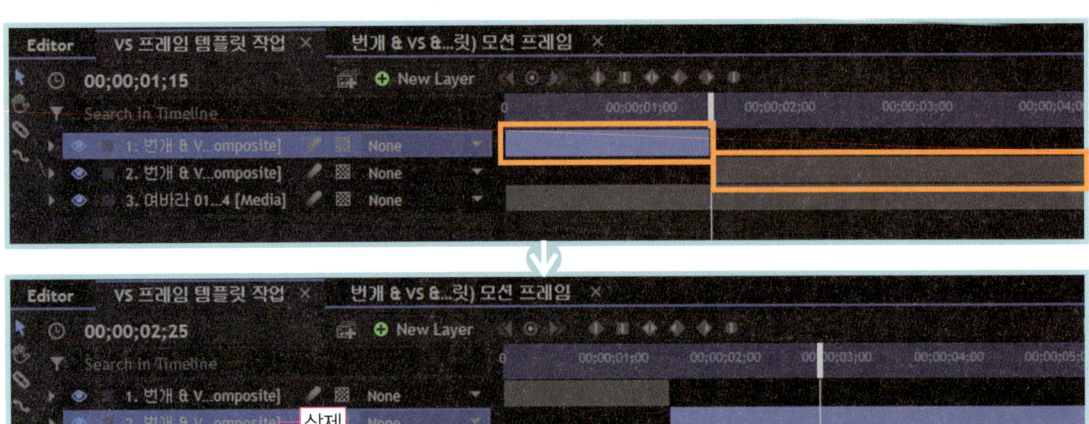

이번엔 역재생되는 장면, 즉 시작될 때와 반대로 사라지도록 하기 위해 [번개 & VS] 레이어를 하나 복제(Ctrl + D)합니다.

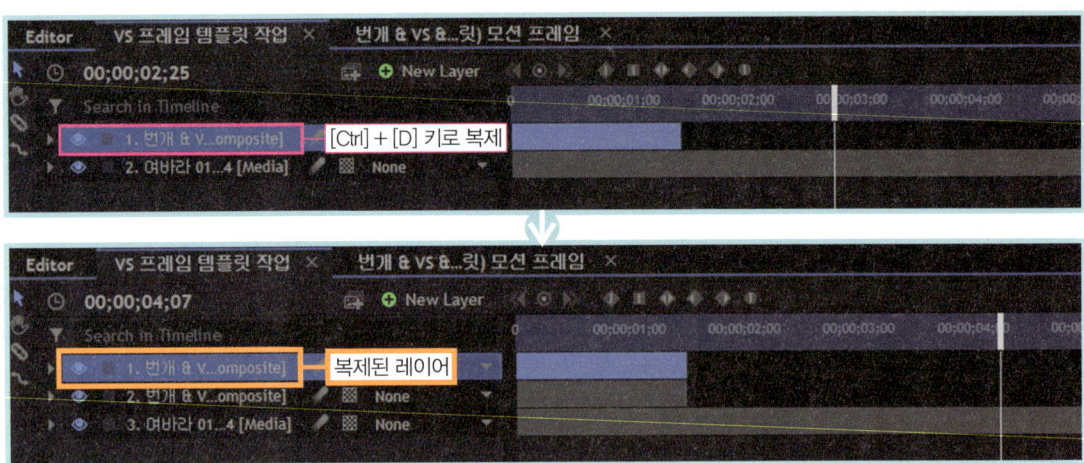

그다음 복제된 위쪽 클립은 그대로 두고, 아래쪽 레이어를 우측으로 이동하여 시작 점을 다음의 그림처럼 위쪽 레이어의 끝 점에 맞춰줍니다.

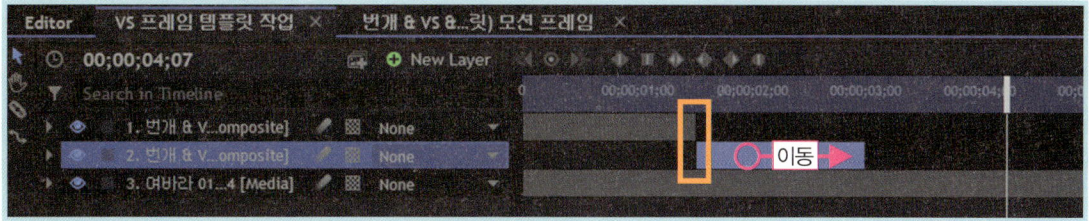

역재생되는 비디오(오디오) 만들기

이제 역재생되는 장면을 만들기 위해 이펙트 패널의 템포럴(Temporal)에서 [Time Reverse] 효과를 아래쪽 레이어에 갖다 적용합니다. 이와 같은 방법을 통해 역재생되는 장면을 표현할 수 있습니다.

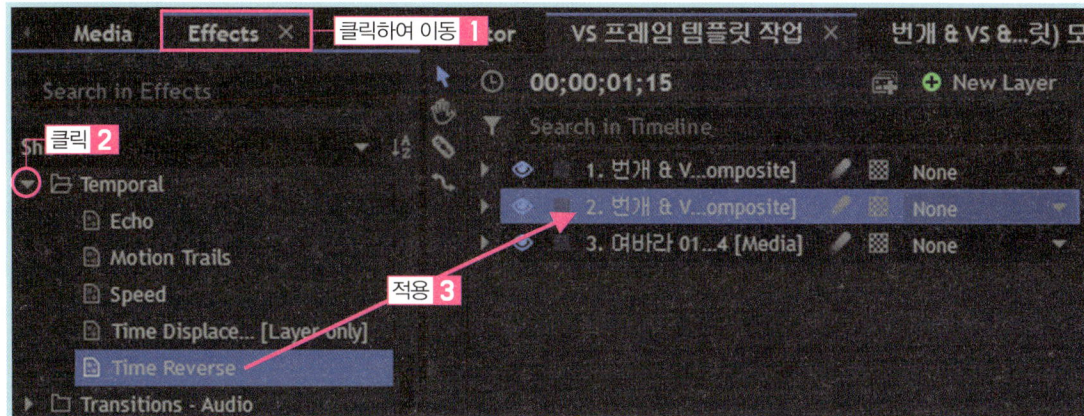

※ 리버스 효과를 적용했을 때 뒤쪽 장면이 온전히 나타나지 않는다면 해당 레이어(클립)에서 [우측 마우스 버튼 클릭] – [Pre-Render] – [Make Pre-Render] 메뉴를 통해 프리 렌더를 하면 됩니다.

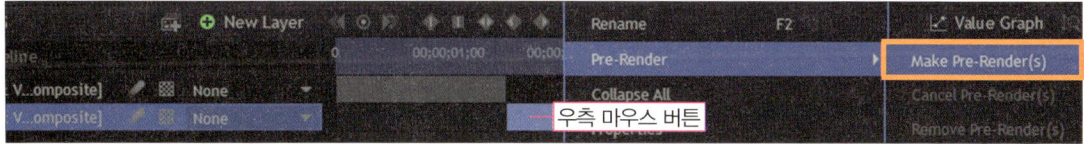

※ 오디오의 역재생은 동영상과는 별도로 이펙트 패널의 Audio에서 [Audio Reverse] 효과를 오디오 클립에 적용해야 합니다.

Ctrl + Shift + O

마지막으로 에디터 패널로 이동한 후 번개 & VS 장면에 맞는 효과음을 찾아 적용합니다. 필자는 [템플릿] – [효과음 & 배경음] 폴더에서 [획 03] 오디오 파일을 Audio 3 트랙에 적용하였습니다.

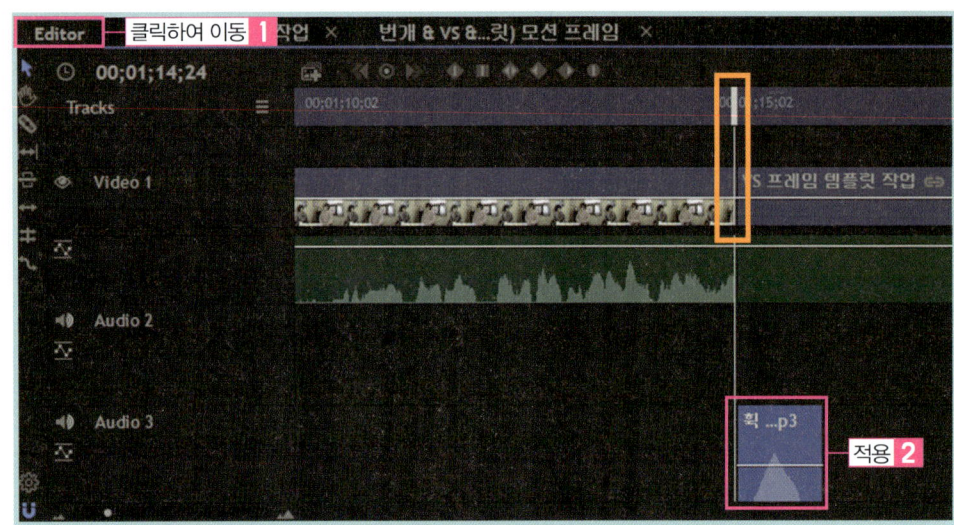

※ [템플릿]의 [효과음 & 배경음] 폴더에는 가장 즐겨 사용되는 효과음과 배경음들을 제공하지만 만약 템플릿에서도 원하는 자료가 없다면 [학습자료] – [라이브러리] 폴더에 있는 [오디오 라이브러리] 바로가기 실행 파일을 더블클릭하면 열리는 오디오 라이브러리 유튜브 채널에서 찾아 사용하기 바랍니다. 오디오 라이브러리에서는 다양한 배경음과 효과음을 무료로 제공합니다.

코믹 템플릿 소스 사용하기

Ctrl + Shift + O

계속해서 이번에는 앞서 마스크 영역을 흑백으로 만든 장면을 보다 재미있게 표현하기 위해 [템플릿] – [코믹 & 캐릭터 & 카툰 & 웹툰] 폴더에서 수평 집중선 느낌의 [133] 이미지 파일을 가져옵니다.

방금 가져온 수평 집중선 느낌의 [133] 이미지 클립을 마스크 작업을 한 컴포지트 클립 위쪽 Video 2 트랙의 3분 44초 9프레임 지점

에 갖다 놓습니다.

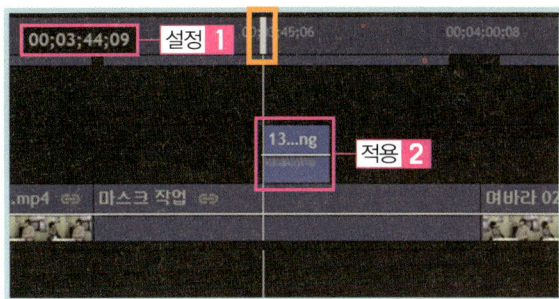

이번엔 모션 작업을 통해 흑백 마스크 영역이 위에서 아래쪽으로 내려오는 것처럼 수평 집중선 또한 위에서 아래로 내려오도록 해주기 위해 컨트롤 패널에서 Transform의 Position Y축을 설정하여 그림처럼 위쪽으로 이동한 후 키프레임을 생성합니다.

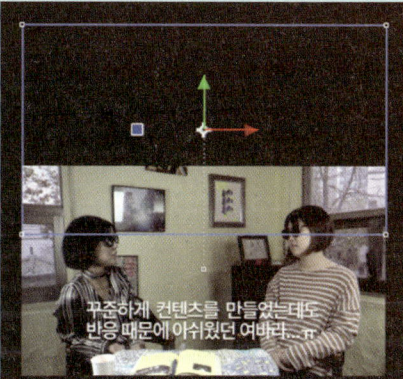

계속해서 시간을 흑백 마스크 영역이 완전히 내려오는 시간으로 이동한 후 Position Y축을 원래 값인 0으로 설정합니다.

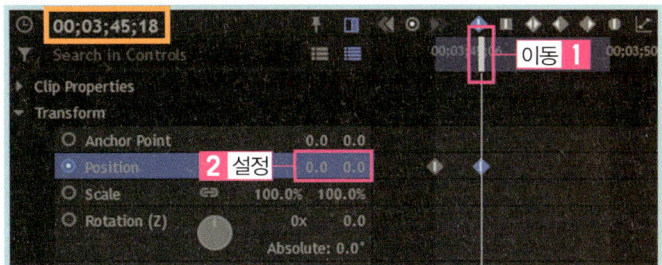
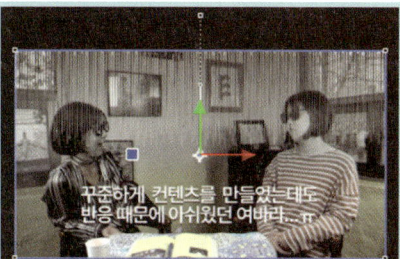

이것으로 흑백 마스크 영역과 더불어 집중선까지 가미되어 더욱 우울하고 침울한 느낌으로 표현되었습니다.

특정 장면(프레임)을 정지 화면으로 만들기

흑백 마스크와 집중선이 나타나는 장면을 정지 화면으로 만들면 더욱 극적인 느낌을 줄 수 있기 때문에 이번에는 특정 장면을 스틸 이미지로 만들어 정지 화면으로 사용하는 방법에 대해 알아보겠습니다. 먼저 흑백 마스크와 집중선이 완전히 내려온 3분 45초 25프레임 지점으로 시간을 이동합니다.

이제 지정된 시간에 보이는 모든 장면(자막 포함), 즉 현재의 프레임을 스틸 이미지로 만들어주기 위해 뷰어 우측 하단의 [Options] 메뉴에서 [Export Frame] 메뉴를 선택합니다. 익스포트 프레임 창이 열리면 원하는 위치(폴더)에 적당한 이름으로 저장합니다. 파일 형식은 투명 정보가 포함되는 PNG 형식으로 만들어집니다.

※ 특정 클립(레이어)의 프레임을 정지 화면으로 만들어 주는 방법으로는 이펙트의 [Temporal] - [Speed] 효과가 있습니다. 하지만 이 효과는 클립의 속도를 조정하여 멈추는 방식으로 조정 후에도 원본 클립의 길이에는 변화가 생기지 않아 해당 클립의 마지막 장면은 표현할 수 없습니다. 그러므로 위의 방법을 사용한 것입니다.

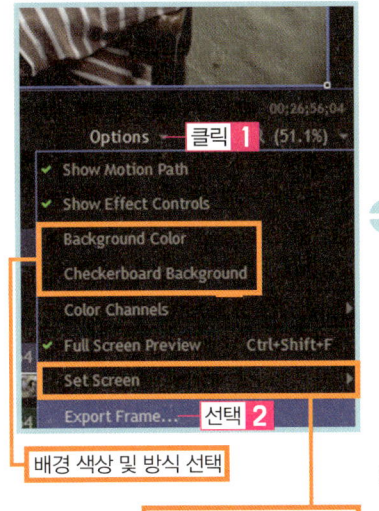
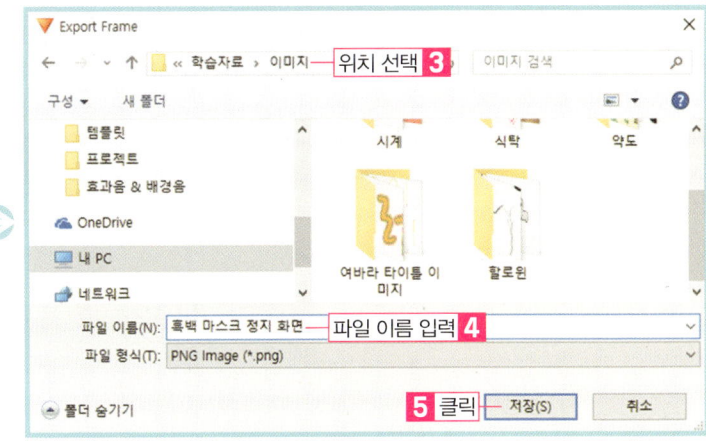

※ 뷰어 우측 하단에는 다양한 설정 옵션이 있는데, 그중 Full 메뉴에서는 재생할 때의 해상도와 정지했을 때의 해상도를 조절할 수 있습니다. 이것은 낮은 사양의 컴퓨터를 사용할 때 재생 속도를 최적화할 수 있어 시스템의 부담을 덜어줍니다.

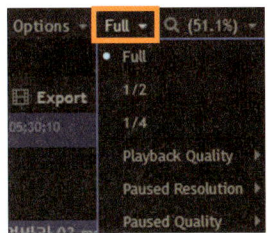

Ctrl + Shift + O

방금 저장된 스틸 이미지를 가져온 후 트리머 패널 하단의 [Insert Clip] 버튼을 눌러 마스크 작업 클립 사이에 삽입합니다.

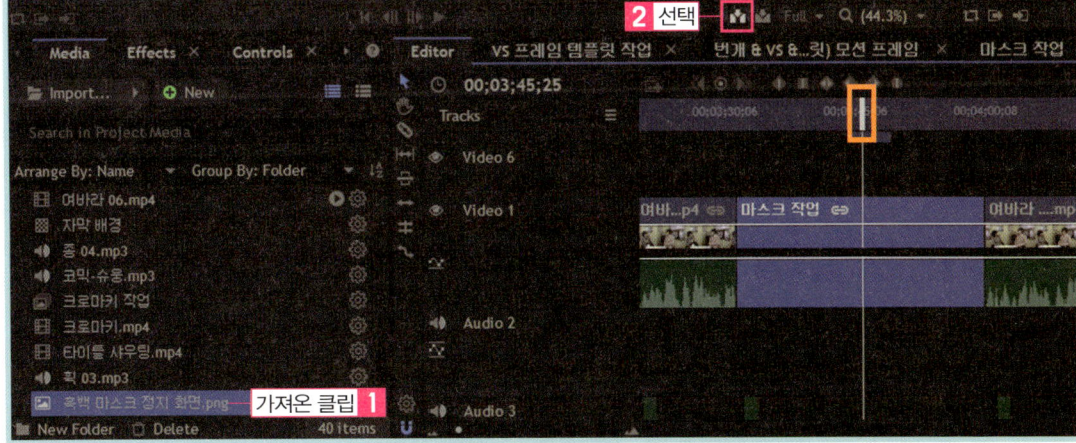

삽입된 후의 모습을 보면 해당 클립뿐만 아니라 위아래 트랙의 자막 및 집중선 클립 또한 잘려서 뒤로 밀려난 것을 알 수 있습니다.

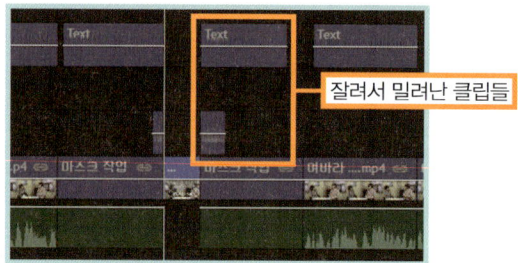

※ 만약 방금 적용한 스틸 이미지의 길이를 조절하고자 한다면 리플 에디트 툴을 통해 조절하기 바랍니다.

Ctrl + Shift + O

계속해서 [템플릿] - [효과음 & 배경음] 폴더에 있는 [라디오-라디오 극장(우울할 때)] 오디오 클립을 가져와 효과음으로 사용합니다. 그다음 위쪽 Video 2 트랙의 잘려서 밀려나간 집중선 클립은 삭제합니다.

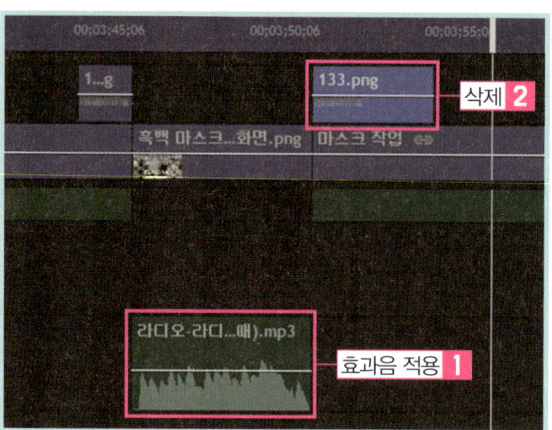

잘려서 밀려나간 집중선 클립이 삭제됐기 때문에 이 시간 이후로는 흑백 마스크 효과도 더 이상 필요 없어졌기 때문에 설정이 필요합니다. 잘려나 밀려난 [마스크 작업] 컴포지트 클립을 더블클릭하여 해당 컴포지트를 열어줍니다.

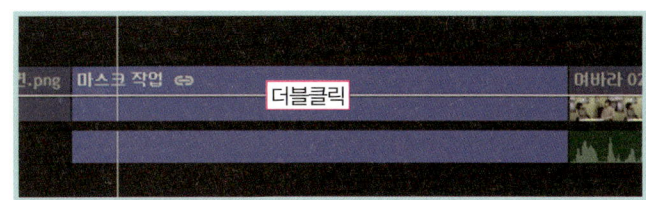

마스크 작업 컴포지트가 열리면 마스크가 적용된 위쪽 레이어의 길이를 마스크 트랜지션의 포지션에 적용된 두 키프레임 중 두 번째 키프레임이 있는 지점에 맞게 트리밍해줍니다. 설정이 끝나면 다음 작업을 위해 에디터 패널로 이동합니다.

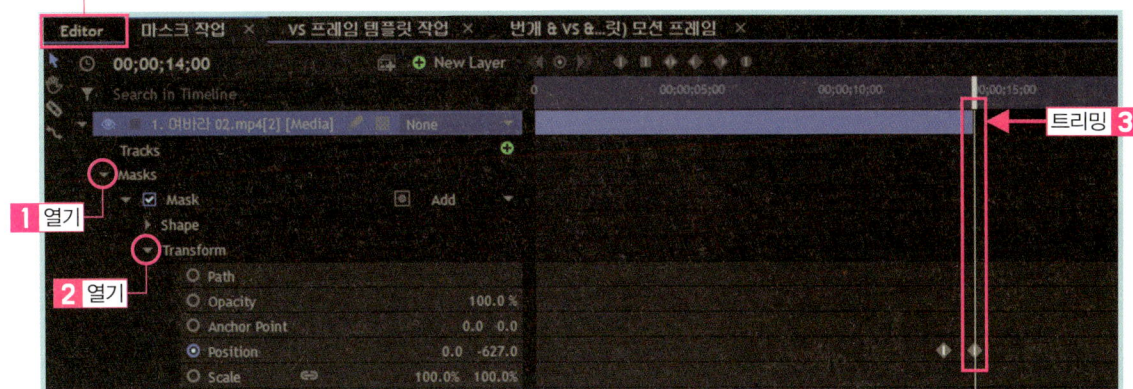

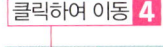

화면 하단에서 흐르는 모션 템플릿 자막 사용하기

이번에는 모션 템플릿 중 화면 하단에서 흐르는 모션 자막을 표현해보록 하겠습니다. 모션 자막을 사용하기 위한 시간인 36초로 이동해보면 오프닝에서 [여바라]에 대한 소개를 하고 있는 장면입니다. 이제 모션 자막 템플릿 프로젝트(컴포지트)를 가져오기 위해 [Import] - [Composite Shot] 메뉴를 선택한 후 [템플릿] 폴더에서 [로워써드 01] 프로젝트 파일을 가져옵니다.

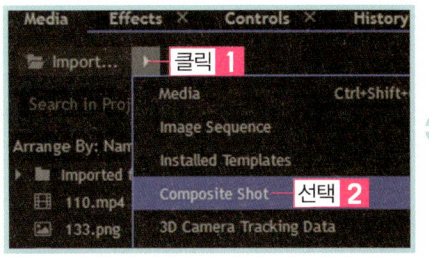 

임포트 컴포지트 쇼트 선택 창이 열리면 방금 가져온 [로워써드 01] 프로젝트에 사용된 컴포지트 목록들이 나타나는데, 여기에서 원하는 컴포지트를 체크하여 가져오면 됩니다. 이번에는 [로워써드 09]와 [수평 라인 & 하단으로 펼쳐지는 스몰 바 & 좌측으로 흐르는 모션 로워써드] 두 컴포지트만 체크하여 가져옵니다.

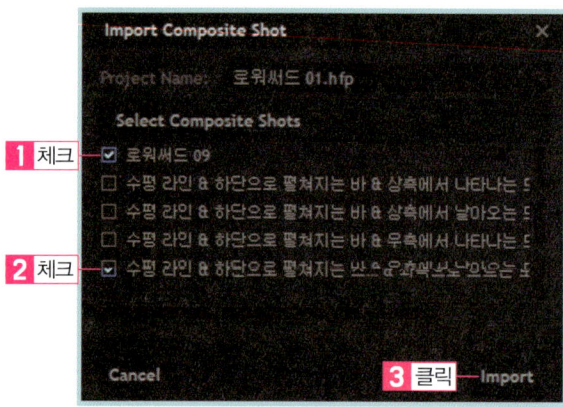

이제 방금 가져온 컴포지트를 활용하기 위해 [수평 라인 & 하단으로 펼쳐지는 스몰 바 & 좌측으로 흐르는 모션 로워써드] 컴포지트를 더블클릭하여 해당 컴포지트를 열어줍니다.

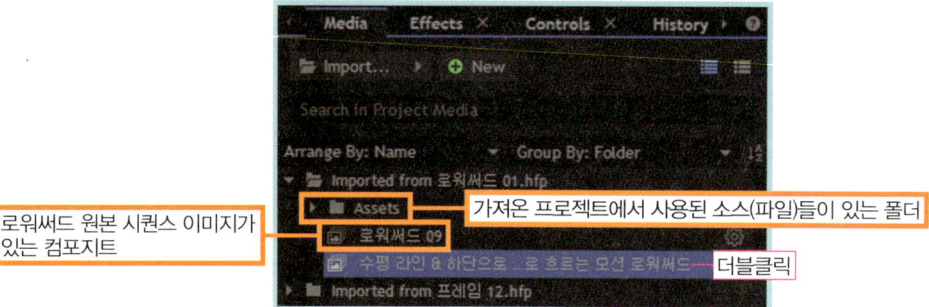

열린 [수평 라인 & 하단으로…] 컴포지트를 보면 위쪽엔 전체 레이어들에 대한 위치, 크기, 회전을 제어할 수 있는 포인트(노란 라벨) 레이어와 글자, 즉 자막을 수정할 수 있는 글자 수정(빨간 라벨) 레이어가 있으며, 아래쪽 두 레이어는 모션 로워써드 시퀀스 이미지 레이어가 있습니다. 여기에서 뷰어를 보면 수평으로 길게 이어

진 모션과 글자(자막)가 입력되어있는 것을 알 수 있습니다.

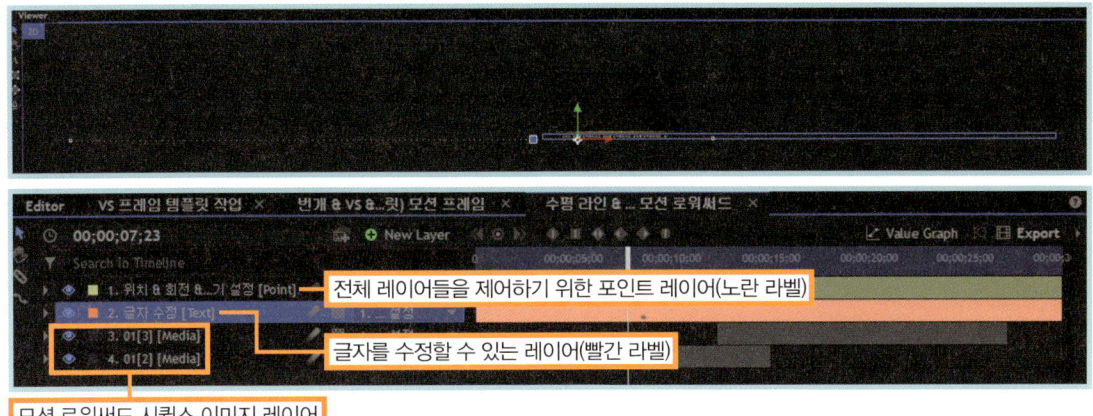

※ 모든 모션 템플릿 프로젝트에서는 노란색이 전체 레이어 제어, 빨간색이 글자 및 이미지(동영상)를 수정하기 위한 레이어입니다.

이제 글자를 이번 작업에서 필요한 글자로 바꿔주기 위해 [글자 수정] 레이어를 선택한 후 뷰어의 툴 바에서 텍스트 툴을 선택합니다. 그다음 화면 하단의 글자를 클릭한 후 [Ctrl] + [A] 키를 눌러 모든 글자들을 선택합니다.

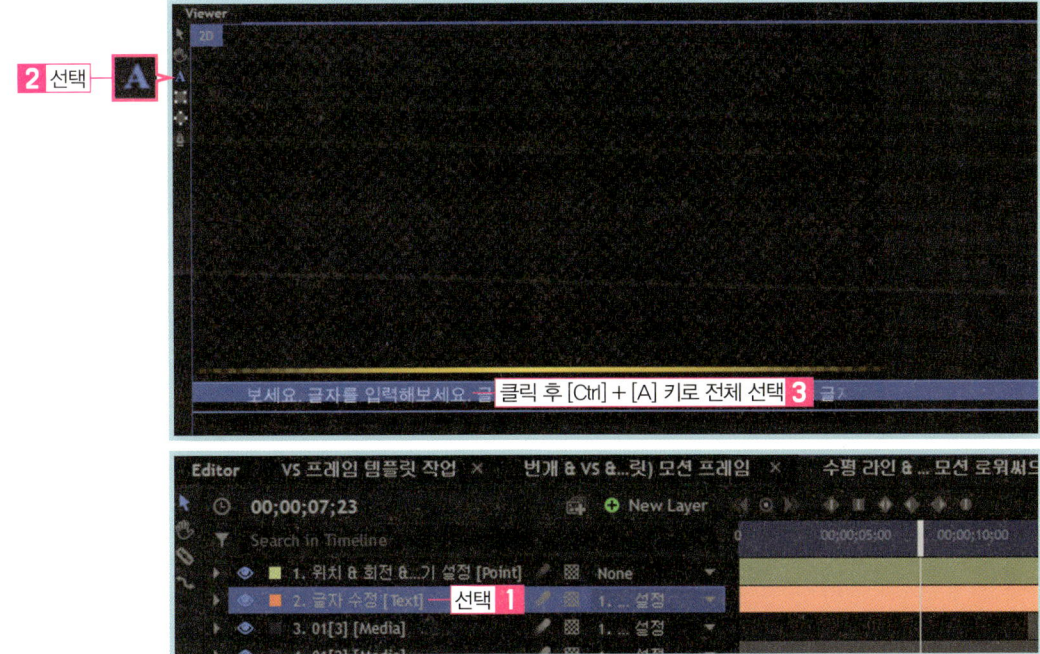

글자가 전체 선택되었다면 이제 원하는 글자를 입력합니다. 참고로 필자는 미리 준비한 글자를 복사 후 붙여넣기 하였습니다.

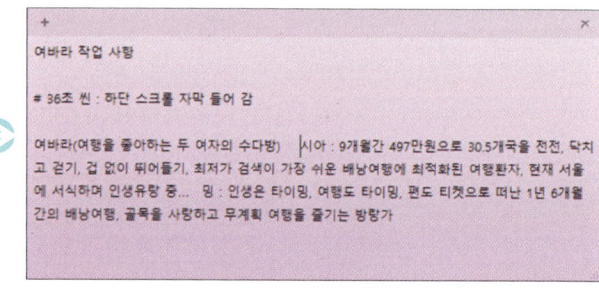

※ 영상 편집 잡업 시 작업 사항을 미리 스크립트 해놓으면 좋습니다. 필자는 윈도우 스티커 메모를 이용하는데, 윈도우 검색기에서 [스티커 메모] 또는 [Sticky Notes]를 입력하여 스티커 메모를 실행해놓으면 컴퓨터를 껐다 다시 켜도 항상 메모 내용이 남아있기 때문에 언제나 간편하게 활용할 수 있습니다.

▲ 필자가 사용한 스티커 메모장의 스크립트

입력된 자막을 확인해보면 필자는 다행히 30초로 되어있는 작업 시간과 거의 맞습니다. 만약 글자가 너무 많다면 적당하게 줄여주고, 너무 짧다면 모션 자막의 시간 또한 줄여주어야 합니다.

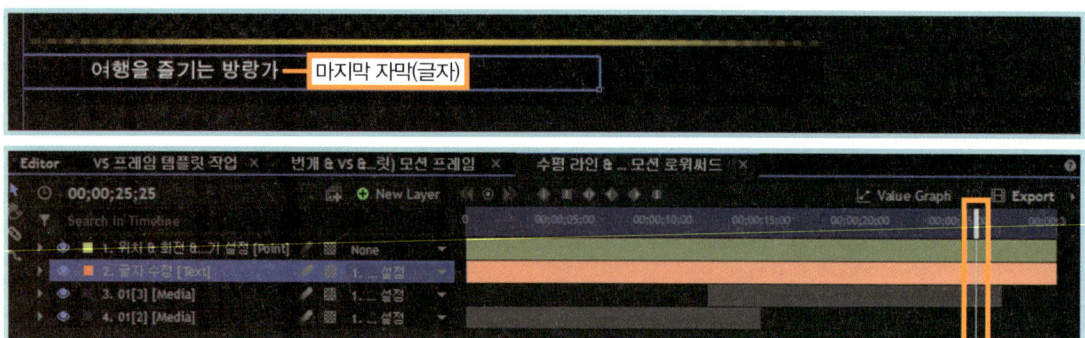

모션 자막이 사용되는 길이는 [3번 01 레이어]의 위치를 좌우로 이동하여 설정하면 되며, 조정된 길이는 위쪽 [2번 글자 수정 레이

어]의 Position에 적용된 두 번째 키프레임을 이동하여 맞춰주면 됩니다.

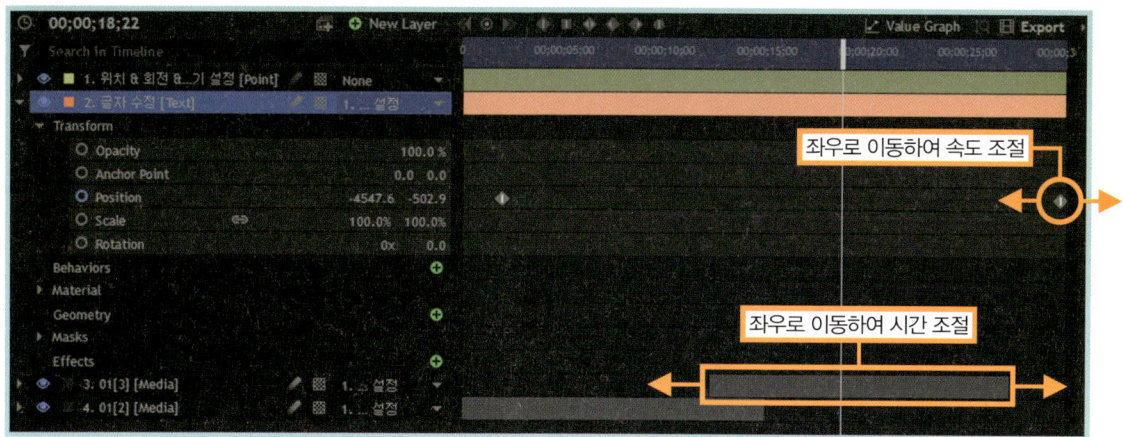

이제 앞서 작업한 모션 자막을 사용하기 위해 에디터 패널로 이동합니다. 그다음 모션 자막이 적용될 새로운 트랙을 만들어주기 위해 Video 1 트랙 리스트 위에서 [우측 마우스 버튼 클릭] - [Insert Track] 메뉴를 선택합니다. 그러면 Video 1 트랙 바로 위쪽에 새로운 트랙이 생성됩니다.

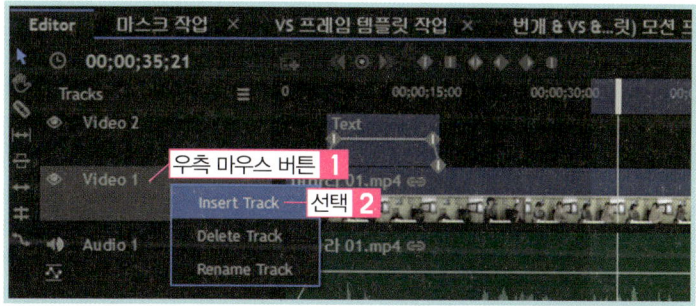

새로운 트랙이 생성되었다면 이제 새로 생성된 트랙에 앞서 만든 [수평 라인 & 하단…] 모션 자막을 36초 지점에 갖다 놓습니다. 자막이 적용되는 위치는 필자와 똑같이 할 필요는 없지만 제법 긴 시간 동안 흐르는 자막이기 때문에 적당한 장면에 사용하는 것이 중요합니다.

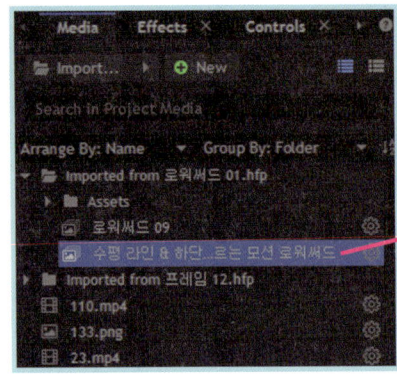 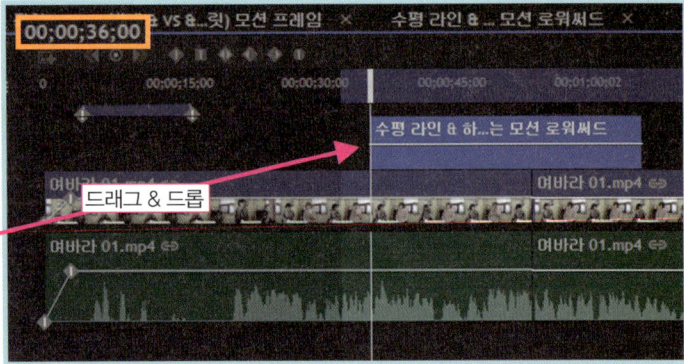

※ 자막의 속도는 해당 컴포지트를 열고 키프레임 간격을 조절해도 되지만 이 상태에서는 레이트 스트레치 툴을 사용하여 직접 속도를 조절할 수도 있습니다.

트랙 이동하기

적용된 모션 자막을 확인해보면 노란색 수평 라인과 아래로 펼쳐지는 반투명한 배경 위로 자막이 흐르는 것을 알 수 있습니다. 그런데 중간에 이전에 제작한 자막과 겹쳐지는 부분이 있는 것을 알 수 있습니다. 만약 하단 로워써드 자막이 중요하게 느껴진다면 로워써드 자막이 적용된 트랙을 맨 위쪽으로 이동하기 바랍니다.

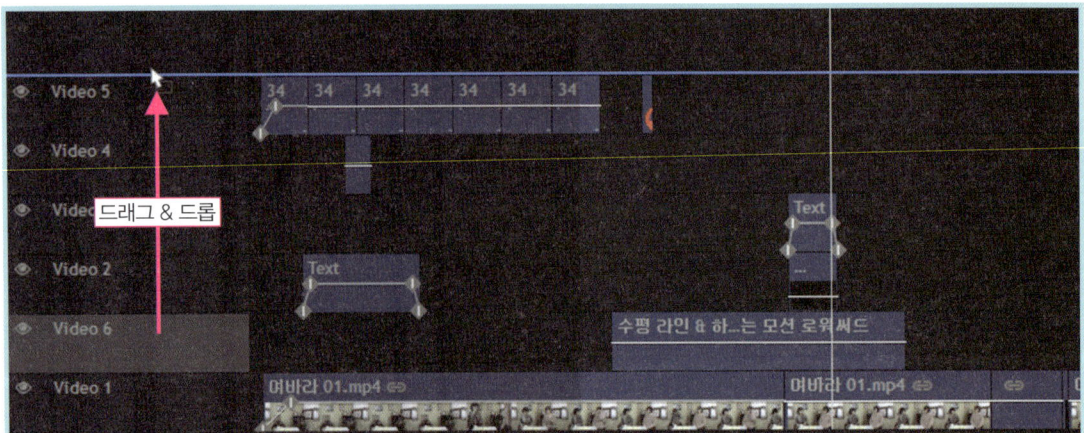

화면 상단에 로고를 표현하기 위한 템플릿 사용하기

마지막으로 화면 상단(좌/우)에 제작사 로고를 표현해보도록 하겠습니다. 로고를 적용하기 위한 모션 자막 템플릿 프로젝트(컴포지트)를 가져오기 위해 [Import] - [Composite Shot] 메뉴를 선택한 후 [템플릿] 폴더에서 [로고_사각형] 프로젝트 파일을 가져옵니다.

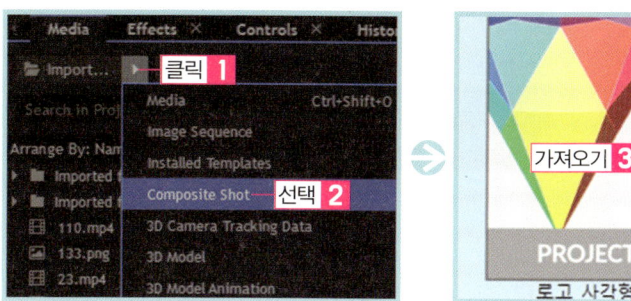

임포트 컴포지트 쇼트 선택 창이 열리면 이번에는 [글리치 형태로 나타나는 로고]와 수정을 위한 [로고 수정] 컴포지트만 체크하고 가져옵니다.

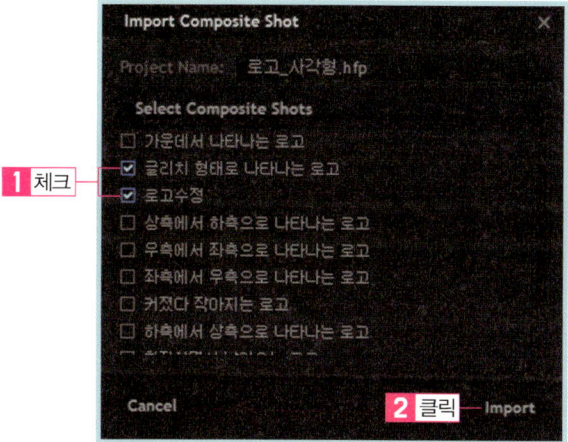

선택한 컴포지트 템플릿이 적용되면 일단 [로고 수정] 컴포지트를 더블클릭하여 해당 컴포지트를 열어줍니다. 계속해서 수정할 로고를 가져오기 위해 [Import] 버튼 또는 [Ctrl] + [Shift] + [O] 키를 눌러 [학습자료] - [여바라 타이틀 이미지] 폴더에 있는 [여바라 로고] 이미지 파일을 가져옵니다.

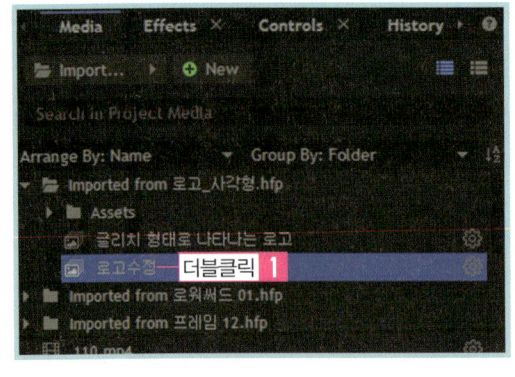
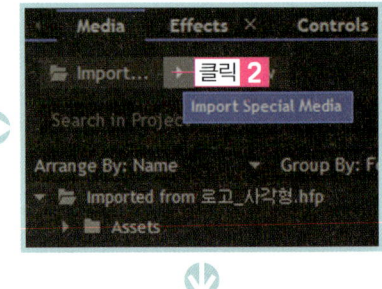

방금 가져온 [여바라 로고] 이미지 클립을 앞서 열어놓은 [로고 수정] 컴포지트 맨 위쪽에 레이어로 갖다 놓습니다.

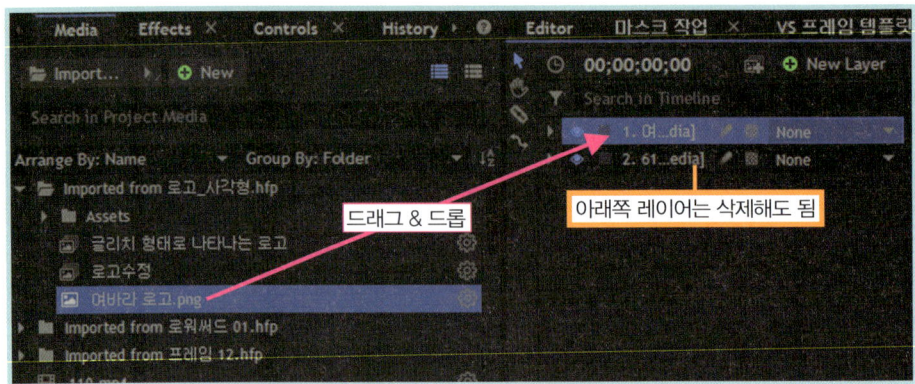

적용된 [여바라 로고] 레이어(이미지)가 크기가 너무 크기 때문에 현재 로고 수정 컴포지트 규격에 맞춰주어야 합니다. 본 도서 앞부분에 만들어놓았던 단축키 [Ctrl] + [Alt] + [F] 키를 눌러 규격을 맞춰줍니다.

여행 전문 유튜브 채널 "여바라" 에 대하여

여바래(여행 바이러스 라이브)는 9개월간 497만원으로 30.5개국을 전전, 닥치고 걷기, 겁 없이 뛰어들기, 최저가 검색이 가장 쉬운 배낭여행에 최적화된 [시아]와 인생은 타이밍, 여행도 타이밍, 편도 티켓으로 떠난 1년 6개월간의 배낭여행을 하였으며, 골목을 사랑하고 무계획 여행을 즐기는 방랑가 [밍]이 진행하는 배낭여행 전문 유튜브 방송 채널입니다.

이제 다시 에디터 패널로 이동한 후 방금 수정한 [글리치 형태로 나타나는 로고] 컴포지트를 맨 위쪽 비어있는 트랙(Video 7)에 갖다 놓습니다. 이때 적용되는 컴포지트 클립의 시작 점은 아래쪽 Video 5 트랙에 적용된 레코딩 되는 장면을 위한 클립 중 마지막

34 클립의 끝 점에 맞게 적용합니다.

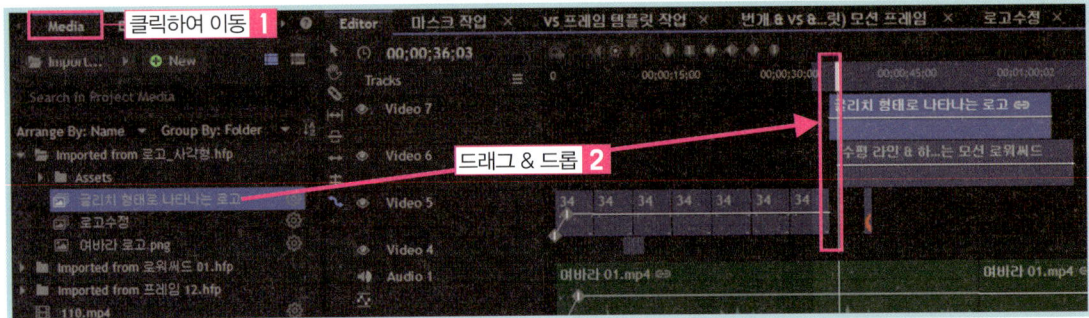

[Shift]

맨 위쪽 트랙에 적용된 로고의 크기를 그림처럼 작게 조절한 후 화면 좌측 상단으로 이동해줍니다. 그런데 창문이 있는 곳이라 하얀색 배경으로 된 로고가 눈에 잘 띄지 않습니다.

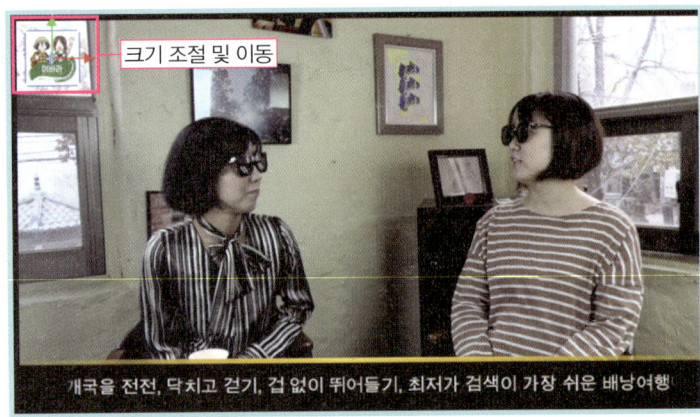

※ 크기를 조절할 때 [Shift] 키를 누르면 항상 원본 비율을 유지하게 됩니다.

로고를 눈에 띄게 하기 위해 그림자 효과를 적용해봅니다. 이펙트 패널의 제너레이트(Generate) 폴더에서 [Drop Shadow] 효과를 로고 클립에 적용합니다. 그다음 컨트롤 패널이 열리면 그림자 효과의 Scale과 Penumbra 값을 조금 증가합니다. 그러면 로고 주변에 그림자가 확산되어 로고가 더욱 눈에 띄게 됩니다.

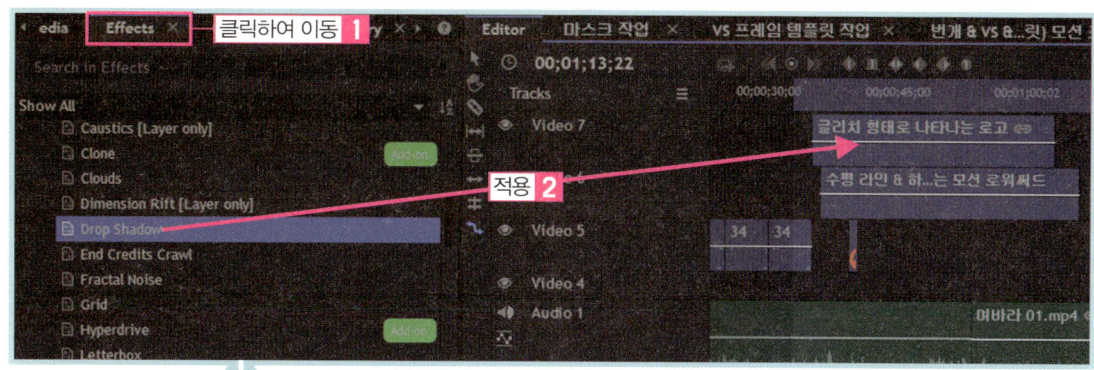

마지막으로 로고가 지속되는 시간 설정은 적용된 로고 클립을 복제(Ctrl 키)하면 되며, 간격을 두어 원하는 시간대에만 나타나게 할 수도 있습니다. 또한 간격 없이 규칙적(30초로 된 모션 로고임) 나타났다 사라지게 할 수도 있을 것입니다. 이것은 여러분이 원하는 방법을 선택하면 됩니다.

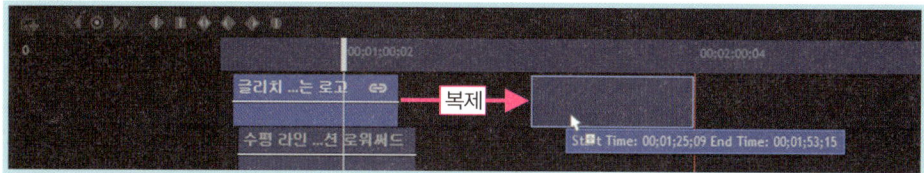

지금까지 학습한 템플릿 사용법을 참고하여 재미있고 다양한 장면을 표현해보기 바랍니다.

타이틀 인트로 제작에 대하여

TV 방송의 예능, 교양, 드라마 그리고 영화의 도입부에 사용되는 인트로(Intro)는 해당 작품을 전반적으로 대변해주는 역할을 합니다. 이러한 타이틀 인트로는 시청자의 시선을 끌어 중독성을 가지도록 하며, 해당 작품에 대한 궁금증을 유발하도록 하는게 목적입니다. 본 도서에서 제공되는 [학습자료] – [프로젝트] 폴더에는 [여바라 타이틀 인트로] 프로젝트 파일의 완성본이 있습니다. 이 프로젝트 파일을 열어보면 모든 작업이 컴포지트 공간에서 모션 형태로 이루어진 것을 할 수 있으며, 각각의 레이어들을 분석해보면 여러분이 만들고자 하는 타이틀 인트로 작업에 많은 도움이 될 것입니다.

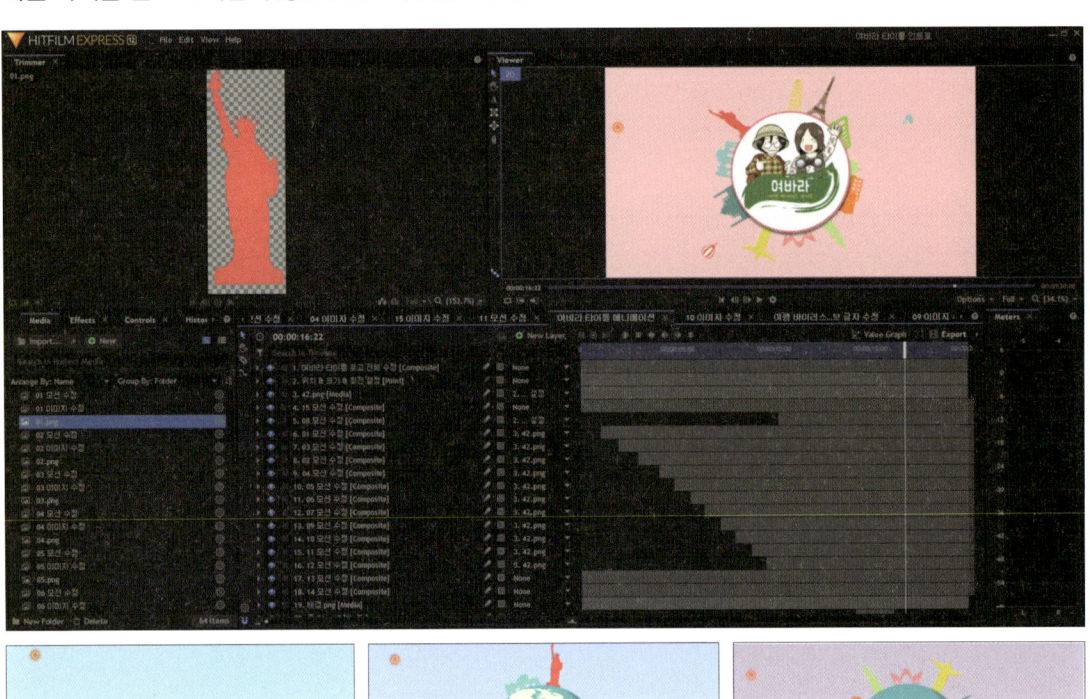

 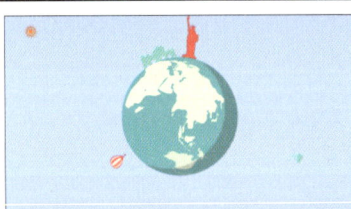 

방금 실행한 여바라 타이틀 인트로는 여행에 관한 채널로써 타이틀 또한 경쾌한 BGM과 함께 회전되는 지구와 각 나라의 랜드마크가 되는 건축 등이 나타나 여행에 관한 방송임을 한눈에 알아볼 수 있도록 기획된 전형적인 인트로라는 것을 알 수 있을 것입니다. 이제 지금의 타이틀 인트로 프로젝트와 다음에서 설명하는 사항들을 참고하여 여러분만의 창의적인 타이틀 인트로를 표현해보기 바랍니다.

- 작품 주제에 맞는 기획을 합니다. 어떻게 만들 것인지 전체적인 느낌을 구상하면 됩니다.
- 남의 작품을 참고하여 참신한 아이템을 창출할 수 있도록 합니다.
- 전체적인 흐름을 스토리보드로 만들어줍니다. 대략적인 드래프트만 작성해도 상관없습니다.
- 메인 타이틀로 사용할 로고 이미지를 준비합니다. 일러스트나 포토샵 같은 프로그램에서 직접 만들 수도 있지만 여유치 않다면 전문 제작 팀에게 의뢰합니다.
- 작업에 사용될 각종 이미지, 동영상, 효과음 들의 원천 소스를 수집(제작)합니다. 저작권에 문제가 없는 것으로 준비합니다.
- 사용되는 원천 소스들의 색감은 전체적으로 통일감과 균형이 맞춰지도록 보정합니다.
- 준비된 원천 소스를 이용하여 모션 작업을 수행합니다. 수정이 용이하도록 별도의 컴포지트를 생성하여 각 작업 레이어들을 관리합니다.
- 모션 작업 시 너무 느리거나 빠른 템포는 지양합니다. 물론 주제에 따라 느리거나 빠른 템포도 필요하지만 타이틀 인트로의 특성상 리드리컬한 흐름의 모션이 되도록 하는 것이 중요합니다.
- 배경 음악(BGM)은 듣는 이로 하여금 금방 친숙해지는 것을 사용하며, 필요하다면 전문 오디오 제작자에게 의뢰합니다.
- 캐릭터나 글자가 나타날 때에는 적절한 효과음을 사용하여 해당 아이템에 집중될 수 있도록 합니다.

위의 내용들은 타이틀 인트로 제작 시 고려해야 할 주요 사항들이지만 너무 틀에 얽매이게 되면 창의적인 결과물을 만드는 방해 요소가 될 수 있기 때문에 여러분의 창의적인 발상을 가미하는 것이 중요합니다. 모든 과정이 그러하듯 직접 타이틀 인트로를 만들다 보면 생각지도 않았던 많은 아이디어가 떠오르고, 테크니컬적으로도 향상된 자신을 발견하게 될 것입니다.

작업이 끝난 편집 내용 동영상 파일로 만들기(렌더 큐)

모든 작업이 완료되면 작업한 내용을 텔레비전, 극장용 무비, DVD나 Blu-ray, 모바일 그밖에 다양한 재생 장치를 통해 감상하거나 유튜브나 페이스북, 비메오와 같은 인터넷(웹사이트)에 업로드하기 위한 미디어 파일로 만들어주어야 합니다. 이러한 과정을 렌더(Render) 또는 출력(Export)이라고 하는데, 히트필름에서는 큐(Queue) 목록에서 이와 같은 작업을 할 수 있습니다. 큐 목록으로 이동하기 위해 타임라인 우측 상단의 [Export] – [Add to Queue] – [Contents] 메뉴를 선택합니다.

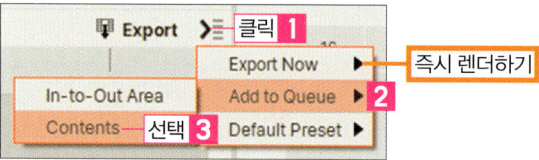

※ 컨텐츠(Contents)는 작업된 전체를 렌더링하여 파일로 만들어주며, In-Out은 시간자에서 지정된 In-Out Area 구간만 파일로 만들 때 사용됩니다.

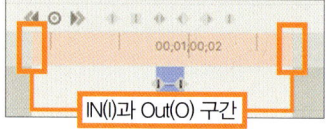

익스포트 스크린에서는 에디터 패널 또는 컴포지트들을 개별로 렌더링하여 파일로 만들어줄 수도 있습니다. 여기에서 출력하고자 하는 작업 목록을 선택한 후 [Preset]에서 즐겨 사용하는 유튜브 규격 [You Tube 1080p HD]를 선택합니다.

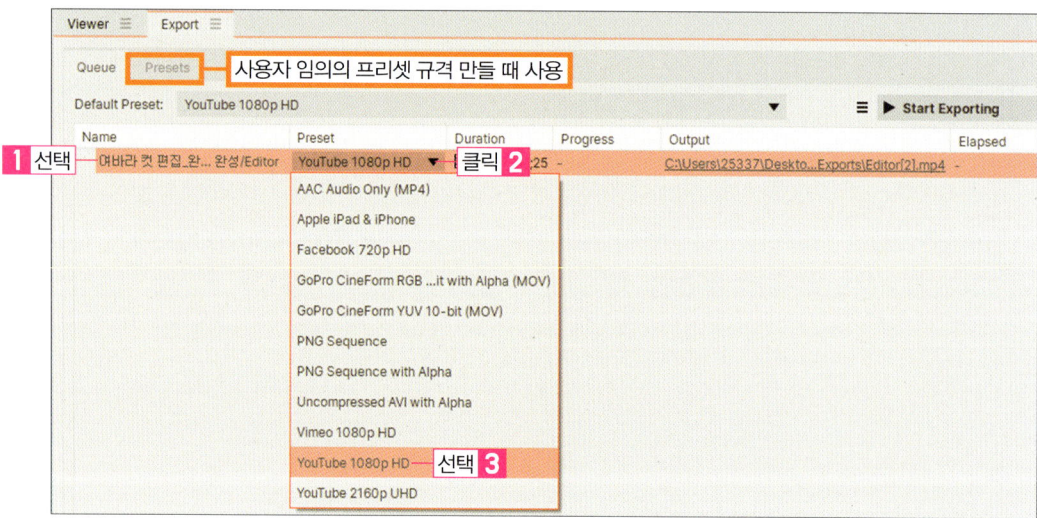

계속해서 최종 렌더링될 파일이 만들어질 경로(폴더)를 지정하기 위해 Output 항목의 경로(현재 지정된 경로 텍스트) 부분을 클릭합니다. 그다음 파일이 저장될 위치를 선택하고, 파일 이름을 입력해줍니다. 지금의 과정은 여러분이 사용하는 컴퓨터에서 이루어지기 때문에 필자와는 차이가 있습니다.

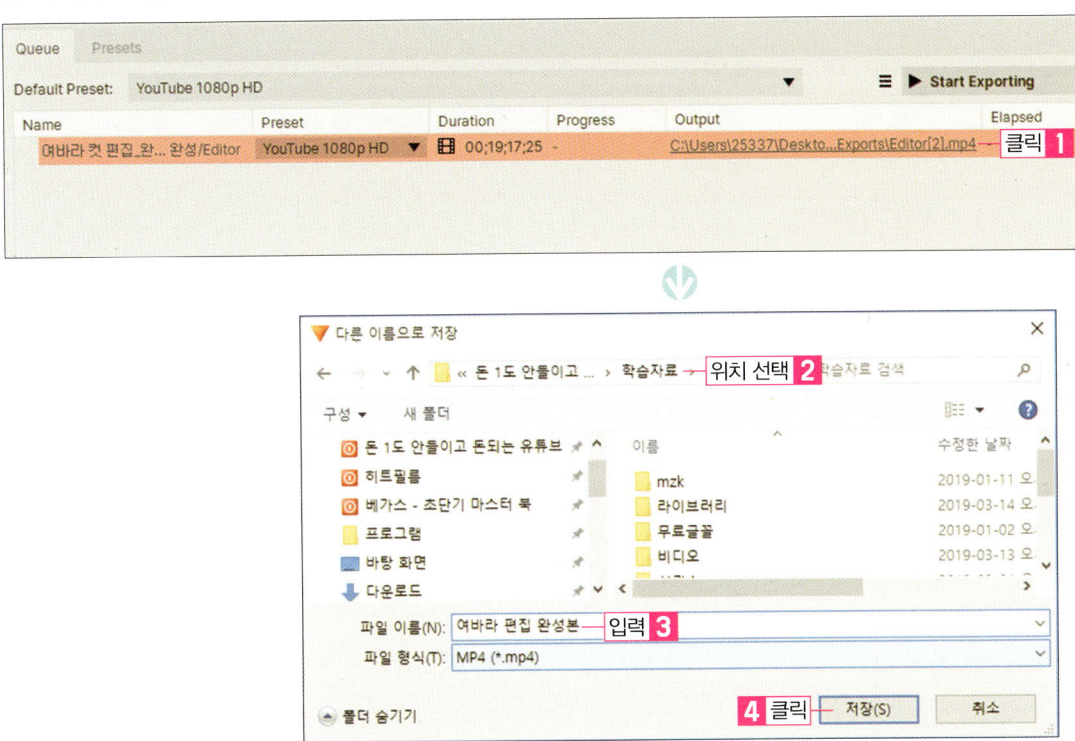

이제 최종적인 렌더링을 하기 위해 큐(대기열) 우측 상단에 있는 [Start Exporting] 버튼을 클릭합니다. 그러면 지정된 목록에 대한 렌더링이 진행됩니다. 이때 하단에는 렌더링 과정이 프리뷰(Preview)로 나타나며, 렌더링이 끝나면 비프음과 함께 Finished란 글자가 표시됩니다.

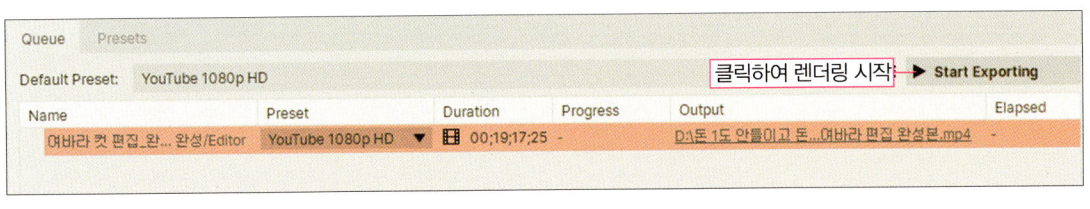

만들어진 동영상 자신의 유튜브 채널로 업로드하기

렌더링이 끝난 동영상 파일은 여러분의 유튜브 채널로 업로드해야 합니다. 그러므로 동영상 업로드를 위한 유튜브 계정이 있어야 합니다. 참고로 유튜브 계정을 만드는 방법은 블로그에 포스팅된 문서나 유튜브에 올라온 영상등을 참고하기 바랍니다. 이제 렌더링된 동영상 파일을 유튜브로 업로드하기 위해 유튜브 웹사이트(www.youtube.com)로 들어가 사용 중인 계정으로 로그인합니다. 로그인이 되었다면 우측 상단 비디오 카메라 모양의 아이콘을 클릭한 후 나타나는 [동영상 업로드] 메뉴를 선택합니다.

계속해서 업로드할 파일을 선택하라는 창이 열리면 이 곳으로 폴더에 있는 동영상 파일을 직접 드래그하여 갖다 놓습니다. 그러면 비디오 클립의 속성을 분석한 후 유튜브에 적합한 비디오 파일로 변환되어 업로드됩니다. 그다음 업로드한 동영상의 제목과 설명을 입력하고 키워드(연관) 검색을 통해 해당 동영상을 쉽게 찾을 수 있도록 관련 키워드 정보를 입력합니다.

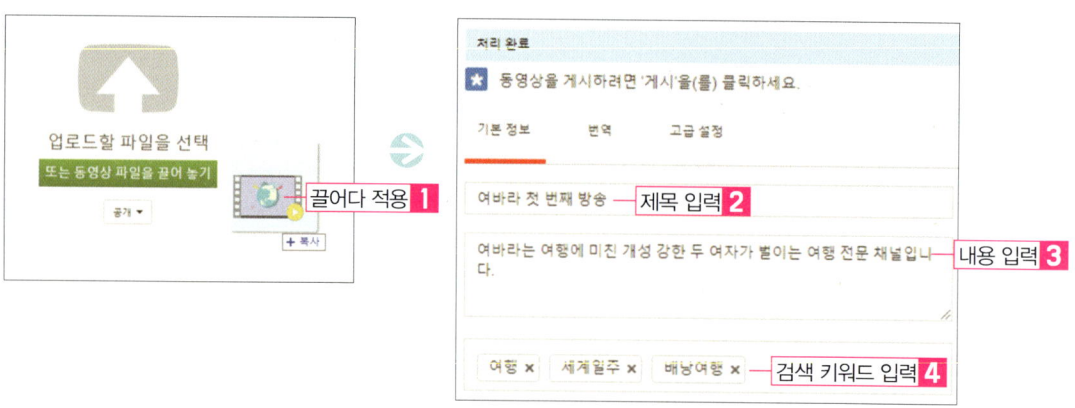

이어서 업로드된 동영상의 미리보기, 즉 섬네일을 선택합니다. 섬네일은 동영상 파일의 표지와 같은 것으로 해당 동영상이 어떤 내용을 담고 있는지 쉽게 파악하고, 해당 동영상을 보고 싶은 충동이 느껴질 수 있는 시선을 끌기 위한 목적으로 사용됩니다. 미리보기까지 선택되었다면 이제 [게시] 버튼을 클릭하여 모든 사람들이 볼 수 있도록 게시합니다.

히트필름에 대한 모든 것을 알고 싶다면…

본 도서는 동영상 편집을 처음 시작하는 분들을 위해 템플릿을 통해 쉽게 접근하여 결과물을 만들 수 있도록 하였으며, 히트필름의 기능 또한 즐겨 사용되는 기본 기능들을 최대한 활용할 수 있도록 하였습니다. 물론 지금까지 사용한 기능들로도 어느 정도 만족스러운 결과물을 얻을 수 있지만 더 다양한 표현과 보다 효율적인 작업을 원한다면 여기에서 살펴보지 않은 더 많은 기능들을 익혀나가야 할 것입니다. 만약 히트필름에 대해 더 알고 싶다면 다음의 책을 참고하기 바랍니다.

이 책은 누구에게 필요한가요?

본 도서는 히트필름의 모든 기능을 활용하여 헐리웃 무비 스타일의 광고, 영화, 합성, 방송, 색 보정 등의 고급 편집 기술 및 홈 비디오를 비롯한 VR 영상을 제작하고자 하는 분들에게 필요한 내용이 담겨있으며, 특히 영상 편집을 처음 시작하는 분들이 쉽게 이해하고 학습할 수 있도록 설명된 이론과 풍부한 예제로 구성되어있습니다.

템플릿 수정 가능 범위

▶ 글자를 변경하여 사용할 수 있습니다. (수정 레이어는 빨간색 라벨로 표시됨)

▶ 이미지를 변경하여 사용할 수 있습니다. (수정 레이어는 빨간색 라벨로 표시됨)

▶ 동영상을 변경하여 사용할 수 있습니다. (수정 레이어는 빨간색 라벨로 표시됨)

▶ 위치를 조절할 수 있습니다. (조정 레이어는 노란색 라벨로 표시됨)

▶ 크기를 조절할 수 있습니다. (조정 레이어는 노란색 라벨로 표시됨)

▶ 회전을 할 수 있습니다. (조정 레이어는 노란색 라벨로 표시됨)

▶ 투명도를 조절할 수 있습니다.

▶ 마스크를 수정할 수 있습니다.

▶ 모션 속도 및 길이를 조정할 수 있습니다. (각 키프레임 간격 조정)

템플릿
TEMPLATE

모션 타이틀 템플릿

■ **타이틀 01 프로젝트 템플릿**_수평 라인 & 위아래로 나타나는 모션 타이틀

 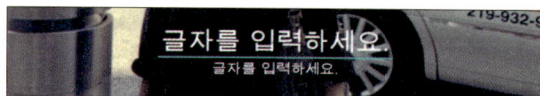

■ **타이틀 02 프로젝트 템플릿**_사각형 라인 & 박스 안으로 나타나는 모션 타이틀

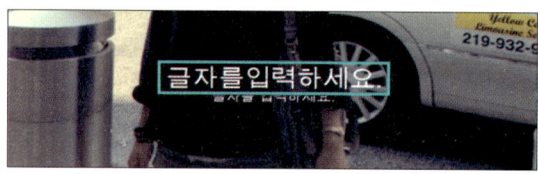 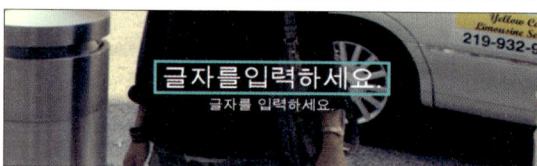

■ **타이틀 03 프로젝트 템플릿**_사각형 라인 & 로고 & 우측으로 나타나는 모션 타이틀

■ **타이틀 04 프로젝트 템플릿**_사각형 라인 & 로고 & 좌측으로 나타나는 모션 타이틀

모션 타이틀 템플릿

■ **타이틀 05 프로젝트 템플릿**_좌측에서 가운데로 커지면서 날아오는 모션 타이틀

 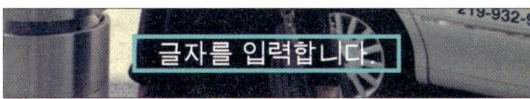

■ **타이틀 06 프로젝트 템플릿**_좌측에서 가운데로 날아오는 모션 타이틀

 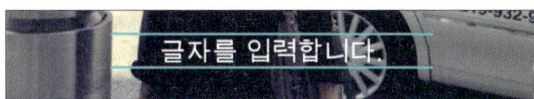

■ **타이틀 07 프로젝트 템플릿**_사각형 라인 & 좌측에서 박스 안으로 날아오는 모션 타이틀

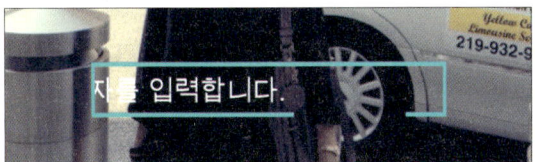 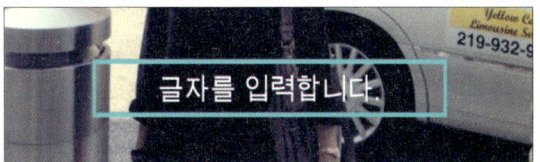

■ **타이틀 08 프로젝트 템플릿**_1~100% 게이지 & 모션 타이틀

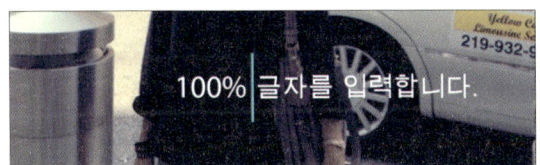 

■ **타이틀 09 프로젝트 템플릿**_프레임 & 박스 & 상하로 나타나는 모션 타이틀

 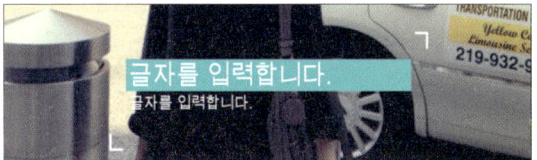

모션 타이틀 템플릿

■ **타이틀 10 프로젝트 템플릿**_서클 라인 & 순차적으로 나타나는 모션 타이틀

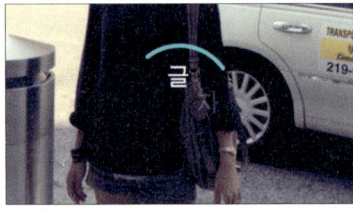  

■ **타이틀 11 프로젝트 템플릿**_이니셜 & 사각형 박스 & 좌측에서 박스 안으로 나타나는 모션 타이틀

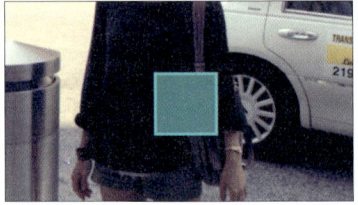  

  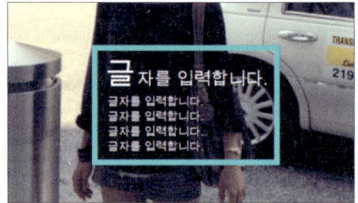

■ **타이틀 12 프로젝트 템플릿**_빅 렉탱글 박스 & 좌측에서 박스 안으로 나타나는 모션 타이틀

■ **타이틀 13 프로젝트 템플릿**_미디엄 렉탱글 박스 & 좌측에서 박스 안으로 나타나는 모션 타이틀

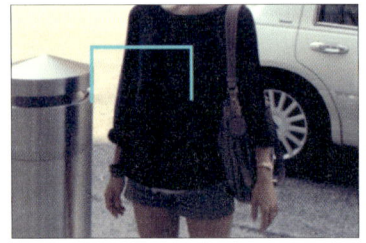 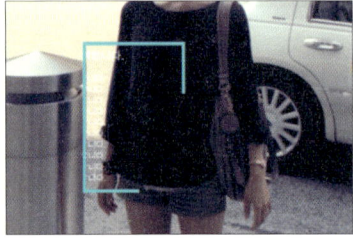 

모션 타이틀 템플릿

■ **타이틀 14 프로젝트 템플릿**_센터 렉탱글 박스 & 하측에서 박스 안으로 나타나는 모션 타이틀

■ **타이틀 15 프로젝트 템플릿**_심플 옐로우 수평 라인에서 나타나는 모션 타이틀

■ **타이틀 16 프로젝트 템플릿**_심플 옐로우 수평 라인을 따라 이동하는 모션 타이틀

■ **타이틀 17 프로젝트 템플릿**_옐로우 렉탱글 & 라인에서 나타나는 모션 타이틀

■ **타이틀 18 프로젝트 템플릿**_포인터 & 스몰 렉탱글 박스에서 나타나는 모션 타이틀

모션 타이틀 템플릿

■ **타이틀 19 프로젝트 템플릿**_포인터 & 미디엄 렉탱글 박스에서 나타나는 모션 타이틀

 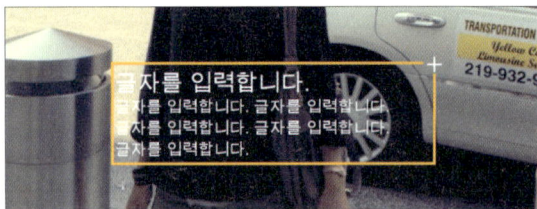

■ **타이틀 20 프로젝트 템플릿**_옐로우 렉탱글 스플릿 & 로테이션 모션 타이틀

 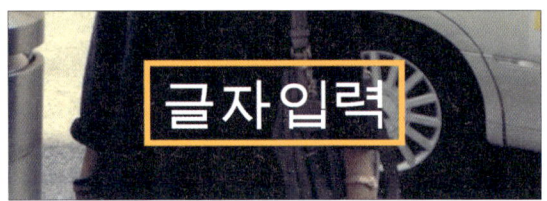

■ **타이틀 21 프로젝트 템플릿**_다이아몬드 박스 안으로 나타나는 모션 타이틀

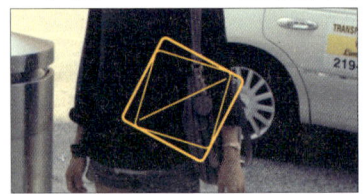  

모션 타이틀 템플릿

■ **타이틀 22 프로젝트 템플릿**_기호 사이에서 양쪽으로 나타나는 모션 타이틀

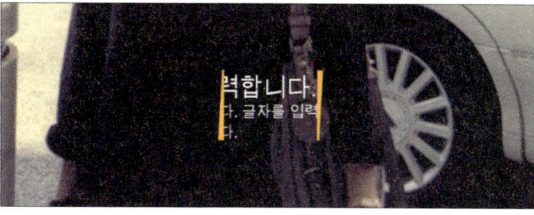 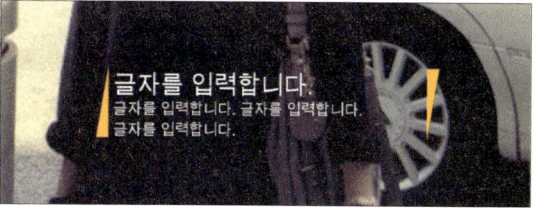

■ **타이틀 23 프로젝트 템플릿**_서클 스케치 안에서 양쪽으로 나타나는 모션 타이틀

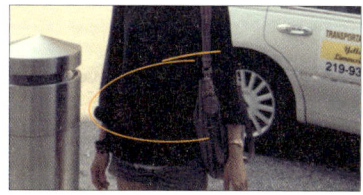 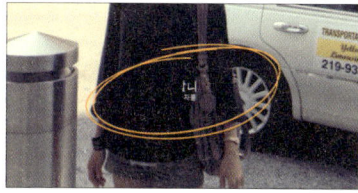 

■ **타이틀 24 프로젝트 템플릿**_별 차트 & 순서대로 날아오는 모션 타이틀

■ **타이틀 25 프로젝트 템플릿**_빅 보드 & 상하로 나타나는 모션 타이틀

■ **타이틀 26 프로젝트 템플릿**_빅 프레임 & 양쪽으로 날아오는 모션 타이틀

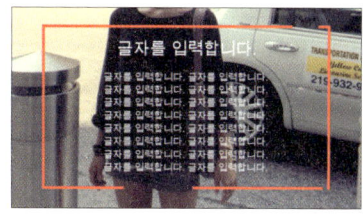  

모션 타이틀 템플릿

■ **타이틀 27 프로젝트 템플릿**_멀티 라인 & 우측에서 나타나는 모션 타이틀

■ **타이틀 28 프로젝트 템플릿**_멀티 라인 & 사각형 박스 & 우측에서 나타나는 모션 타이틀

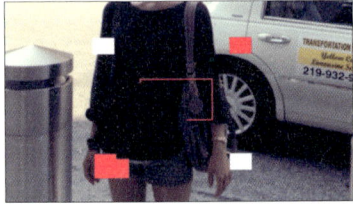  

■ **타이틀 29 프로젝트 템플릿**_멀티 라인 & 글리치 모션 타이틀

■ **타이틀 30 프로젝트 템플릿**_크라운 버블 모션 타이틀

모션 타이틀 템플릿

■ **타이틀 31 프로젝트 템플릿**_버블 하트 모션 타이틀

■ **타이틀 32 프로젝트 템플릿**_버블 & 더블 하트 모션 타이틀

■ **타이틀 33 프로젝트 템플릿**_스프링 버블 모션 타이틀

■ **타이틀 34 프로젝트 템플릿**_더블 하트 & 버블 모션 타이틀

■ **타이틀 35 프로젝트 템플릿**_엔젤 하트 & 버블 모션 타이틀

모션 타이틀 템플릿

■ **타이틀 36 프로젝트 템플릿**_하트 & 애로우 버블 모션 타이틀

■ **타이틀 37 프로젝트 템플릿**_리프 하트 버블 모션 타이틀

■ **타이틀 38 프로젝트 템플릿**_스크리블 하트 버블 모션 타이틀

■ **타이틀 39 프로젝트 템플릿**_멀티플 하트 버블 모션 타이틀

■ **타이틀 40 프로젝트 템플릿**_핸드 & 심플 라인 모션 타이틀

모션 타이틀 템플릿

■ **타이틀 41 프로젝트 템플릿**_핸드 & 미디엄 렉탱글 박스 모션 타이틀

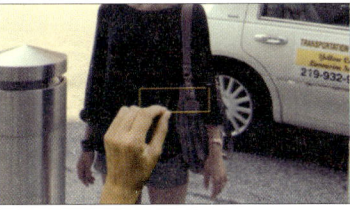 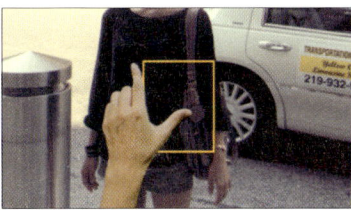 

■ **타이틀 42 프로젝트 템플릿**_핸드 & 투톤 호리즌틀 바 모션 타이틀

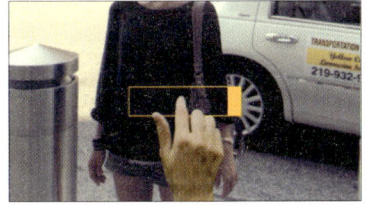  

■ **타이틀 43 프로젝트 템플릿**_핸드 & 트라이앵글 스플릿 모션 타이틀

■ **타이틀 44 프로젝트 템플릿**_핸드 & 심플 수평 라인 모션 타이틀

■ **타이틀 45 프로젝트 템플릿**_핸드 & 심플 슬랜트 라인 모션 타이틀

모션 타이틀 템플릿

■ 타이틀 46 프로젝트 템플릿_핸드 & 더블 호리즌틀 바 모션 타이틀

■ 타이틀 47 프로젝트 템플릿_멀티 트라이앵글 투 싱글 트라이앵글 모션 타이틀

■ 타이틀 48 프로젝트 템플릿_서클 루프 & 로고 & 모션 타이틀

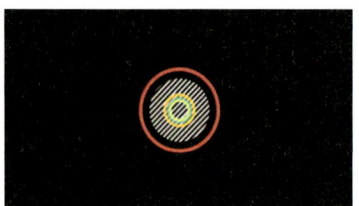  

■ 타이틀 49 프로젝트 템플릿_여바라 모션 타이틀 애니메이션

모션 로고 템플릿

■ 로고_사각형 프로젝트 템플릿_가운데서 나타나는 로고

■ 로고_사각형 프로젝트 템플릿_글리치 형태로 나타나는 로고

■ 로고_사각형 프로젝트 템플릿_하측에서 상측으로 나타나는 로고

■ 로고_사각형 프로젝트 템플릿_우측에서 좌측으로 나타나는 로고

모션 로고 템플릿

■ 로고_사각형 프로젝트 템플릿_좌측에서 우측으로 나타나는 로고

■ 로고_사각형 프로젝트 템플릿_상측에서 하측으로 나타나는 로고

■ 로고_사각형 프로젝트 템플릿_커졌다 작아지는 로고

■ 로고_사각형 프로젝트 템플릿_회전하면서 날아오는 로고

모션 로고 템플릿

■ 로고_사각형 프로젝트 템플릿_흐렸다가 선명해지는 로고

 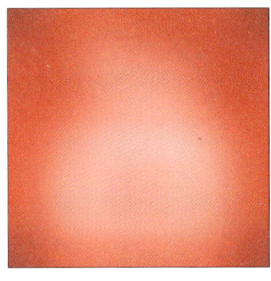 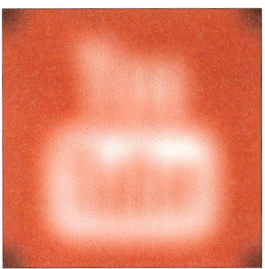 

■ 로고_원형 프로젝트 템플릿_가운데서 나타나는 로고

■ 로고_원형 프로젝트 템플릿_글리치 형태로 나타나는 로고

■ 로고_원형 프로젝트 템플릿_하측에서 상측으로 나타나는 로고

모션 로고 템플릿

■ **로고_원형 프로젝트 템플릿**_우측에서 좌측으로 나타나는 로고

■ **로고_원형 프로젝트 템플릿**_와이프 로테이션 로고

■ **로고_원형 프로젝트 템플릿**_좌측에서 우측으로 나타나는 로고

■ **로고_원형 프로젝트 템플릿**_상측에서 하측으로 나타나는 로고

모션 로고 템플릿

■ **로고_원형 프로젝트 템플릿_**커졌다 작아지는 로고

■ **로고_원형 프로젝트 템플릿_**흐렸다 선명해지는 로고

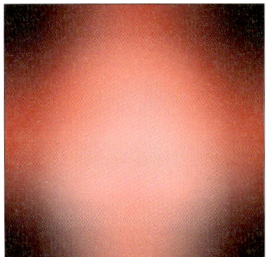 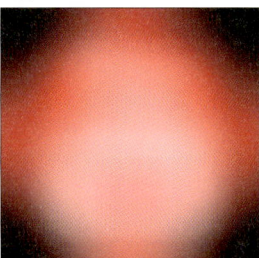 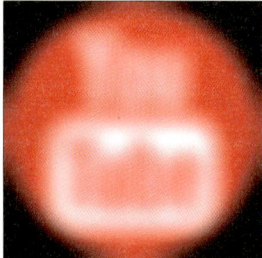 

모션 텍스트 템플릿

■ **모션 텍스트 01 프로젝트 템플릿**_좌측 상단에서 회전하면서 나타나는 텍스트

■ **모션 텍스트 02 프로젝트 템플릿**_좌측 하단에서 회전하면서 나타나는 텍스트

■ **모션 텍스트 03 프로젝트 템플릿**_상단에서 가운데로 날아오는 워드 텍스트

■ **모션 텍스트 04 프로젝트 템플릿**_하단에서 가운데로 날아오는 워드 텍스트

■ **모션 텍스트 05 프로젝트 템플릿**_우측에서 가운데로 날아오는 워드 텍스트

■ **모션 텍스트 06 프로젝트 템플릿**_좌측에서 가운데로 날아오는 워드 텍스트

모션 텍스트 템플릿

■ 모션 텍스트 07 프로젝트 템플릿_Y축으로 커지는 스케일 워드 텍스트

■ 모션 텍스트 08 프로젝트 템플릿_Y축으로 커지는 스케일 워드 텍스트_스프링

■ 모션 텍스트 09 프로젝트 템플릿_앞에서 가운데로 날아오는 워드 타이틀

■ 모션 텍스트 10 프로젝트 템플릿_앞에서 가운데로 날아오는 워드 타이틀_스프링

■ 모션 텍스트 11 프로젝트 템플릿_우측으로 나타나는 워드 텍스트

■ 모션 텍스트 12 프로젝트 템플릿_우측으로 나타나는 워드 텍스트_스프링

모션 텍스트 템플릿

■ **모션 텍스트 13 프로젝트 템플릿**_페이드 인 텍스트

■ **모션 텍스트 13 프로젝트 템플릿**_우측 모션 블러 텍스트

■ **모션 텍스트 13 프로젝트 템플릿**_좌측 모션 블러 텍스트

■ **모션 텍스트 13 프로젝트 템플릿**_하측에서 가운데로 이동하는 모션 블러 텍스트

■ **모션 텍스트 13 프로젝트 템플릿**_상측에서 가운데로 이동하는 모션 블러 텍스트

■ **모션 텍스트 14 프로젝트 템플릿**_앞뒤로 흔들리는 페어런트 회전 텍스트

모션 텍스트 템플릿

■ **모션 텍스트 14 프로젝트 템플릿**_상측에서 하측으로 차례로 나타나는 페어런트 회전 텍스트_패스트

■ **모션 텍스트 14 프로젝트 템플릿**_상측에서 하측으로 차례로 나타나는 페어런트 회전 텍스트_슬로우

■ **모션 텍스트 15 프로젝트 템플릿**_우측으로 색깔이 바뀌는 텍스트_빅

■ **모션 텍스트 15 프로젝트 템플릿**_좌측으로 색깔이 바뀌는 텍스트_빅

■ **모션 텍스트 15 프로젝트 템플릿**_상측으로 색깔이 바뀌는 텍스트_빅

■ **모션 텍스트 15 프로젝트 템플릿**_하측으로 색깔이 바뀌는 텍스트_빅

모션 텍스트 템플릿

■ **모션 텍스트 15 프로젝트 템플릿_우측으로 색깔이 바뀌는 텍스트_스몰**

■ **모션 텍스트 15 프로젝트 템플릿_좌측으로 색깔이 바뀌는 텍스트_스몰**

■ **모션 텍스트 16 프로젝트 템플릿_우측 하단에서 좌측으로 흐르는 자막**

■ **모션 텍스트 16 프로젝트 템플릿_좌측 하단에서 우측으로 흐르는 자막**

■ **모션 텍스트 17 프로젝트 템플릿_하측에서 상측으로 흐르는 텍스트**

■ **모션 텍스트 17 프로젝트 템플릿_상측에서 하측으로 흐르는 텍스트**

모션 텍스트 템플릿

■ **모션 텍스트 18 프로젝트 템플릿**_좌측에서 우측으로 통통 튀면서 나타나는 텍스트

■ **모션 텍스트 19 프로젝트 템플릿**_뒤로 넘어지는 텍스트

■ **모션 텍스트 19 프로젝트 템플릿**_뒤에서 일어나는 텍스트

■ **모션 텍스트 19 프로젝트 템플릿**_뒤로 넘어졌다 다시 일어나는 텍스트

■ **모션 텍스트 20 프로젝트 템플릿**_블러 인 워드 텍스트_패스트

■ **모션 텍스트 20 프로젝트 템플릿**_블러 인 텍스트_패스트

  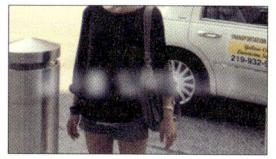 

모션 텍스트 템플릿

■ **모션 텍스트 20 프로젝트 템플릿_블러 & 글로우 인 텍스트_슬로우**

 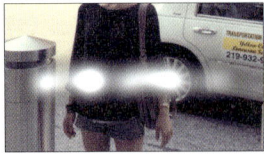  

■ **모션 텍스트 20 프로젝트 템플릿_블러 & 컬러 글로우 인 텍스트_슬로우**

■ **모션 텍스트 20 프로젝트 템플릿_Y 블러 인 텍스트_패스트**

■ **모션 텍스트 21 프로젝트 템플릿_스플릿 텍스트 01**

■ **모션 텍스트 21 프로젝트 템플릿_스플릿 텍스트 02**

■ **모션 텍스트 22 프로젝트 템플릿_상측에서 가운데로 나타나는 텍스트**

모션 텍스트 템플릿

■ **모션 텍스트 22 프로젝트 템플릿**_하측에서 가운데로 나타나는 텍스트

■ **모션 텍스트 22 프로젝트 템플릿**_우측에서 가운데로 나타나는 텍스트

■ **모션 텍스트 23 프로젝트 템플릿**_매그니파이 텍스트

■ **모션 텍스트 23 프로젝트 템플릿**_모자이크 텍스트

■ **모션 텍스트 23 프로젝트 템플릿**_벌지 텍스트

■ **모션 텍스트 23 프로젝트 템플릿**_쉐이크 텍스트_루핑

모션 텍스트 템플릿

■ **모션 텍스트 23 프로젝트 템플릿_쉐이크 텍스트_스톱**

■ **모션 텍스트 23 프로젝트 템플릿_웨이브 텍스트**

■ **모션 텍스트 23 프로젝트 템플릿_인섹트 비전 텍스트**

■ **모션 텍스트 24 프로젝트 템플릿_우측 상단에서 가운데로 회전하며 날아오는 텍스트**

■ **모션 텍스트 24 프로젝트 템플릿_우측 하단에서 가운데로 회전하며 날아오는 텍스트**

■ **모션 텍스트 24 프로젝트 템플릿_좌측 상단에서 가운데로 회전하며 날아오는 텍스트**

모션 텍스트 템플릿

■ 모션 텍스트 24 프로젝트 템플릿_좌측 하단에서 가운데로 회전하며 날아오는 텍스트

■ 모션 텍스트 25 프로젝트 템플릿_고스트 워드 텍스트

■ 모션 텍스트 25 프로젝트 템플릿_고스트 텍스트

■ 모션 텍스트 26 프로젝트 템플릿_비디오 인 텍스트 & 컬러 배경_줌 아웃

■ 모션 텍스트 26 프로젝트 템플릿_비디오 인 텍스트 & 컬러 배경_우측에서 좌측으로 이동

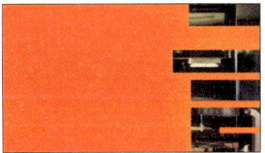   

■ 모션 텍스트 26 프로젝트 템플릿_비디오 인 텍스트 & 이미지(동영상) 배경_매트도 같이 줌 아웃

모션 텍스트 템플릿

■ 모션 텍스트 26 프로젝트 템플릿_비디오 인 텍스트 & 이미지(동영상) 배경_매트도 같이 줌 아웃

■ 모션 텍스트 26 프로젝트 템플릿_비디오 인 텍스트 & 이미지(동영상) 배경_줌 아웃

■ 모션 텍스트 26 프로젝트 템플릿_비디오 인 텍스트 & 이미지(동영상) 배경_우측에서 좌측으로 이동

■ 모션 텍스트 27 프로젝트 템플릿_글리치 텍스트 01

■ 모션 텍스트 27 프로젝트 템플릿_글리치 텍스트 02

■ 모션 텍스트 27 프로젝트 템플릿_글리치 텍스트 03

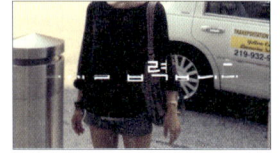   

모션 텍스트 템플릿

■ 모션 텍스트 27 프로젝트 템플릿_글리치 텍스트 04

■ 모션 텍스트 28 프로젝트 템플릿_잉크 텍스트 01

■ 모션 텍스트 28 프로젝트 템플릿_잉크 텍스트 02

■ 모션 텍스트 28 프로젝트 템플릿_잉크 텍스트 03

모션 로워써드 템플릿

■ 로워써드 01 프로젝트 템플릿_수평 라인 & 하단으로 펼쳐지는 바 & 상측에서 나타나는 모션 로워써드

■ 로워써드 01 프로젝트 템플릿_수평 라인 & 하단으로 펼쳐지는 바 & 하측에서 나타나는 모션 로워써드

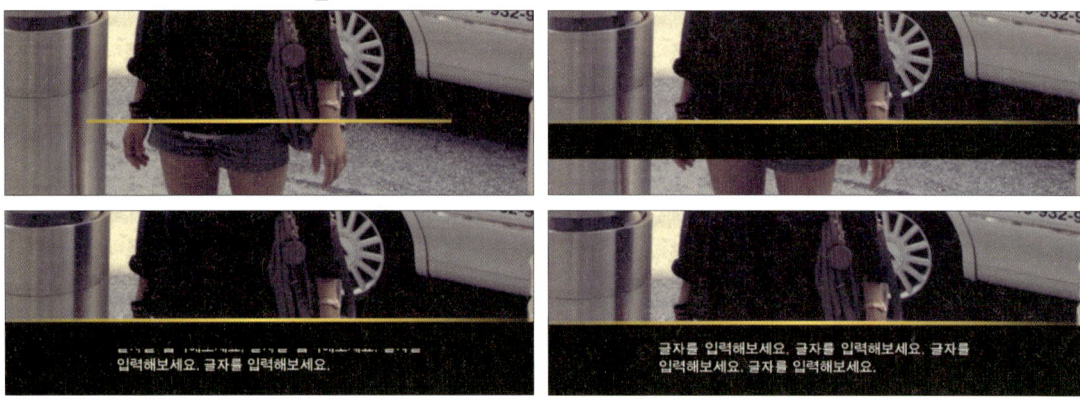

■ 로워써드 01 프로젝트 템플릿_수평 라인 & 하단으로 펼쳐지는 바 & 우측에서 나타나는 모션 로워써드

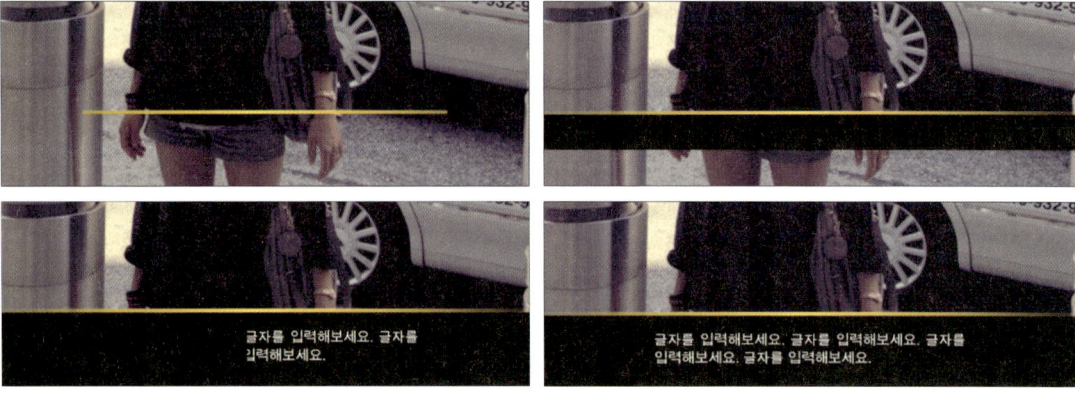

모션 로워써드 템플릿

■ 로워써드 01 프로젝트 템플릿_수평 라인 & 하단으로 펼쳐지는 바 & 좌측에서 나타나는 모션 로워써드

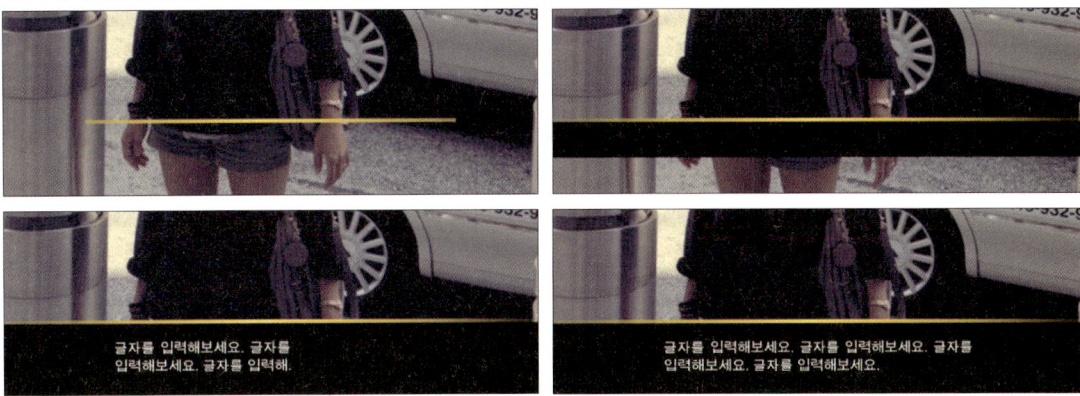

■ 로워써드 01 프로젝트 템플릿_수평 라인 & 하단으로 펼쳐지는 바 & 페이드 모션 로워써드

■ 로워써드 01 프로젝트 템플릿_수평 라인 & 하단으로 펼쳐지는 바 & 우측에서 날아오는 모션 로워써드

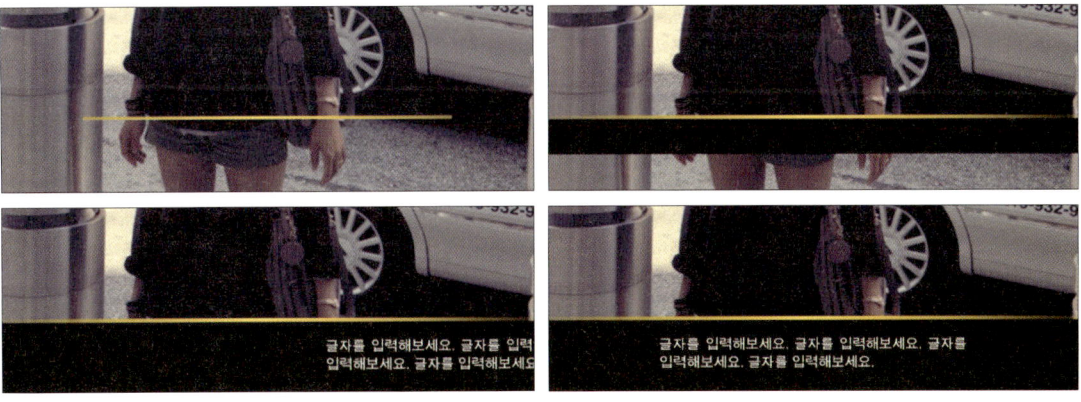

모션 로워써드 템플릿

■ **로워써드 01 프로젝트 템플릿**_수평 라인 & 하단으로 펼쳐지는 바 & 좌측에서 날아오는 모션 로워써드

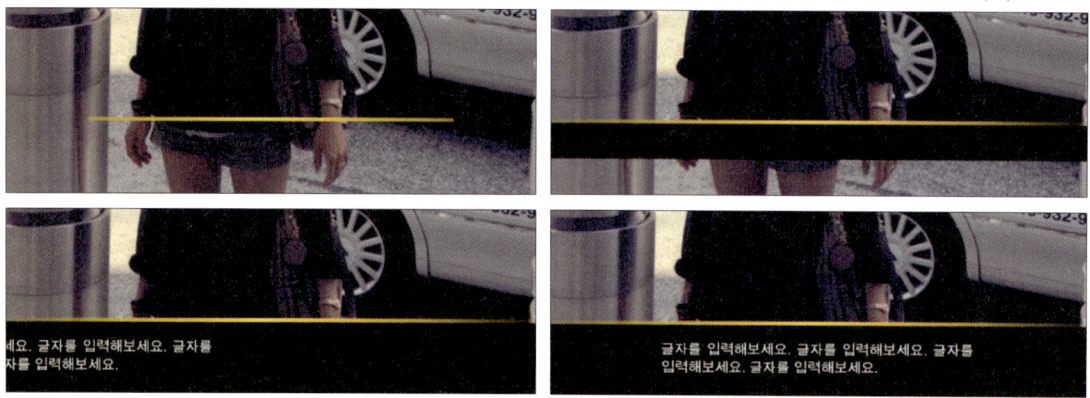

■ **로워써드 01 프로젝트 템플릿**_수평 라인 & 하단으로 펼쳐지는 바 & 상측에서 날아오는 모션 로워써드

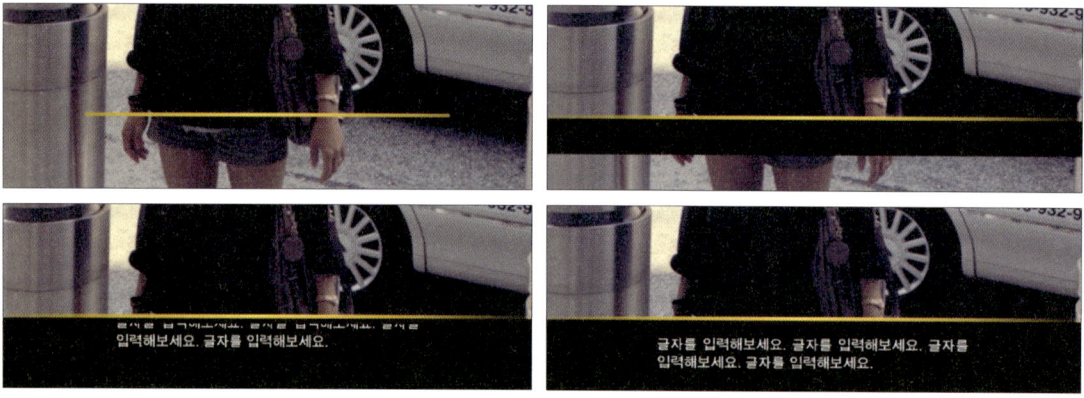

■ **로워써드 01 프로젝트 템플릿**_수평 라인 & 하단으로 펼쳐지는 바 & 하측에서 날아오는 모션 로워써드

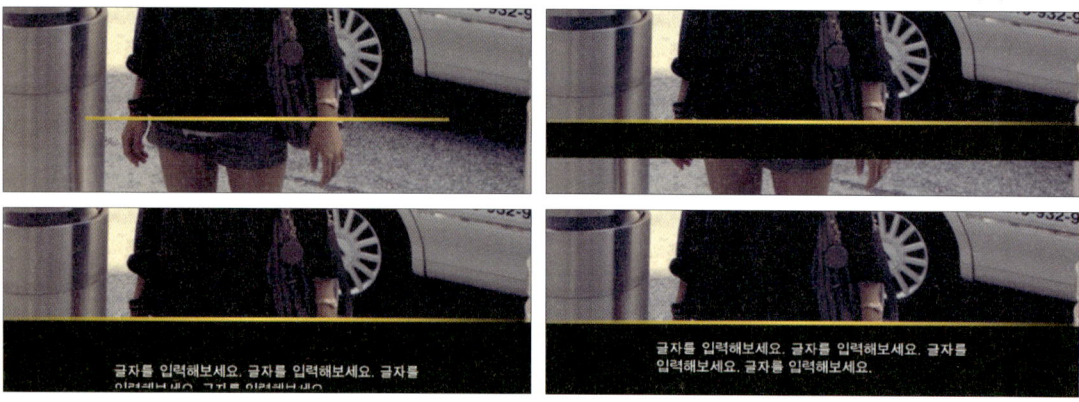

모션 로워써드 템플릿

■ **로워써드 01 프로젝트 템플릿**_수평 라인 & 하단으로 펼쳐지는 스몰 바 & 좌측으로 흐르는 모션 로워써드

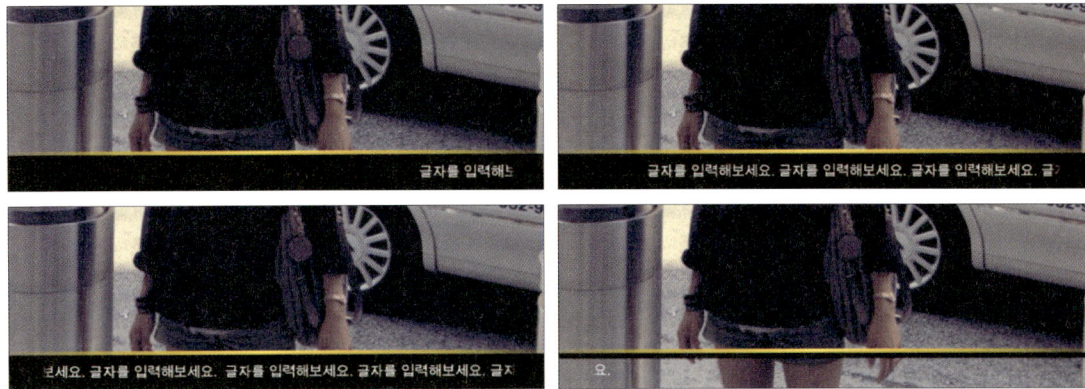

■ **로워써드 02 프로젝트 템플릿**_수직으로 커지면서 나타나는 로워써드

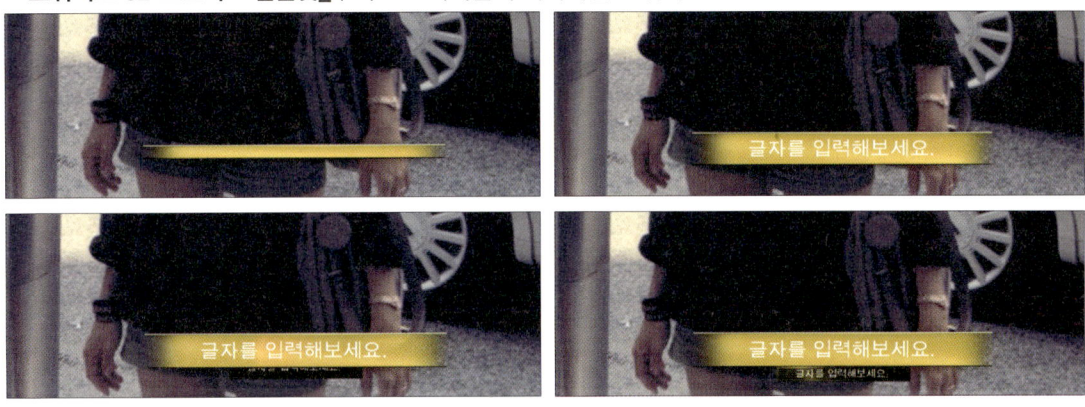

■ **로워써드 02 프로젝트 템플릿**_상측에서 하측으로 나타나는 로워써드

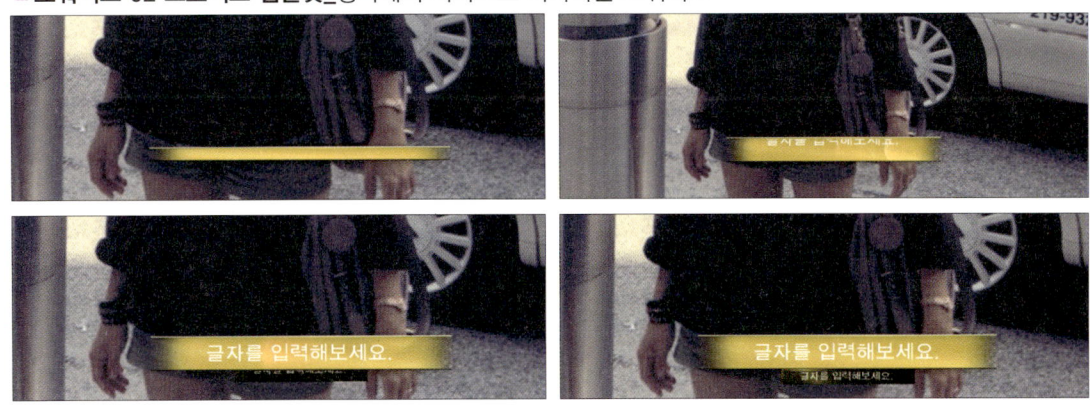

모션 로워써드 템플릿

■ 로워써드 03 프로젝트 템플릿_로고와 함께 우측으로 나타나는 로워써드

■ 로워써드 03 프로젝트 템플릿_글리치 형태로 나타나는 로워써드

■ 로워써드 04 프로젝트 템플릿_상측에서 하측으로 나타나는 모션블러 로워써드

■ 로워써드 04 프로젝트 템플릿_우측에서 좌측으로 나타나는 모션블러 로워써드

■ 로워써드 05 프로젝트 템플릿_로고 & 우측으로 나타나는 모션블러 로워써드

■ 로워써드 06 프로젝트 템플릿_수평 라인 & 상하로 나타나는 로워써드

모션 로워써드 템플릿

■ **로워써드 07 프로젝트 템플릿**_로고 & 좌우측으로 나타나는 로워써드

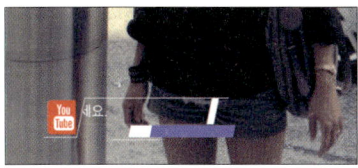  

■ **로워써드 08 프로젝트 템플릿**_회전 바 & 스피드 라인 & 좌측에서 나타나는 로워써드

■ **로워써드 09 프로젝트 템플릿**_로고 & 수평 미들 보드 & 라인 & 우측으로 나타나는 로워써드

  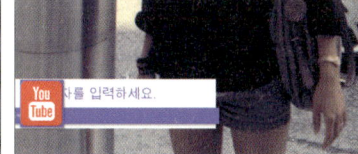

■ **로워써드 10 프로젝트 템플릿**_미니 수직 라인 & 미들 바 & 좌측으로 나타나는 로워써드

  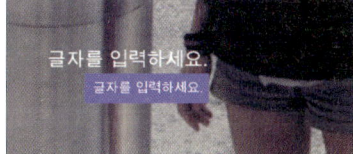

■ **로워써드 11 프로젝트 템플릿**_글리치 로고 & 좌우로 나타나는 로워써드

■ **로워써드 12 프로젝트 템플릿**_우측 상단 미니 바 & 좌측으로 나타나는 로워써드

모션 로워써드 템플릿

■ 로워써드 12 프로젝트 템플릿_로고 & 우측 상단 미니 바 & 좌측으로 나타나는 로워써드

■ 로워써드 13 프로젝트 템플릿_하측에서 우측으로 이동 & 상측으로 이동되는 로워써드

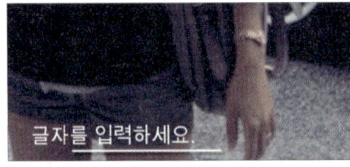 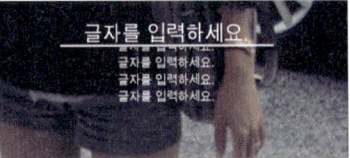 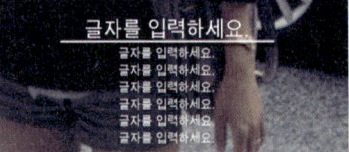

■ 로워써드 14 프로젝트 템플릿_사이버 스타일 & 라이트 & 페이드 로워써드

■ 로워써드 15 프로젝트 템플릿_투 미니 바 & 셰이프 라인 & 좌측으로 나타나는 로워써드

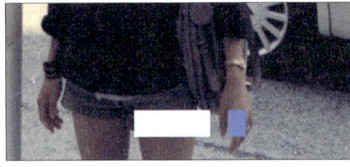  

■ 로워써드 16 프로젝트 템플릿_빅 보드 & 우측으로 나타나는 로워써드_사이안

   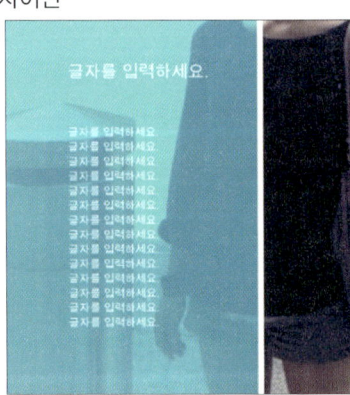

모션 로워써드 템플릿

■ **로워써드 16 프로젝트 템플릿**_빅 보드 & 우측으로 나타나는 로워써드_핑크

  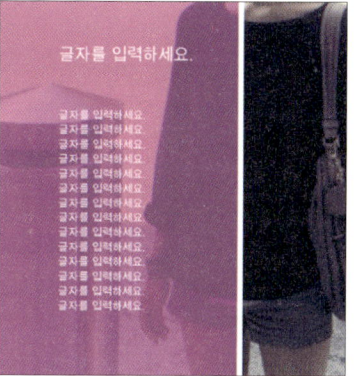

■ **로워써드 17 프로젝트 템플릿**_로고 & 하측에서 상측으로 나타나는 로워써드_사이언

 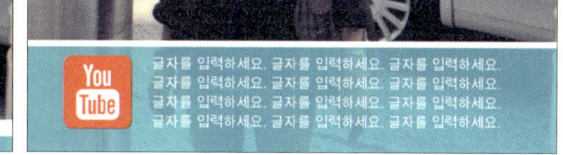

■ **로워써드 18 프로젝트 템플릿**_로고 & 미들 바 & 상하로 펼쳐지는 로워써드

 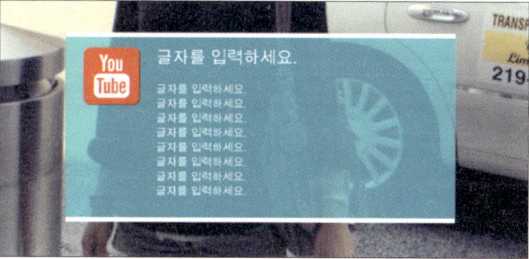

■ **로워써드 19 프로젝트 템플릿**_우측에서 좌측으로 나타나는 미들 바 로워써드

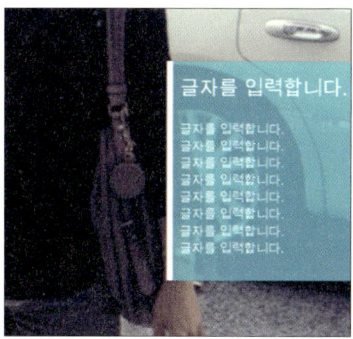  

모션 로워써드 템플릿

■ 로워써드 20 프로젝트 템플릿_로고 & 슬랜트 미들 바 & 하측에서 나타나는 로워써드

■ 로워써드 21 프로젝트 템플릿_양쪽으로 펼쳐지는 로워써드

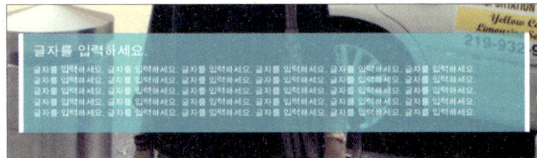

■ 로워써드 21 프로젝트 템플릿_로고 & 양쪽으로 펼쳐지는 로워써드

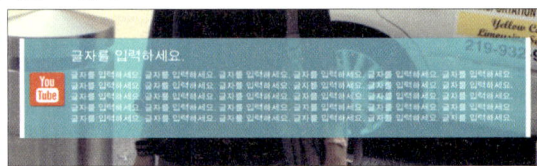

■ 로워써드 22 프로젝트 템플릿_더블 페인트 & 좌측에서 나타나는 로워써드_핑크

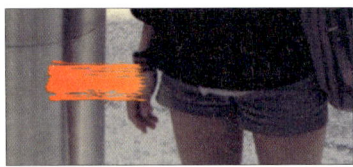

■ 로워써드 22 프로젝트 템플릿_더블 페인트 & 좌측에서 나타나는 로워써드_스카이

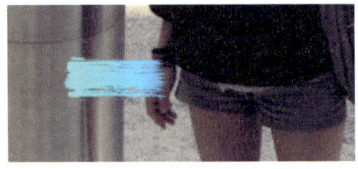

모션 로워써드 템플릿

■ 로워써드 23 프로젝트 템플릿_싱글 페인트 & 좌측에서 나타나는 로워써드_핑크

 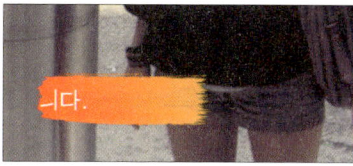 

■ 로워써드 23 프로젝트 템플릿_싱글 페인트 & 좌측에서 나타나는 로워써드_스카이

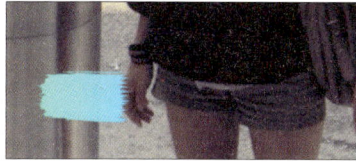  

■ 로워써드 24 프로젝트 템플릿_슬림 페인트 & 좌측에서 나타나는 로워써드_핑크

■ 로워써드 24 프로젝트 템플릿_슬림 페인트 & 좌측에서 나타나는 로워써드_스카이

■ 로워써드 25 프로젝트 템플릿_슈퍼 슬림 페인트 & 좌측에서 나타나는 로워써드_핑크

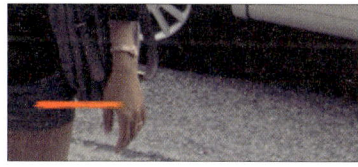 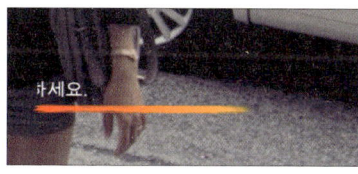 

■ 로워써드 25 프로젝트 템플릿_슈퍼 슬림 페인트 & 좌측에서 나타나는 로워써드_스카이

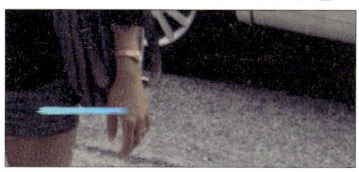  

모션 로워써드 템플릿

■ 로워써드 26 프로젝트 템플릿_양쪽으로 나타나는 페인트 로워써드

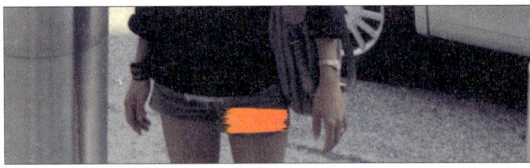 

■ 로워써드 27 프로젝트 템플릿_좌측에서 나타나는 심플 스몰 바 로워써드

■ 로워써드 28 프로젝트 템플릿_로고 & 스트로크 바 & 좌측에서 나타나는 로워써드_블루

 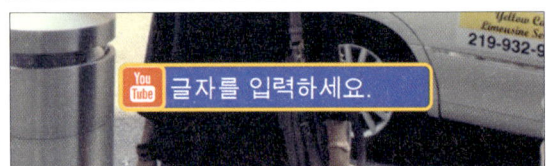

■ 로워써드 29 프로젝트 템플릿_수평 & 수직 라인 & 좌측에서 나타나는 로워써드

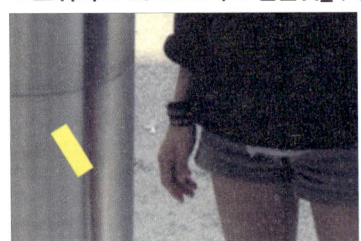  

모션 로워써드 템플릿

■ **로워써드 30 프로젝트 템플릿**_좌측에서 나타나 점점 두꺼워지는 라인 로워써드

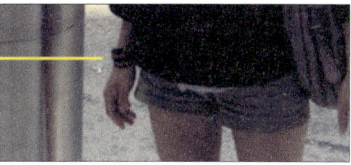  

■ **로워써드 31 프로젝트 템플릿**_스퀘어 박스 & 좌측에서 나타나는 로워써드

■ **로워써드 32 프로젝트 템플릿**_로고 & 글리치 스타일 & 좌측에서 나타나는 로워써드

■ **로워써드 33 프로젝트 템플릿**_회전 로고 & 좌측에서 나타나는 로워써드

■ **로워써드 34 프로젝트 템플릿**_회전 로고 & 좌측에서 나타나는 아크 로워써드

  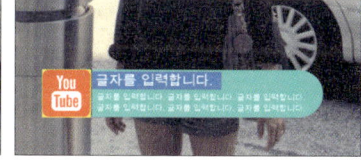

■ **로워써드 34 프로젝트 템플릿**_회전 로고 & 좌측에서 나타나는 라운드 로워써드

  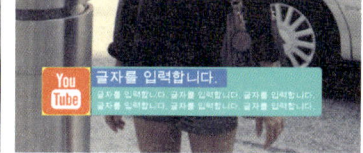

모션 로워써드 템플릿

■ 로워써드 34 프로젝트 템플릿_서클 파이 & 플레이어 로워써드

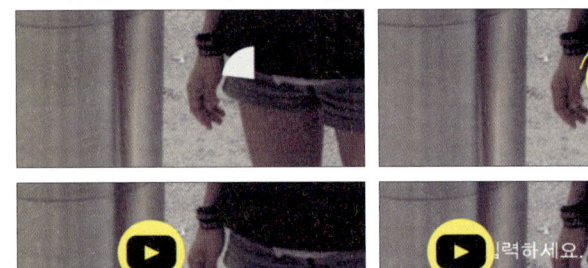

■ 로워써드 35 프로젝트 템플릿_회전 서클 라인 & 와이프 로워써드

■ 로워써드 35 프로젝트 템플릿_회전 서클 라인 & 와이프 & 아크 레드 바 로워써드

■ 로워써드 35 프로젝트 템플릿_회전 서클 라인 & 와이프 & 투톤 아크 바 로워써드

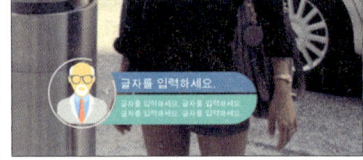

■ 로워써드 35 프로젝트 템플릿_회전 서클 라인 & 와이프 & 라운드 바 로워써드

모션 로워써드 템플릿

■ 로워써드 36 프로젝트 템플릿_스퀘어 & 하프 스트로크 로워써드

■ 로워써드 36 프로젝트 템플릿_스퀘어 & 하프 스트로크 & 투명 보드 로워써드

 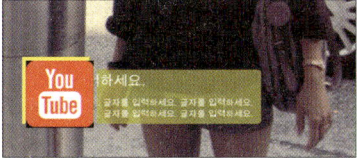 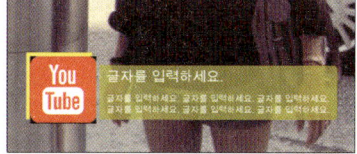

■ 로워써드 37 프로젝트 템플릿_크리스마스_스노우 로워써드

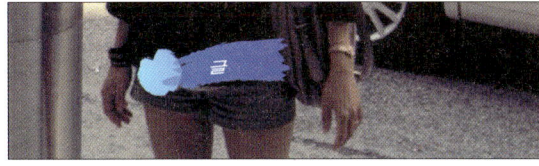 

■ 로워써드 38 프로젝트 템플릿_크리스마스_산타 로워써드

모션 로워써드 템플릿

■ **로워써드 39 프로젝트 템플릿_크리스마스_루돌프 로워써드**

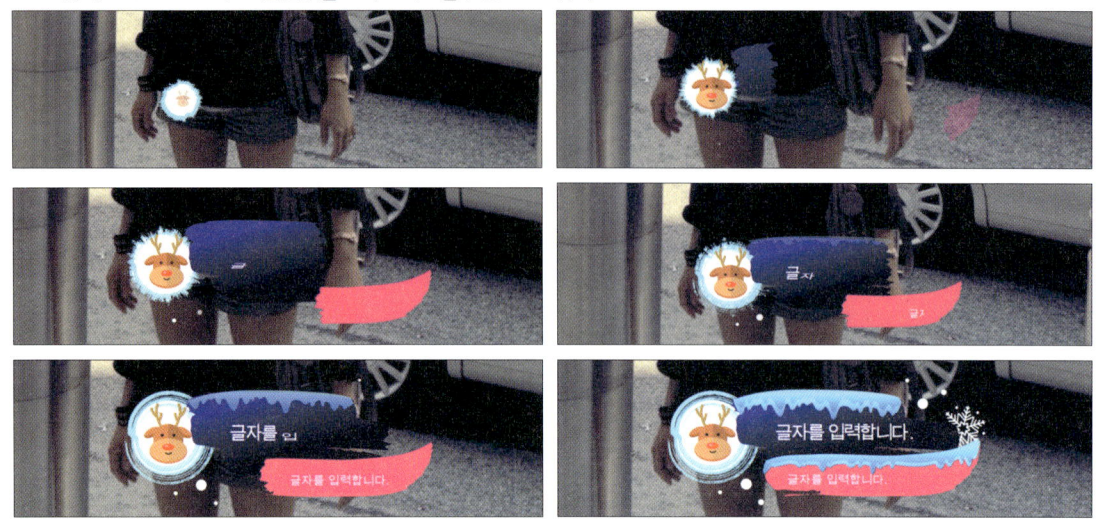

■ **로워써드 40 프로젝트 템플릿_크리스마스_지팡이 로워써드**

■ **로워써드 41 프로젝트 템플릿_크리스마스_방울 로워써드**

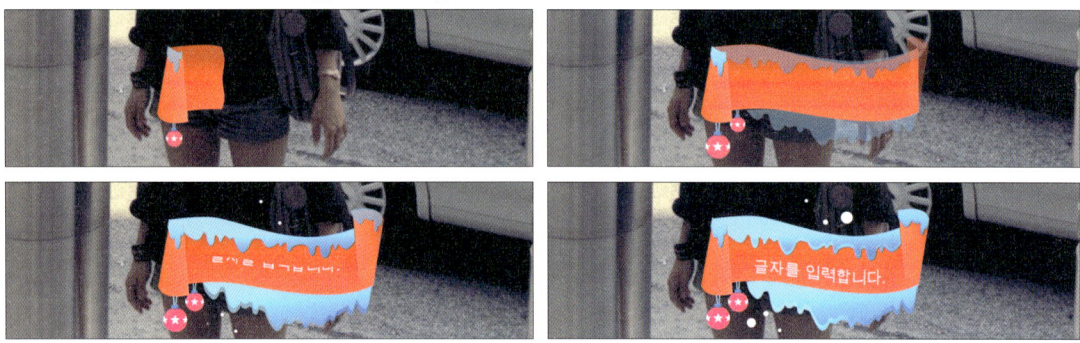

모션 로워써드 템플릿

■ 로워써드 42 프로젝트 템플릿_사각형 심플 라운드 로워써드_블루

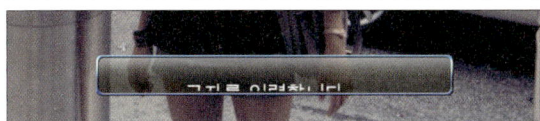 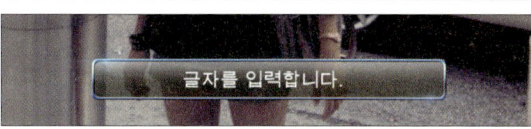

■ 로워써드 42 프로젝트 템플릿_사각형 심플 라운드 로워써드_핑크

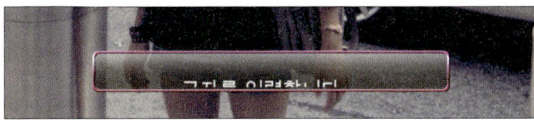 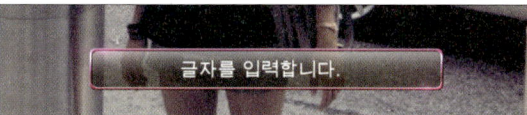

■ 로워써드 43 프로젝트 템플릿_사각형 라인 로워써드

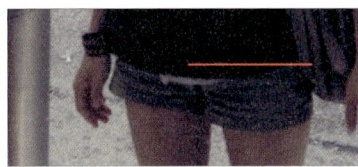  

■ 로워써드 44 프로젝트 템플릿_투 라인 로워써드

■ 로워써드 45 프로젝트 템플릿_사각형 로고 & 쓰리 바 로워써드

모션 로워써드 템플릿

■ 로워써드 45 프로젝트 템플릿_원형 로고 & 쓰리 바 로워써드

 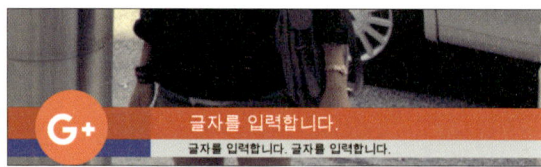

■ 로워써드 46 프로젝트 템플릿_사각형 스몰 박스 & 포인터 로워써드 01

 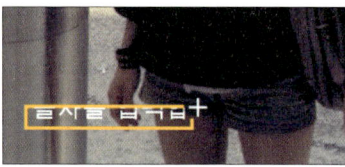 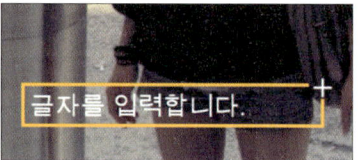

■ 로워써드 46 프로젝트 템플릿_사각형 스몰 박스 & 포인터 로워써드 02

■ 로워써드 47 프로젝트 템플릿_사각형 미들 박스 & 포인터 로워써드 01

■ 로워써드 47 프로젝트 템플릿_사각형 미들 박스 & 포인터 로워써드 02

  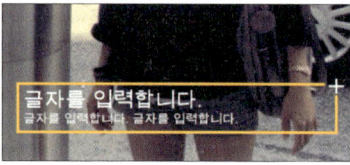

모션 로워써드 템플릿

■ 로워써드 48 프로젝트 템플릿_사각형 빅 박스 & 포인터 로워써드 01

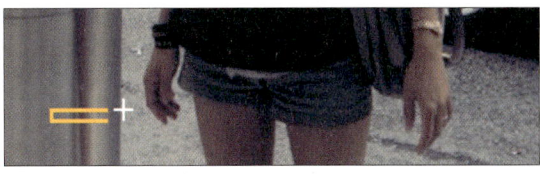
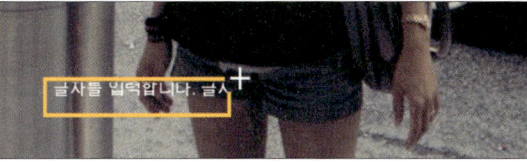

■ 로워써드 48 프로젝트 템플릿_사각형 빅 박스 & 포인터 로워써드 02

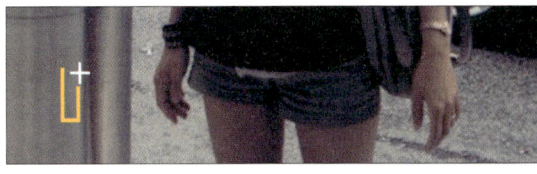
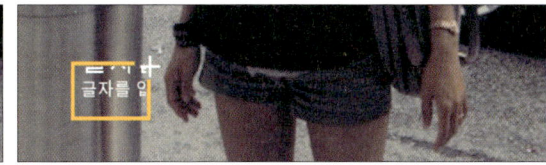

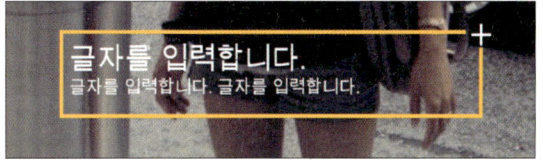

■ 로워써드 49 프로젝트 템플릿_사각형 로우 풀 박스 & 포인터 로워써드 01

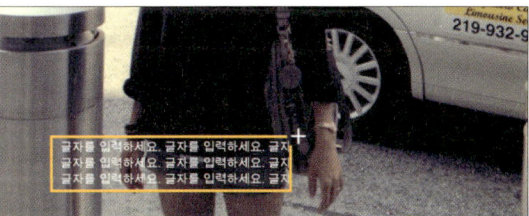

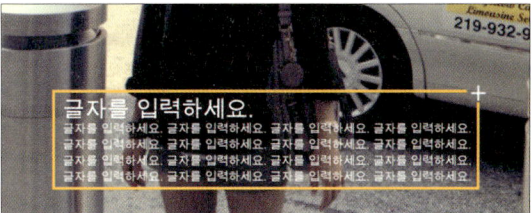

모션 로워써드 템플릿

■ 로워써드 49 프로젝트 템플릿_사각형 로우 풀 박스 & 포인터 로워써드 02

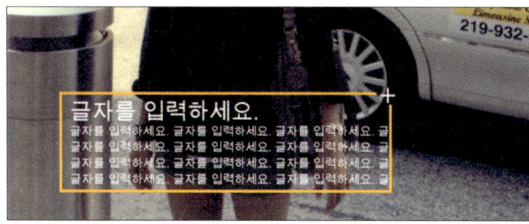 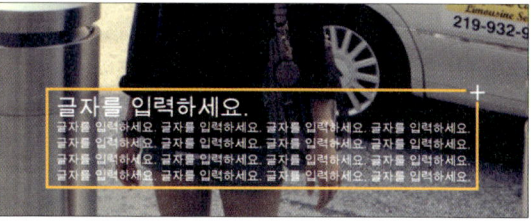

■ 로워써드 50 프로젝트 템플릿_우측 상단 사각형 박스 & 커서 포인터 로워써드 01

  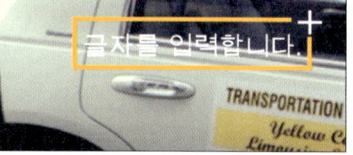

■ 로워써드 50 프로젝트 템플릿_우측 상단 사각형 박스 & 커서 포인터 로워써드 02

■ 로워써드 51 프로젝트 템플릿_우측 상단 사각형 박스 로고 & 커서 포인터 로워써드

모션 로워써드 템플릿

■ **로워써드 52 프로젝트 템플릿**_좌측 사각형 풀 박스 & 포인터 로워써드 01

  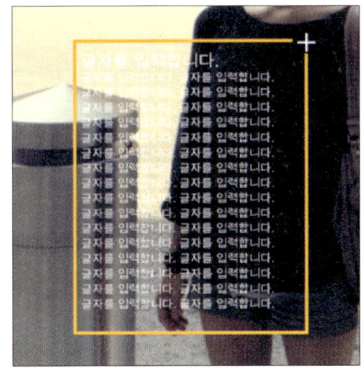

■ **로워써드 52 프로젝트 템플릿**_좌측 사각형 풀 박스 & 포인터 로워써드 02

  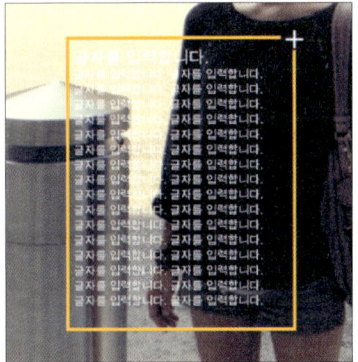

■ **로워써드 53 프로젝트 템플릿**_우측 사각형 풀 박스 & 포인터 로워써드 01

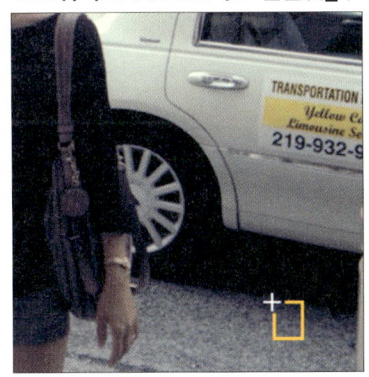  

모션 로워써드 템플릿

■ **로워써드 53 프로젝트 템플릿**_우측 사각형 풀 박스 & 포인터 로워써드 02

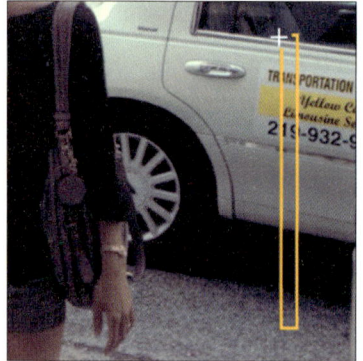  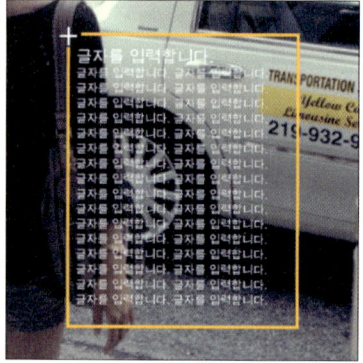

■ **로워써드 54 프로젝트 템플릿**_사각형 바 & 박스 파티클 로워써드 01

■ **로워써드 54 프로젝트 템플릿**_사각형 바 & 박스 파티클 로워써드 02

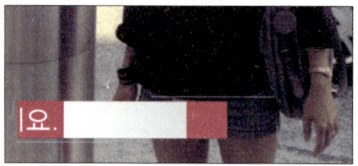  

■ **로워써드 55 프로젝트 템플릿**_투 사각형 바 & 박스 파티클 로워써드 01

모션 로워써드 템플릿

■ 로워써드 55 프로젝트 템플릿_투 사각형 바 & 박스 파티클 로워써드 02

 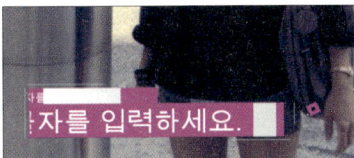 

■ 로워써드 56 프로젝트 템플릿_가운데 사각형 바 & 박스 파티클 로워써드 01

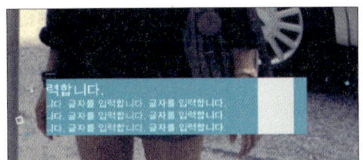 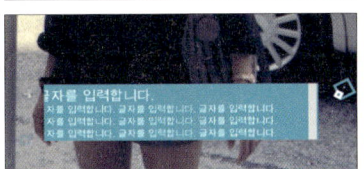 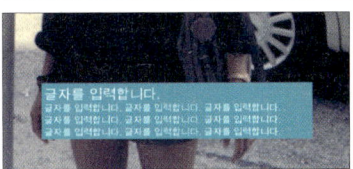

■ 로워써드 56 프로젝트 템플릿_가운데 사각형 바 & 박스 파티클 로워써드 02

■ 로워써드 57 프로젝트 템플릿_우측 상단 사각형 로고 로워써드

■ 로워써드 58 프로젝트 템플릿_하단에서 나타나서 우측으로 이동하는 라인 로워써드 01

  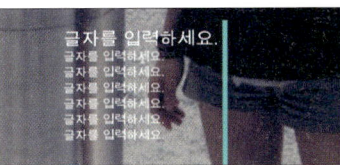

모션 로워써드 템플릿

■ **로워써드 58 프로젝트 템플릿**_하단에서 나타나서 우측으로 이동하는 라인 로워써드 02

  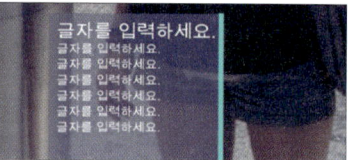

■ **로워써드 59 프로젝트 템플릿**_하단에서 나타나는 라인 로워써드 01

 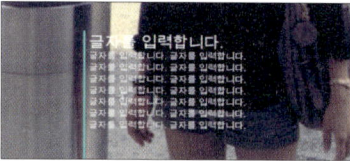 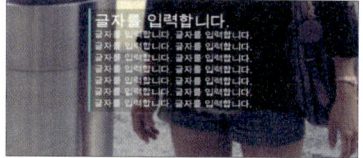

■ **로워써드 59 프로젝트 템플릿**_하단에서 나타나는 라인 로워써드 02

 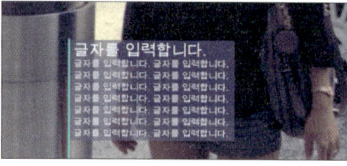 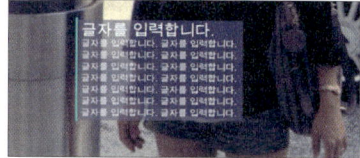

■ **로워써드 60 프로젝트 템플릿**_사각형 바 & 트랙 텍스트 매트 로워써드

■ **로워써드 61 프로젝트 템플릿**_하단에서 나타나는 수평 라인 로워써드 01

 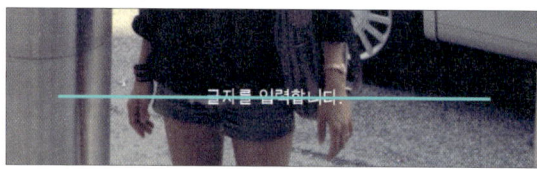

모션 로워써드 템플릿

■ 로워써드 61 프로젝트 템플릿_하단에서 나타나는 수평 라인 로워써드 02

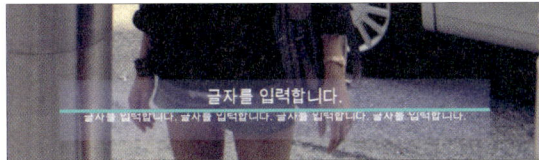 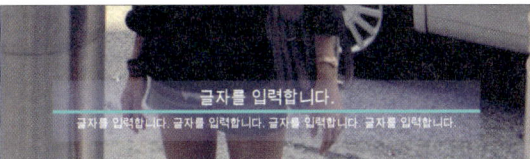

■ 로워써드 61 프로젝트 템플릿_하단에서 나타나는 수평 라인 로워써드 03

■ 로워써드 61 프로젝트 템플릿_하단에서 나타나는 수평 라인 로워써드 03

■ 로워써드 62 프로젝트 템플릿_슬랜트 심플 라인 로워써드

  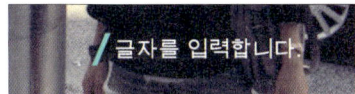

■ 로워써드 63 프로젝트 템플릿_라운드 매트 모션 로워써드_핑크

  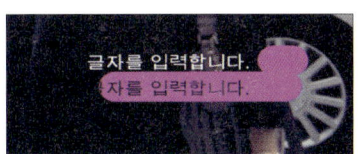
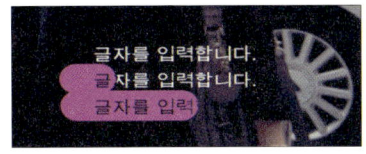 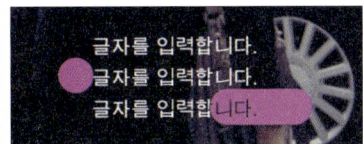 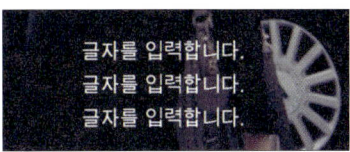

모션 로워써드 템플릿

■ 로워써드 63 프로젝트 템플릿_라운드 매트 모션 로워써드_화이트

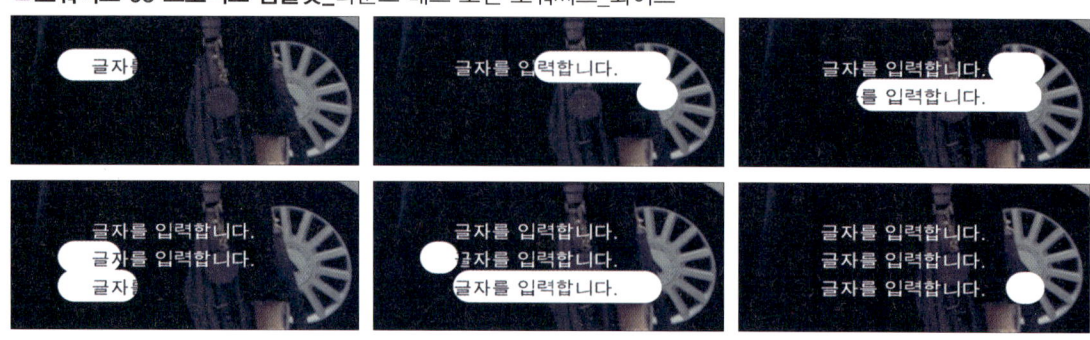

■ 로워써드 64 프로젝트 템플릿_카툰 투 사각형 로워써드

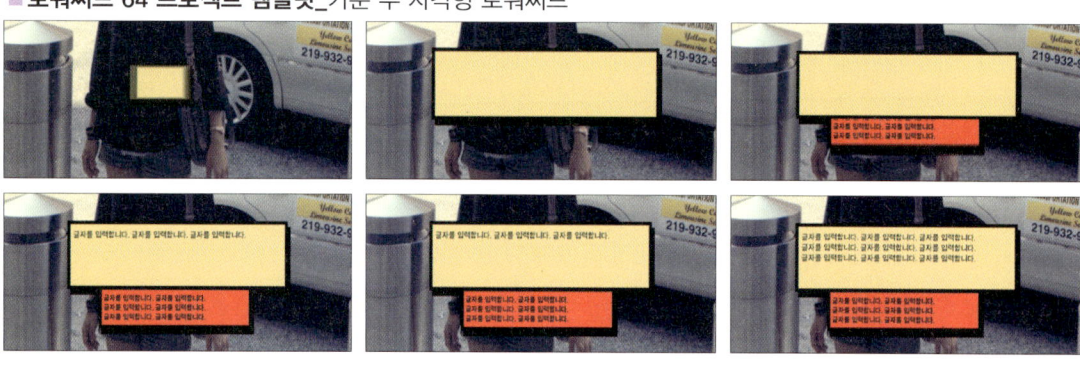

■ 로워써드 65 프로젝트 템플릿_카툰 버블 로워써드

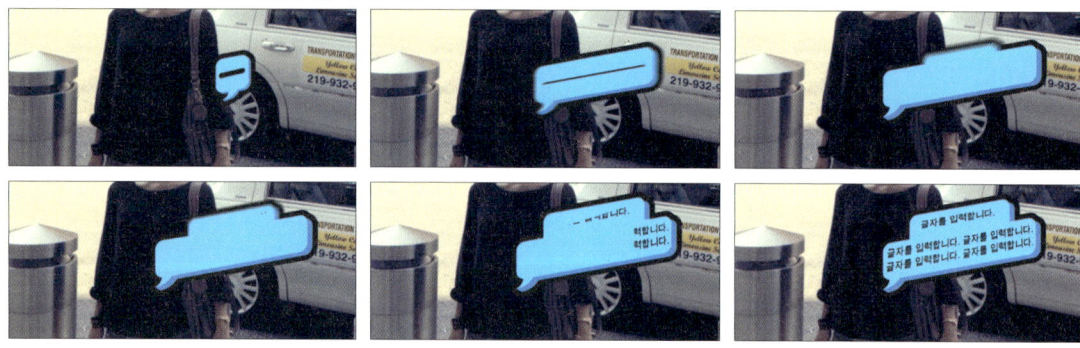

■ 로워써드 66 프로젝트 템플릿_카툰 플래카드 로워써드

모션 로워써드 템플릿

■ 로워써드 66 프로젝트 템플릿_로고 & 카툰 플래카드 로워써드

 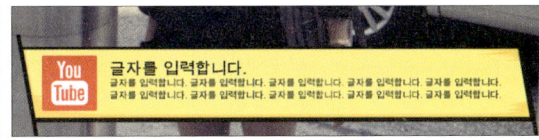

■ 로워써드 67 프로젝트 템플릿_카툰 리본 & 바 로워써드

 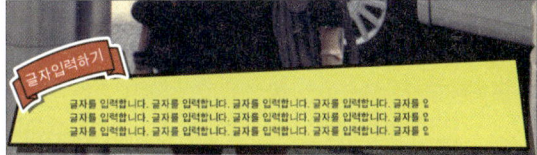

■ 로워써드 68 프로젝트 템플릿_더블 리본 로워써드

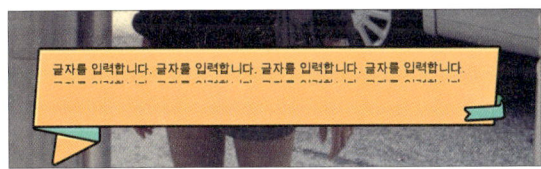 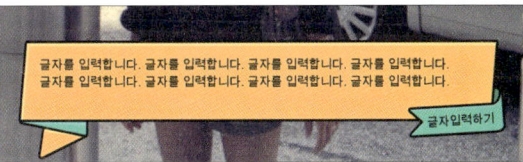

■ 로워써드 69 프로젝트 템플릿_자동차 배송 로워써드

모션 로워써드 템플릿

■ 로워써드 70 프로젝트 템플릿_원형 로고 & 라운드 & 폴리곤 로워써드 01

■ 로워써드 70 프로젝트 템플릿_원형 로고 & 라운드 & 폴리곤 로워써드 02

■ 로워써드 71 프로젝트 템플릿_포스트잇 로워써드

  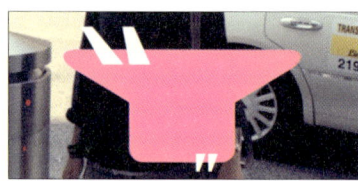

■ 로워써드 72 프로젝트 템플릿_펫 본 로워써드

  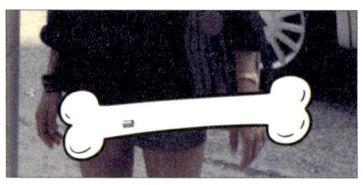

모션 로워써드 템플릿

■ 로워써드 73 프로젝트 템플릿_Q & A 로워써드_A 01

■ 로워써드 73 프로젝트 템플릿_Q & A 로워써드_A 02

■ 로워써드 73 프로젝트 템플릿_Q & A 로워써드_A 03

■ 로워써드 73 프로젝트 템플릿_Q & A 로워써드_A 04

■ 로워써드 73 프로젝트 템플릿_Q & A 로워써드_A 05

■ 로워써드 73 프로젝트 템플릿_Q & A 로워써드_A 06

모션 로워써드 템플릿

■ 로워써드 73 프로젝트 템플릿_Q & A 로워써드_Q 01

■ 로워써드 73 프로젝트 템플릿_Q & A 로워써드_Q 02

■ 로워써드 73 프로젝트 템플릿_Q & A 로워써드_Q 03

■ 로워써드 73 프로젝트 템플릿_Q & A 로워써드_Q 04

■ 로워써드 73 프로젝트 템플릿_Q & A 로워써드_Q 05

■ 로워써드 73 프로젝트 템플릿_Q & A 로워써드_Q 06

소셜 미디어 템플릿

■ **소셜 미디어 01 프로젝트 템플릿_소셜 미디어 서치**

 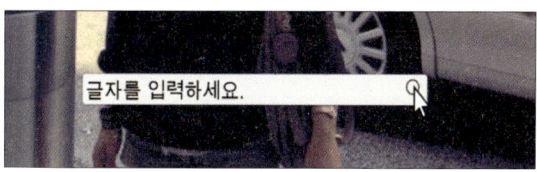

■ **소셜 미디어 02 프로젝트 템플릿_우측 메시저 버블 텍스트_스몰_스프링**

■ **소셜 미디어 02 프로젝트 템플릿_우측 메시저 버블 텍스트_미디엄_스프링**

■ **소셜 미디어 02 프로젝트 템플릿_우측 메시저 버블 텍스트_빅_스프링**

■ **소셜 미디어 02 프로젝트 템플릿_좌측 메시저 버블 텍스트_스몰_스프링**

소셜 미디어 템플릿

■ **소셜 미디어 02 프로젝트 템플릿**_좌측 메신저 버블 텍스트_미디엄_스프링

■ **소셜 미디어 02 프로젝트 템플릿**_좌측 메신저 버블 텍스트_빅_스프링

■ **소셜 미디어 03 프로젝트 템플릿**_우측에서 날아오는 메신저 버블 텍스트_스몰

■ **소셜 미디어 03 프로젝트 템플릿**_우측에서 날아오는 메신저 버블 텍스트_미디엄

■ **소셜 미디어 03 프로젝트 템플릿**_우측에서 날아오는 메신저 버블 텍스트_빅

소셜 미디어 템플릿

■ 소셜 미디어 03 프로젝트 템플릿_좌측에서 날아오는 메신저 버블 텍스트_스몰

■ 소셜 미디어 03 프로젝트 템플릿_좌측에서 날아오는 메신저 버블 텍스트_미디엄

■ 소셜 미디어 03 프로젝트 템플릿_좌측에서 날아오는 메신저 버블 텍스트_빅

■ 소셜 미디어 04 프로젝트 템플릿_우측 스틸 메신저 버블 텍스트 & 로고(프사)_스몰

 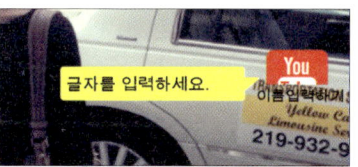 

■ 소셜 미디어 04 프로젝트 템플릿_우측 스틸 메신저 버블 텍스트 & 로고(프사)_미디엄

 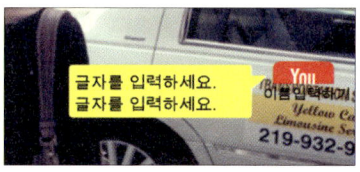 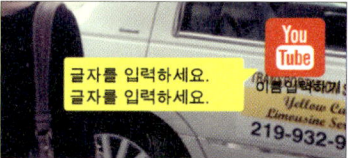

소셜 미디어 템플릿

■ 소셜 미디어 04 프로젝트 템플릿_우측 스틸 메신저 버블 텍스트 & 로고(프사)_빅

■ 소셜 미디어 04 프로젝트 템플릿_좌측 스틸 메신저 버블 텍스트 & 로고(프사)_스몰

■ 소셜 미디어 04 프로젝트 템플릿_좌측 스틸 메신저 버블 텍스트 & 로고(프사)_미디엄

  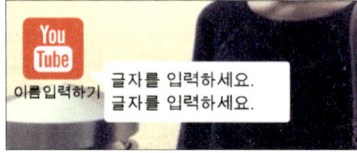

■ 소셜 미디어 04 프로젝트 템플릿_좌측 스틸 메신저 버블 텍스트 & 로고(프사)_빅

■ 소셜 미디어 05 프로젝트 템플릿_우측 스틸 메신저 버블 텍스트 & 로고(프사)_스몰

  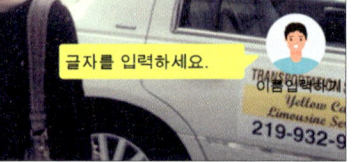

■ 소셜 미디어 05 프로젝트 템플릿_우측 스틸 메신저 버블 텍스트 & 로고(프사)_미디엄

  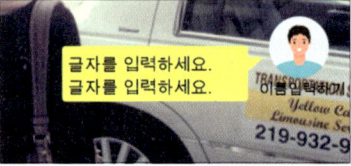

소셜 미디어 템플릿

■ 소셜 미디어 05 프로젝트 템플릿_우측 스틸 메신저 버블 텍스트 & 로고(프사)_빅

■ 소셜 미디어 05 프로젝트 템플릿_좌측 스틸 메신저 버블 텍스트 & 로고(프사)_스몰

■ 소셜 미디어 05 프로젝트 템플릿_좌측 스틸 메신저 버블 텍스트 & 로고(프사)_미디엄

  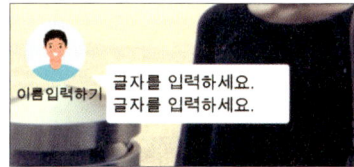

■ 소셜 미디어 05 프로젝트 템플릿_좌측 스틸 메신저 버블 텍스트 & 로고(프사)_빅

■ 소셜 미디어 06 프로젝트 템플릿_롤링 메신저 버블 텍스트

소셜 미디어 템플릿

■ 소셜 미디어 07 프로젝트 템플릿_스마트폰 롤링 메신저 버블 텍스트

■ 소셜 미디어 08 프로젝트 템플릿_좋아요_엄지 척

■ 소셜 미디어 08 프로젝트 템플릿_구독하기 버튼 클릭 01

소셜 미디어 템플릿

■ 소셜 미디어 08 프로젝트 템플릿_구독하기 버튼 클릭 02

■ 소셜 미디어 08 프로젝트 템플릿_구독하기 버튼 클릭 & 텍스트

■ 소셜 미디어 08 프로젝트 템플릿_구독하기 버튼 클릭 & 해주실거죠~~

소셜 미디어 템플릿

■ **소셜 미디어 09 프로젝트 템플릿**_페이스북 이모티콘 선택 & 화살표 모션 01

■ **소셜 미디어 09 프로젝트 템플릿**_페이스북 이모티콘 선택 & 화살표 모션 02

■ **소셜 미디어 09 프로젝트 템플릿**_페이스북 이모티콘 선택 & 화살표 모션 03

■ **소셜 미디어 10 프로젝트 템플릿**_앞에서 날아오는 커밍 순 로고

■ **소셜 미디어 10 프로젝트 템플릿**_오른쪽에서 날아오는 커밍 순 로고

■ **소셜 미디어 10 프로젝트 템플릿**_오른쪽에서 날아오는 커밍 순 로고_스프링

소셜 미디어 템플릿

■ **소셜 미디어 11 프로젝트 템플릿_앞에서 날아오는 커밍 순 로고**

■ **소셜 미디어 11 프로젝트 템플릿_오른쪽에서 날아오는 커밍 순 로고**

■ **소셜 미디어 11 프로젝트 템플릿_오른쪽에서 날아오는 커밍 순 로고_스프링**

■ **소셜 미디어 12 프로젝트 템플릿_스마트폰 컨텐츠 상측으로 드래그_슬로우_세로**

■ **소셜 미디어 12 프로젝트 템플릿_스마트폰 컨텐츠 우측으로 드래그 & 클릭_패스트_세로**

소셜 미디어 템플릿

■ 소셜 미디어 12 프로젝트 템플릿_스마트폰 컨텐츠 우측으로 드래그 & 클릭_패스트_가로

■ 소셜 미디어 13 프로젝트 템플릿_원 핸드 보드 & 텍스트

콜아웃 템플릿

■ **콜아웃 01 프로젝트 템플릿**_좌측방향 화살표 라인 & 텍스트 콜아웃

■ **콜아웃 01 프로젝트 템플릿**_우측방향 화살표 라인 & 텍스트 콜아웃

■ **콜아웃 02 프로젝트 템플릿**_우측방향 화살표 미디엄 & 스몰 보드 & 텍스트 콜아웃

■ **콜아웃 02 프로젝트 템플릿**_우측방향 화살표 미디엄 & 스몰 보드 & 텍스트 콜아웃

 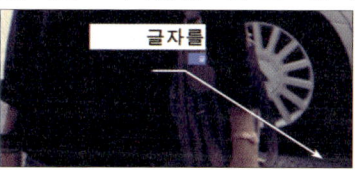 

■ **콜아웃 03 프로젝트 템플릿**_좌측방향 화살표 & 빅보드 & 스몰 보드 & 텍스트 콜아웃

 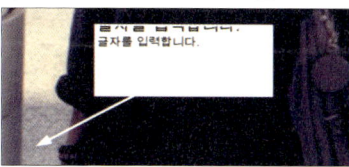 

■ **콜아웃 03 프로젝트 템플릿**_우측방향 화살표 & 빅보드 & 스몰 보드 & 텍스트 콜아웃

콜아웃 템플릿

■ 콜아웃 04 프로젝트 템플릿_좌측방향 화살표 & 투 미디엄 보드 & 텍스트 콜아웃

  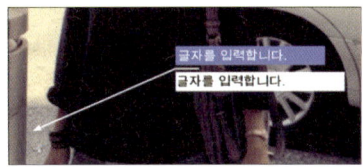

■ 콜아웃 04 프로젝트 템플릿_우측방향 화살표 & 투 미디엄 보드 & 텍스트 콜아웃

■ 콜아웃 05 프로젝트 템플릿_좌측방향 화살표 & 쓰리 미디엄 & 스몰 보드 & 텍스트 콜아웃

■ 콜아웃 05 프로젝트 템플릿_우측방향 화살표 & 쓰리 미디엄 & 스몰 보드 & 텍스트 콜아웃

  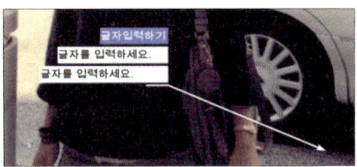

■ 콜아웃 06 프로젝트 템플릿_좌측방향 화살표 & 투 미디엄 보드 & 텍스트 콜아웃

 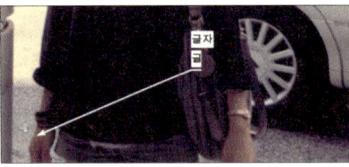 

■ 콜아웃 06 프로젝트 템플릿_우측방향 화살표 & 투 미디엄 보드 & 텍스트 콜아웃

콜아웃 템플릿

■ 콜아웃 07 프로젝트 템플릿_좌측방향 화살표 라인 & 원 보드 & 텍스트 콜아웃

■ 콜아웃 07 프로젝트 템플릿_우측방향 화살표 라인 & 원 보드 & 텍스트 콜아웃

 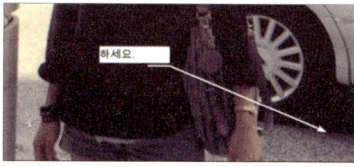 

■ 콜아웃 08 프로젝트 템플릿_좌측방향 포인트 라인 & 원 컬러 보드 & 텍스트 콜아웃

 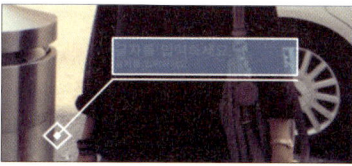 

■ 콜아웃 08 프로젝트 템플릿_우측방향 포인트 라인 & 원 컬러 보드 & 텍스트 콜아웃

  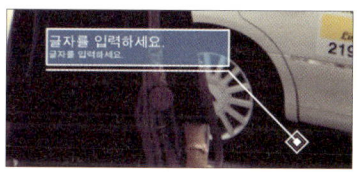

■ 콜아웃 09 프로젝트 템플릿_좌측방향 포인트 라인 & 원 컬러 라운드 보드 & 텍스트 콜아웃

■ 콜아웃 09 프로젝트 템플릿_우측방향 포인트 라인 & 원 컬러 라운드 보드 & 텍스트 콜아웃

콜아웃 템플릿

■ **콜아웃 10 프로젝트 템플릿**_좌측방향 포인트 라인 & 원 컬러 라운드 보드 & 텍스트 콜아웃

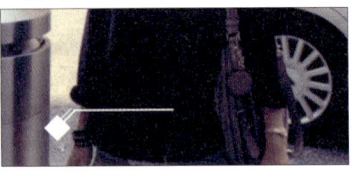 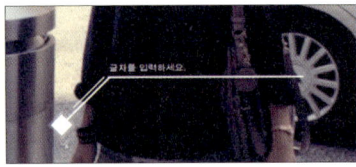 

■ **콜아웃 10 프로젝트 템플릿**_우측방향 포인트 라인 & 원 컬러 라운드 보드 & 텍스트 콜아웃

■ **콜아웃 11 프로젝트 템플릿**_좌측방향 포인트 컬러 투 라인 & 텍스트 콜아웃

■ **콜아웃 11 프로젝트 템플릿**_우측방향 포인트 컬러 투 라인 & 텍스트 콜아웃

■ **콜아웃 12 프로젝트 템플릿**_좌측방향 포인트 빅 헥사곤 & 텍스트 콜아웃

 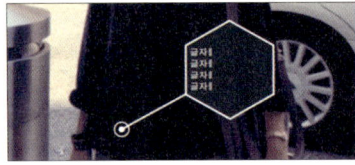 

■ **콜아웃 12 프로젝트 템플릿**_우측방향 포인트 빅 헥사곤 & 텍스트 콜아웃

 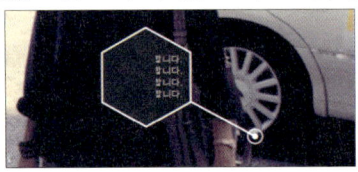 

콜아웃 템플릿

■ **콜아웃 13 프로젝트 템플릿**_좌측방향 컬러 화살표 & 텍스트 콜아웃

■ **콜아웃 13 프로젝트 템플릿**_우측방향 컬러 화살표 & 텍스트 콜아웃

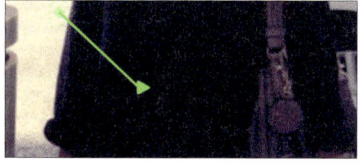  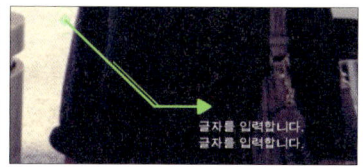

■ **콜아웃 14 프로젝트 템플릿**_좌측방향 컬러 포인트 & 텍스트 콜아웃

 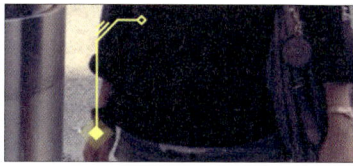 

■ **콜아웃 14 프로젝트 템플릿**_우측방향 컬러 포인트 & 텍스트 콜아웃

  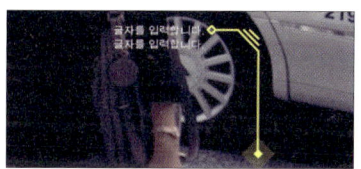

■ **콜아웃 15 프로젝트 템플릿**_좌측방향 컬러 포인트 & 빅 보드 & 텍스트 콜아웃

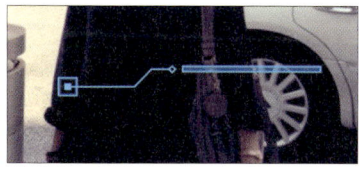 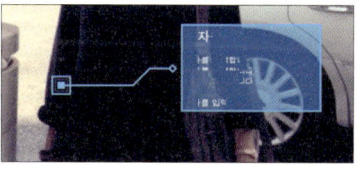 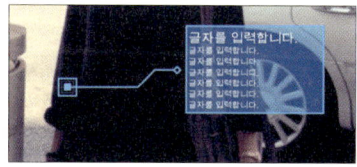

■ **콜아웃 15 프로젝트 템플릿**_우측방향 컬러 포인트 & 빅 보드 & 텍스트 콜아웃

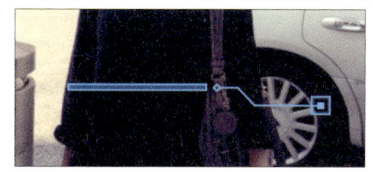 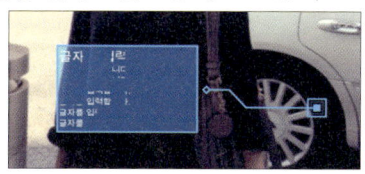 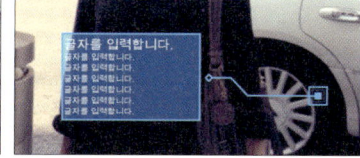

콜아웃 템플릿

■ **콜아웃 16 프로젝트 템플릿**_좌측방향 컬러 포인트 & 빅 다이아몬드 & 텍스트 콜아웃

■ **콜아웃 16 프로젝트 템플릿**_우측방향 컬러 포인트 & 빅 다이아몬드 & 텍스트 콜아웃

  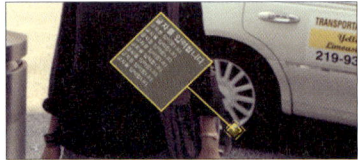

■ **콜아웃 17 프로젝트 템플릿**_좌측방향 서클 & 텍스트 콜아웃

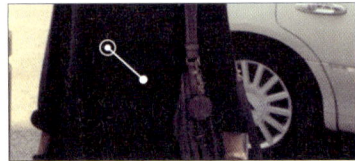 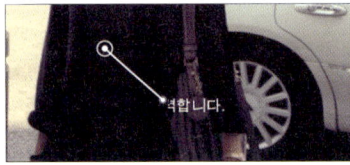 

■ **콜아웃 17 프로젝트 템플릿**_우측방향 서클 & 텍스트 콜아웃

 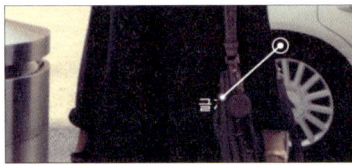 

■ **콜아웃 18 프로젝트 템플릿**_좌측방향 빅 서클 & 로고 콜아웃

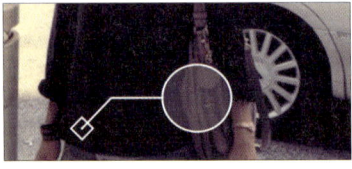  

■ **콜아웃 18 프로젝트 템플릿**_우측방향 빅 서클 & 로고 콜아웃

 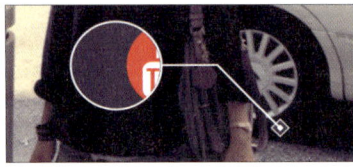 

콜아웃 템플릿

■ 콜아웃 19 프로젝트 템플릿_좌측방향 서클 라인 & 빅 서클 & 로고 콜아웃

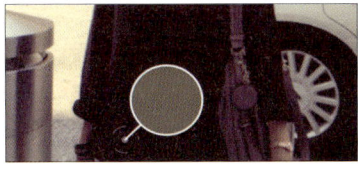  

■ 콜아웃 19 프로젝트 템플릿_우측방향 서클 라인 & 빅 서클 & 로고 콜아웃

■ 콜아웃 20 프로젝트 템플릿_좌측방향 타깃 포인트 & 미디엄 보드 & 로고 콜아웃

  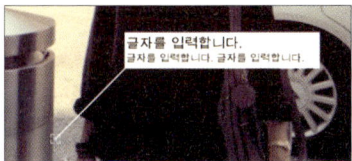

■ 콜아웃 20 프로젝트 템플릿_우측방향 타깃 포인트 & 미디엄 보드 & 로고 콜아웃

  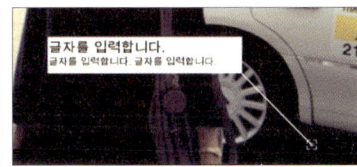

■ 콜아웃 21 프로젝트 템플릿_좌측방향 타깃 포인트 & 라운드 보드 & 로고 콜아웃

■ 콜아웃 21 프로젝트 템플릿_우측방향 타깃 포인트 & 라운드 보드 & 로고 콜아웃

  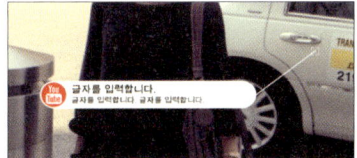

콜아웃 템플릿

■ **콜아웃 22 프로젝트 템플릿**_좌측방향 서클 포인트 & 빅 보드 & 텍스트 콜아웃

  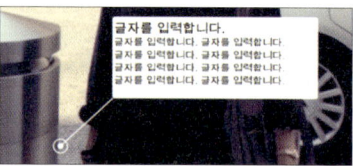

■ **콜아웃 22 프로젝트 템플릿**_우측방향 서클 포인트 & 빅 보드 & 텍스트 콜아웃

  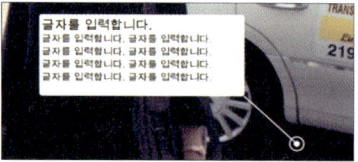

■ **콜아웃 23 프로젝트 템플릿**_좌측방향 서클 포인트 & 서클 포인트 라인 & 텍스트 콜아웃

 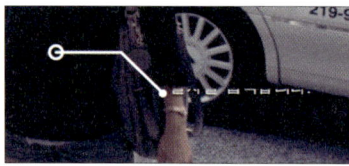 

■ **콜아웃 23 프로젝트 템플릿**_우측방향 서클 포인트 & 서클 포인트 라인 & 텍스트 콜아웃

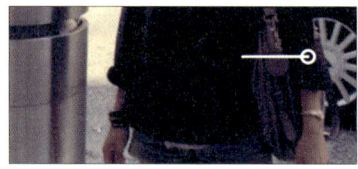 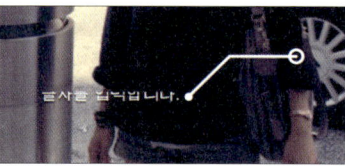 

■ **콜아웃 24 프로젝트 템플릿**_좌측방향 루핑 스몰 사각형 박스 & 모션 블러 텍스트 콜아웃

■ **콜아웃 24 프로젝트 템플릿**_우측방향 루핑 스몰 사각형 박스 & 모션 블러 텍스트 콜아웃

콜아웃 템플릿

■ **콜아웃 25 프로젝트 템플릿**_좌측방향 스몰 서클 포인트 & 빅 서클 & 텍스트 콜아웃_스프링

■ **콜아웃 25 프로젝트 템플릿**_우측방향 스몰 서클 포인트 & 빅 서클 & 텍스트 콜아웃_스프링

■ **콜아웃 26 프로젝트 템플릿**_좌측 상단방향 카툰 화살표 & 텍스트 콜아웃

■ **콜아웃 26 프로젝트 템플릿**_우측 상단방향 카툰 화살표 & 텍스트 콜아웃

■ **콜아웃 26 프로젝트 템플릿**_좌측 하단방향 카툰 화살표 & 텍스트 콜아웃

■ **콜아웃 26 프로젝트 템플릿**_우측 하단방향 카툰 화살표 & 텍스트 콜아웃

프레임 템플릿

■ **프레임 01 프로젝트 템플릿**_4분할 모션 프레임

■ **프레임 02 프로젝트 템플릿**_상측에서 가운데로 날아오는 2분할 모션 프레임

■ **프레임 02 프로젝트 템플릿**_양측에서 가운데로 날아오는 2분할 모션 프레임

■ **프레임 02 프로젝트 템플릿**_우측에서 날아오는 2분할 모션 프레임

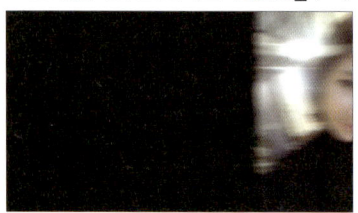  

프레임 템플릿

■ **프레임 02 프로젝트 템플릿**_우측에서 날아오는 풀 & 분할 모션 프레임

■ **프레임 03 프로젝트 템플릿**_상측에서 가운데로 날아오는 3분할 모션 프레임

■ **프레임 03 프로젝트 템플릿**_상측에서 가운데로 날아오는 3분할 모션 프레임

■ **프레임 03 프로젝트 템플릿**_삼방향에서 가운데로 날아오는 3분할 모션 프레임

■ **프레임 03 프로젝트 템플릿**_우측에서 가운데로 날아오는 3분할 모션 프레임

프레임 템플릿

■ **프레임 03 프로젝트 템플릿_**우측에서 날아오는 풀 & 3분할 모션 프레임

■ **프레임 04 프로젝트 템플릿_**상측에서 가운데로 날아오는 4분할 모션 프레임

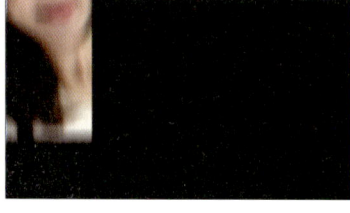  

■ **프레임 04 프로젝트 템플릿_**사방향에서 가운데로 날아오는 4분할 모션 프레임

■ **프레임 04 프로젝트 템플릿_**우측에서 날아오는 4분할 모션 프레임

■ **프레임 04 프로젝트 템플릿_**우측에서 날아오는 풀 & 4분할 모션 프레임

프레임 템플릿

■ 프레임 05 프로젝트 템플릿_상측에서 가운데로 날아오는 2분할 모션 프레임_슬랜트

■ 프레임 05 프로젝트 템플릿_양방향에서 가운데로 날아오는 2분할 모션 프레임_슬랜트

■ 프레임 05 프로젝트 템플릿_우측에서 날아오는 2분할 모션 프레임_슬랜트

■ 프레임 06 프로젝트 템플릿_상측에서 가운데로 날아오는 3분할 모션 프레임_슬랜트

■ 프레임 06 프로젝트 템플릿_삼방향에서 가운데로 날아오는 3분할 모션 프레임_슬랜트

프레임 템플릿

■ **프레임 06 프로젝트 템플릿**_우측에서 날아오는 3분할 모션 프레임_슬랜트

■ **프레임 07 프로젝트 템플릿**_사방향에서 가운데로 날아오는 4분할 모션 프레임_슬랜트

■ **프레임 07 프로젝트 템플릿**_사방향에서 가운데로 날아오는 4분할 모션 프레임_슬랜트

■ **프레임 07 프로젝트 템플릿**_우측에서 날아오는 4분할 모션 프레임_슬랜트

■ **프레임 08 프로젝트 템플릿**_양쪽에서 날아오는 상하단 분할 모션 프레임

 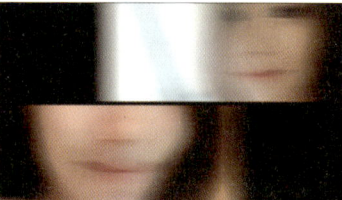 

프레임 템플릿

■ **프레임 08 프로젝트 템플릿**_가운데에서 상하로 나타나는 분할 모션 프레임

 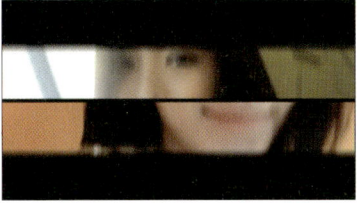 

■ **프레임 09 프로젝트 템플릿**_호리즌틀 롤링 스플릿 이미지(동영상) 모션 프레임

프레임 템플릿

■ 프레임 09 프로젝트 템플릿_호리즌틀 롤링 스플릿 이미지(동영상) 모션 프레임_쉐이크

■ 프레임 10 프로젝트 템플릿_카툰(웹툰) 레이아웃 & 세븐 모션 프레임

■ 프레임 10 프로젝트 템플릿_카툰(웹툰) 레이아웃 & 세븐 모션 프레임_카툰

프레임 템플릿

■ **프레임 11 프로젝트 템플릿**_카툰(웹툰) 레이아웃 & 포 모션 프레임

■ **프레임 11 프로젝트 템플릿**_카툰(웹툰) 레이아웃 & 포 모션 프레임_카툰

■ **프레임 12 프로젝트 템플릿**_씨크 블록 & 투(스플릿) 모션 프레임

■ **프레임 12 프로젝트 템플릿**_번개 & 투(스플릿) 모션 프레임

■ **프레임 12 프로젝트 템플릿**_번개 & VS & 투(스플릿) 모션 프레임

프레임 템플릿

■ 프레임 13 프로젝트 템플릿_캠코더 레코딩 & 배터리 모션 프레임

■ 프레임 13 프로젝트 템플릿_DSLR 포커스 셔터 모션 프레임

■ 프레임 13 프로젝트 템플릿_DSLR 셔터 프레스 모션 프레임

■ 프레임 14 프로젝트 템플릿_원 필름 스트립 모션 프레임

프레임 템플릿

■ **프레임 15 프로젝트 템플릿**_필름 스트립 싱글 모션 프레임 01

■ **프레임 15 프로젝트 템플릿**_필름 스트립 멀티 모션 프레임 02

프레임 템플릿

■ 프레임 16 프로젝트 템플릿_원형 글리치 스타일 모션 프레임 01

■ 프레임 16 프로젝트 템플릿_원형 글리치 스타일 모션 프레임 02

■ 프레임 16 프로젝트 템플릿_사각형 글리치 스타일 모션 프레임 01

■ 프레임 16 프로젝트 템플릿_사각형 글리치 스타일 모션 프레임 02

■ 프레임 17 프로젝트 템플릿_인스타그램 포토 심플 모션 프레임

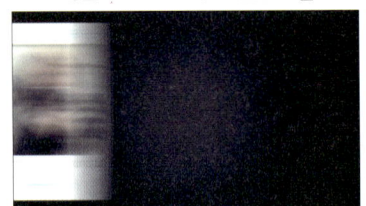  

프레임 템플릿

■ 프레임 18 프로젝트 템플릿_인스타그램 포토 3D 로테이트 모션 프레임

■ 프레임 19 프로젝트 템플릿_비지니스 포토 3D 카메라 웍스 모션 프레임

프레임 템플릿

■ 프레임 20 프로젝트 템플릿_폴라로이드 필름 포토 모션 프레임

■ 프레임 21 프로젝트 템플릿_폴라로이드 필름 포토 슬라이딩 모션 프레임

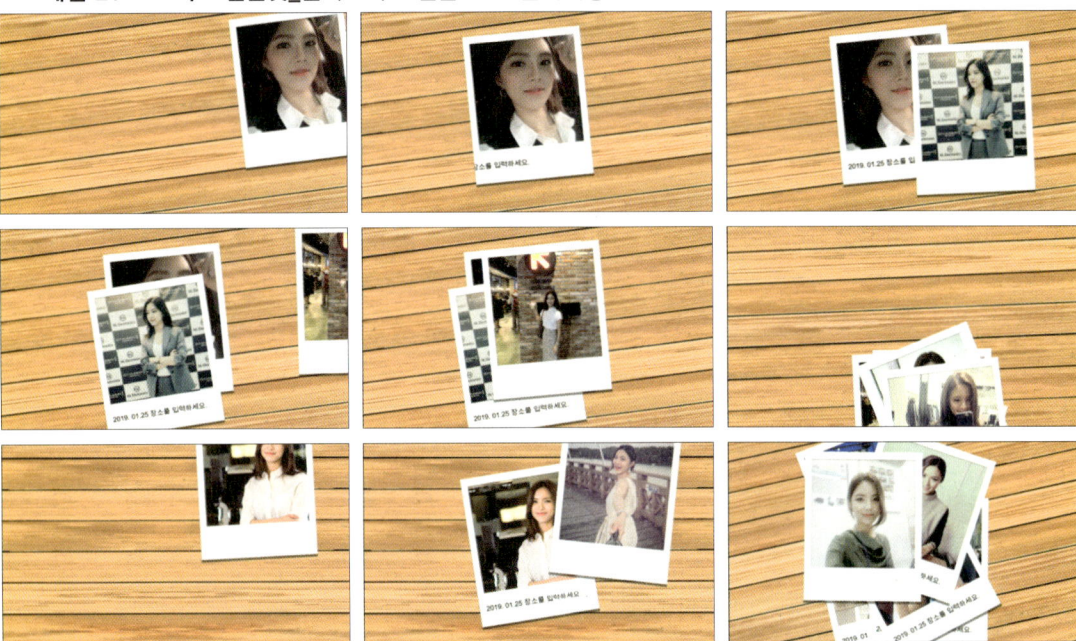

프레임 템플릿

■ 프레임 22 프로젝트 템플릿_스플릿 슬라이드 쇼 모션 프레임

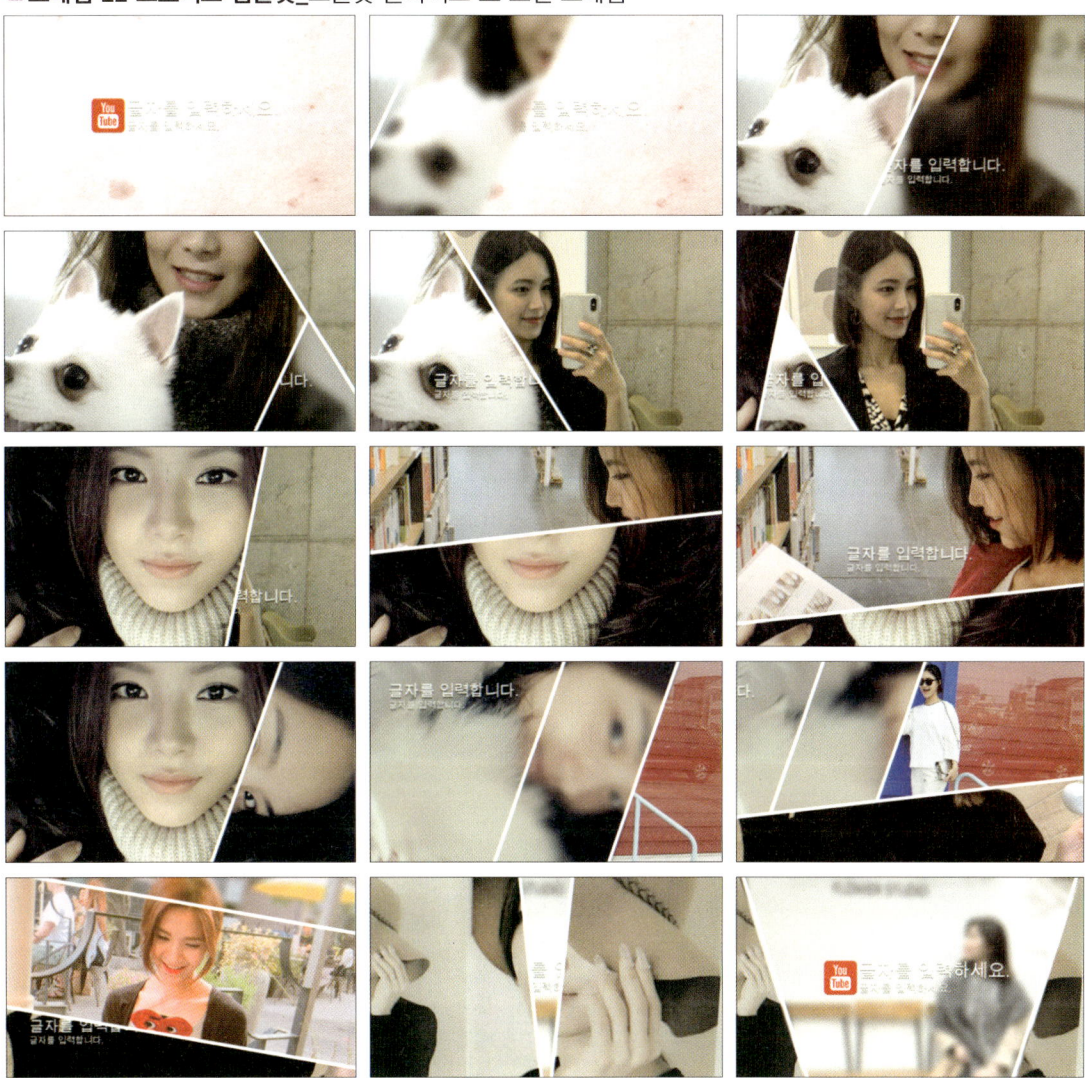

이펙트 템플릿

■ **이펙트 & 카운터 & 컬러바**_폴더 01_섬광 시퀀스 템플릿

■ **이펙트 & 카운터 & 컬러바**_폴더 02_심플섬광 시퀀스 템플릿

■ **이펙트 & 카운터 & 컬러바**_폴더 03_심플섬광 시퀀스 템플릿

■ **이펙트 & 카운터 & 컬러바**_폴더 04_심플후광 시퀀스 템플릿

■ **이펙트 & 카운터 & 컬러바**_폴더 05_폭죽 시퀀스 템플릿

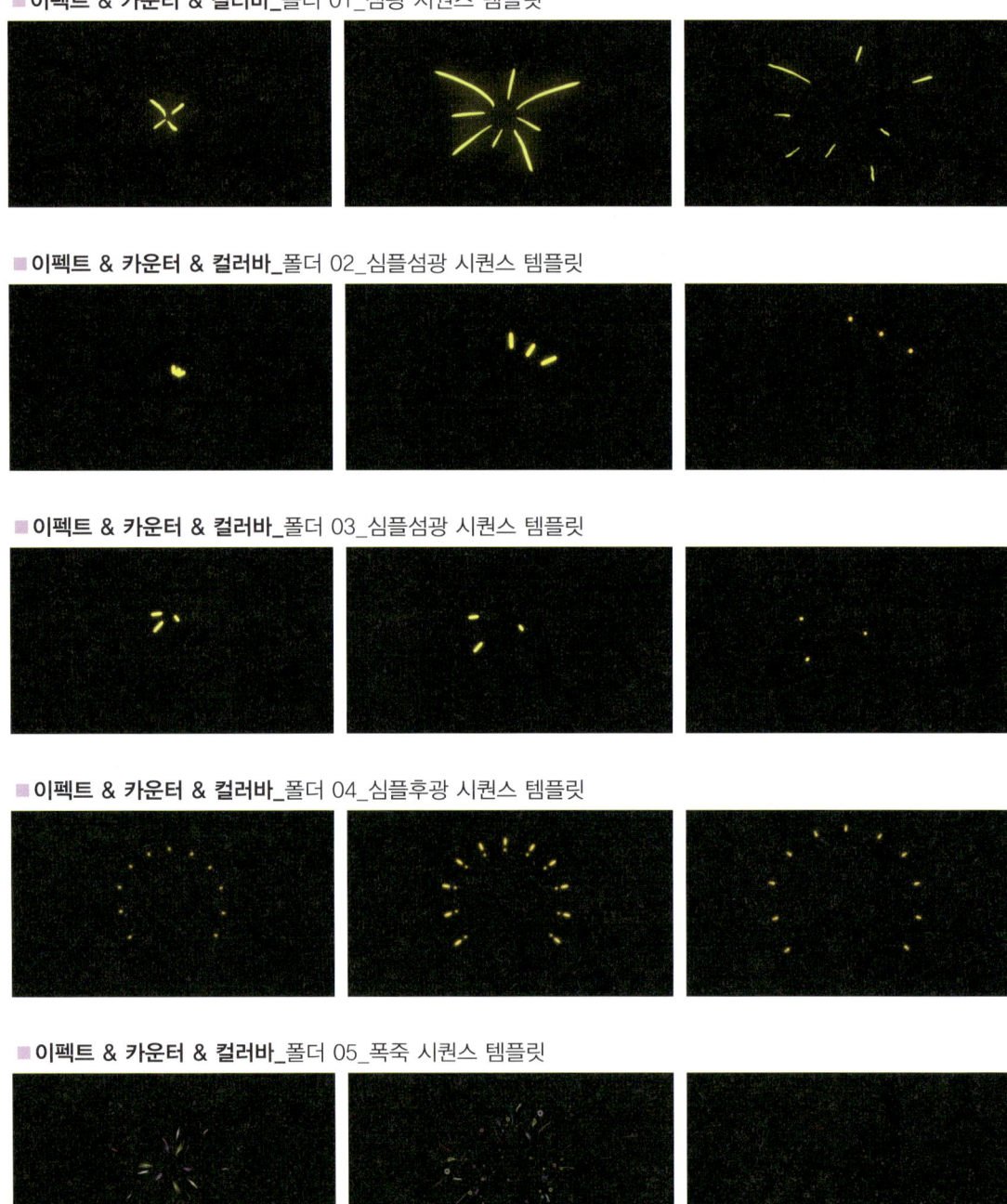

이펙트 템플릿

■ **이펙트 & 카운터 & 컬러바**_폴더 06_심플폭죽 시퀀스 템플릿

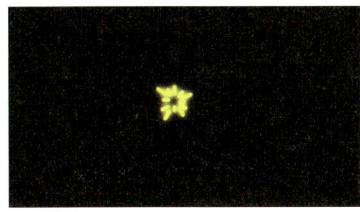

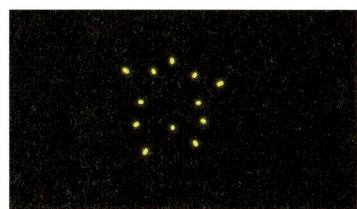

■ **이펙트 & 카운터 & 컬러바**_폴더 07_심플폭죽 시퀀스 템플릿

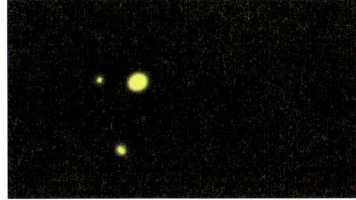
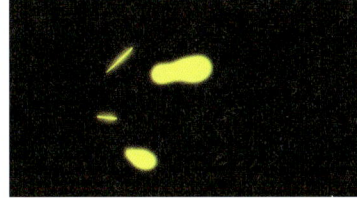
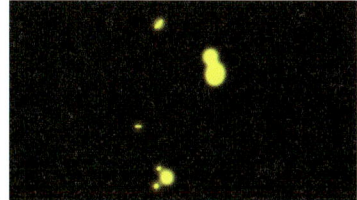

■ **이펙트 & 카운터 & 컬러바**_폴더 08_스파크 시퀀스 템플릿

■ **이펙트 & 카운터 & 컬러바**_폴더 09_스파크 시퀀스 템플릿

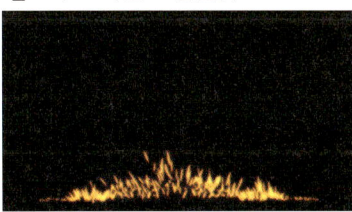
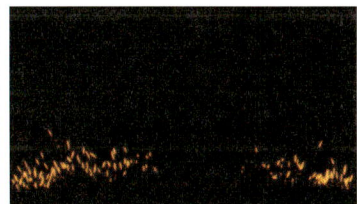

■ **이펙트 & 카운터 & 컬러바**_폴더 10_스파크 시퀀스 템플릿

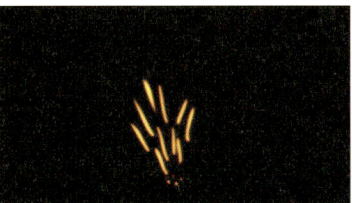
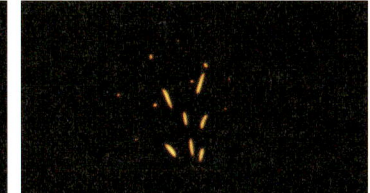

이펙트 템플릿

■ **이펙트 & 카운터 & 컬러바_**폴더 11_스파크 시퀀스 템플릿

■ **이펙트 & 카운터 & 컬러바_**폴더 12_스파크 시퀀스 템플릿

■ **이펙트 & 카운터 & 컬러바_**폴더 13_스파크 시퀀스 템플릿

■ **이펙트 & 카운터 & 컬러바_**폴더 14_스파크 시퀀스 템플릿

■ **이펙트 & 카운터 & 컬러바_**폴더 15_스파크 시퀀스 템플릿

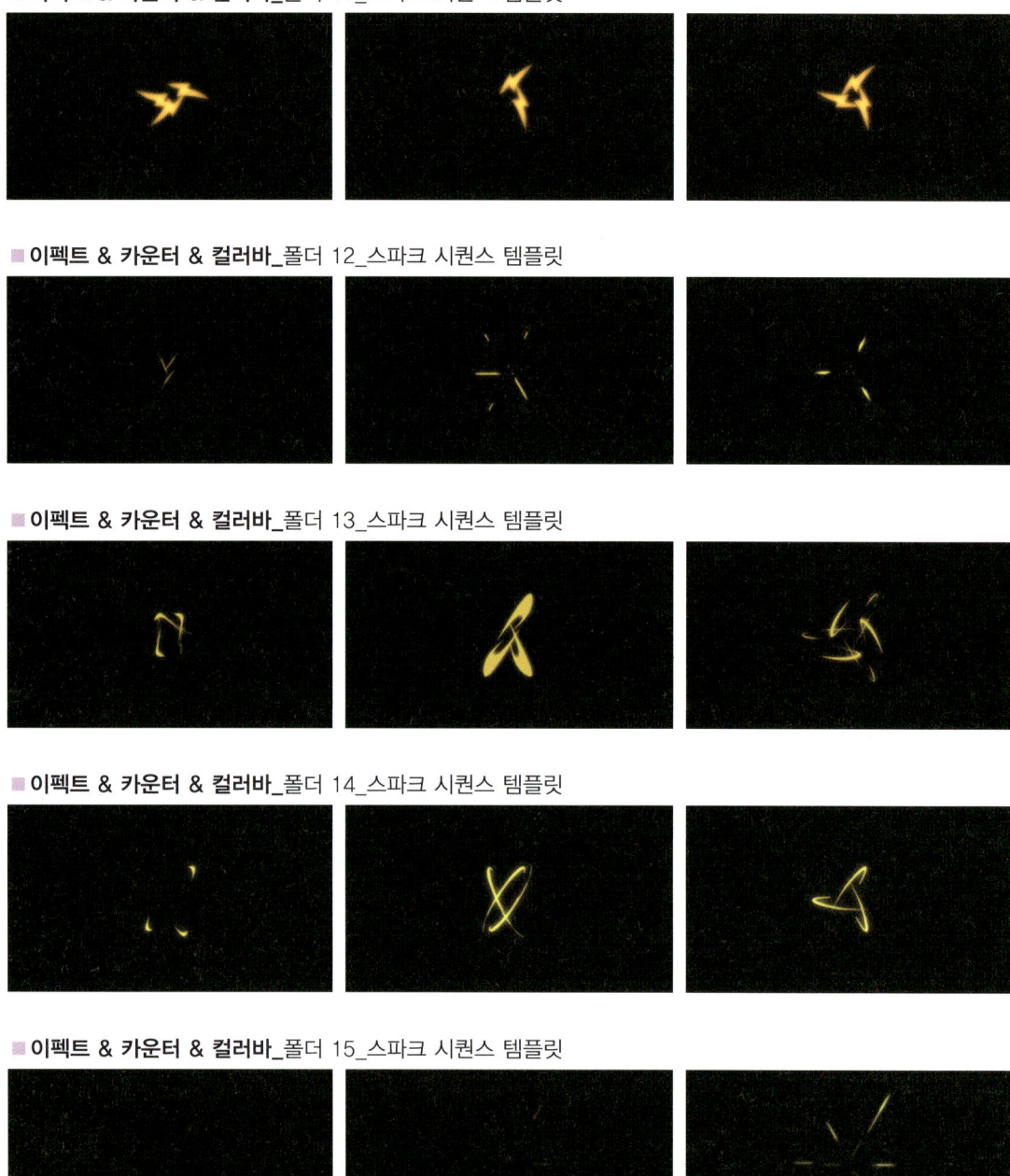

이펙트 템플릿

■ **이펙트 & 카운터 & 컬러바**_폴더 16_폭발 시퀀스 템플릿

  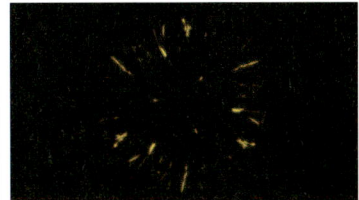

■ **이펙트 & 카운터 & 컬러바**_폴더 17_폭발 시퀀스 템플릿

■ **이펙트 & 카운터 & 컬러바**_폴더 18_폭발 시퀀스 템플릿

■ **이펙트 & 카운터 & 컬러바**_폴더 19_폭발 시퀀스 템플릿

 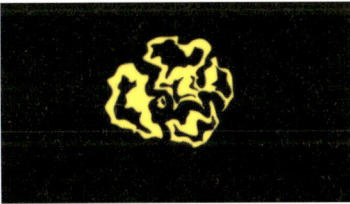 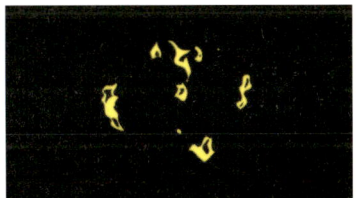

■ **이펙트 & 카운터 & 컬러바**_폴더 20_폭발 시퀀스 템플릿

  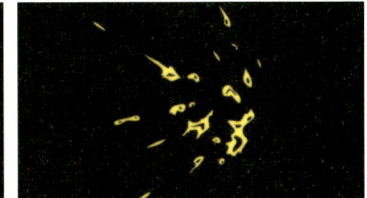

이펙트 템플릿

■ **이펙트 & 카운터 & 컬러바**_폴더 21_불꽃놀이 시퀀스 템플릿

■ **이펙트 & 카운터 & 컬러바**_폴더 22_불꽃놀이 시퀀스 템플릿

■ **이펙트 & 카운터 & 컬러바**_폴더 23_불꽃놀이 시퀀스 템플릿

■ **이펙트 & 카운터 & 컬러바**_폴더 24_비 시퀀스 템플릿

■ **이펙트 & 카운터 & 컬러바**_폴더 25_바람 시퀀스 템플릿

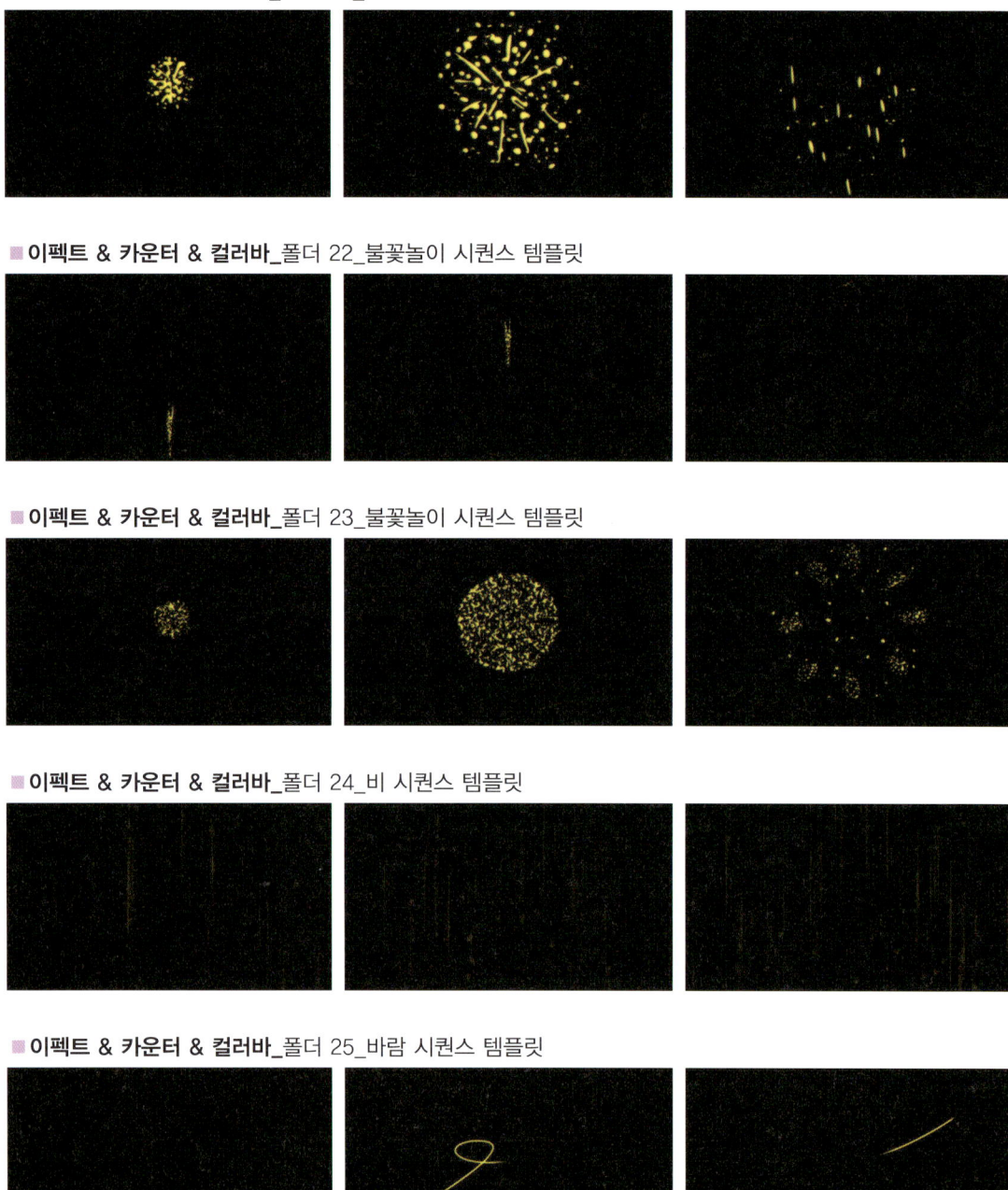

이펙트 템플릿

■ **이펙트 & 카운터 & 컬러바**_폴더 26_바람 시퀀스 템플릿

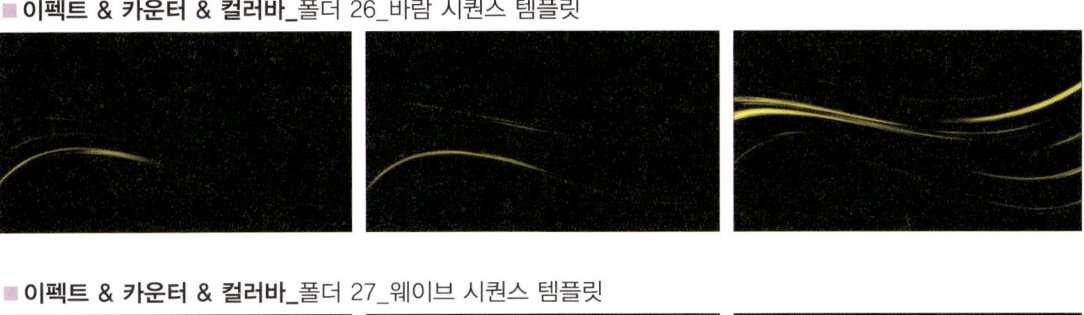

■ **이펙트 & 카운터 & 컬러바**_폴더 27_웨이브 시퀀스 템플릿

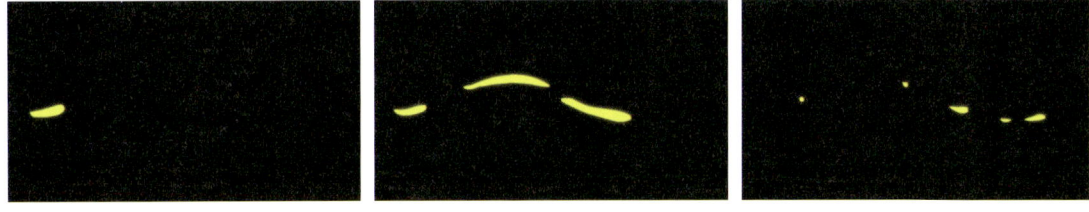

■ **이펙트 & 카운터 & 컬러바**_폴더 28_스팀 시퀀스 템플릿

■ **이펙트 & 카운터 & 컬러바**_폴더 29_서클 시퀀스 템플릿

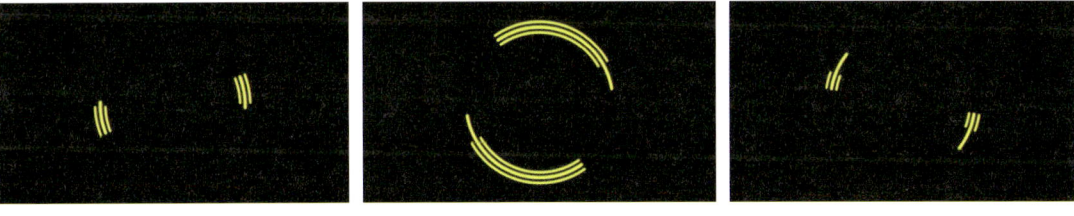

■ **이펙트 & 카운터 & 컬러바**_폴더 30_서클 시퀀스 템플릿

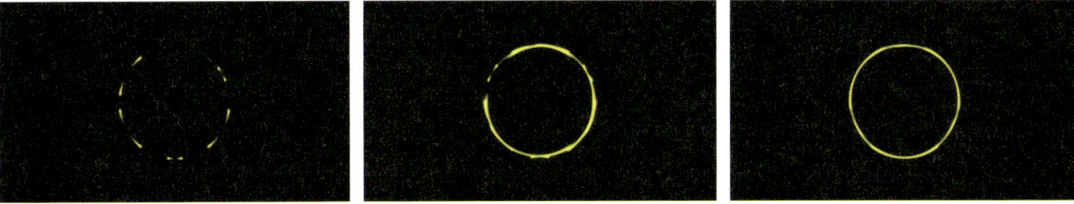

이펙트 템플릿

■ **이펙트 & 카운터 & 컬러바**_폴더 31_콤플렉스서클 시퀀스 템플릿

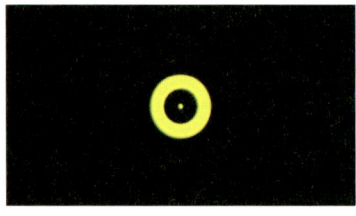  

■ **이펙트 & 카운터 & 컬러바**_폴더 32_콤플렉스서클 시퀀스 템플릿

  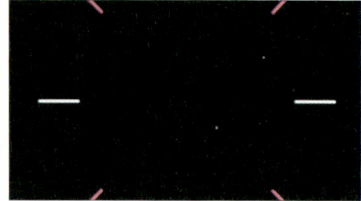

■ **이펙트 & 카운터 & 컬러바**_폴더 33_에너지 시퀀스 템플릿

 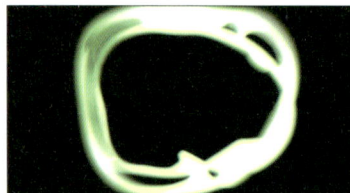 

■ **이펙트 & 카운터 & 컬러바**_폴더 34_에너지 시퀀스 템플릿

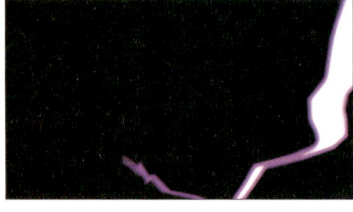  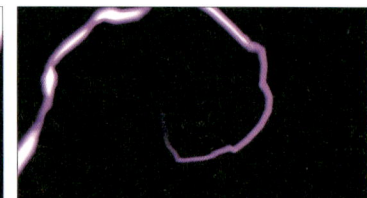

■ **이펙트 & 카운터 & 컬러바**_폴더 35_에너지 시퀀스 템플릿

  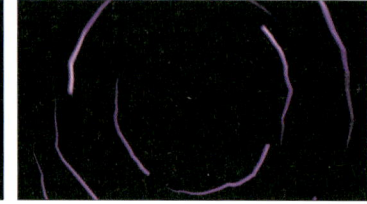

이펙트 템플릿

■ **이펙트 & 카운터 & 컬러바**_폴더 36_에너지 시퀀스 템플릿

 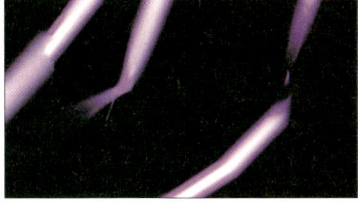 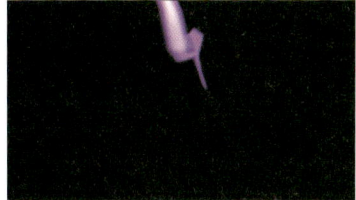

■ **이펙트 & 카운터 & 컬러바**_폴더 37_스위시 시퀀스 템플릿

 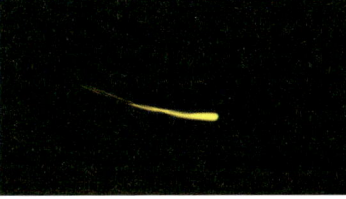 

■ **이펙트 & 카운터 & 컬러바**_폴더 38_스위시 시퀀스 템플릿

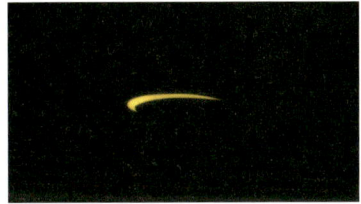 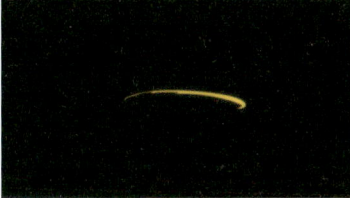 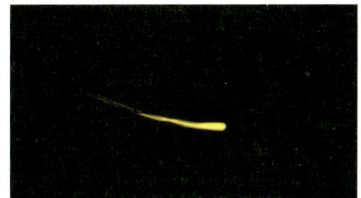

■ **이펙트 & 카운터 & 컬러바**_폴더 39_버스트 시퀀스 템플릿

 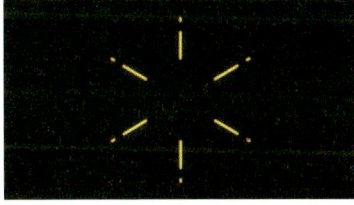 

■ **이펙트 & 카운터 & 컬러바**_폴더 40_버스트 시퀀스 템플릿

  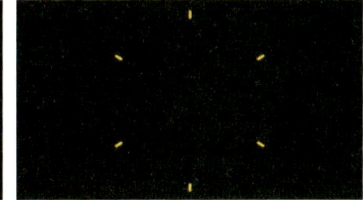

이펙트 템플릿

■ **이펙트 & 카운터 & 컬러바**_폴더 41_버스트 시퀀스 템플릿

■ **이펙트 & 카운터 & 컬러바**_폴더 42_버스트 시퀀스 템플릿

■ **이펙트 & 카운터 & 컬러바**_폴더 43_버스트 시퀀스 템플릿

■ **이펙트 & 카운터 & 컬러바**_폴더 44_색종이 시퀀스 템플릿

■ **이펙트 & 카운터 & 컬러바**_폴더 45_색종이 시퀀스 템플릿

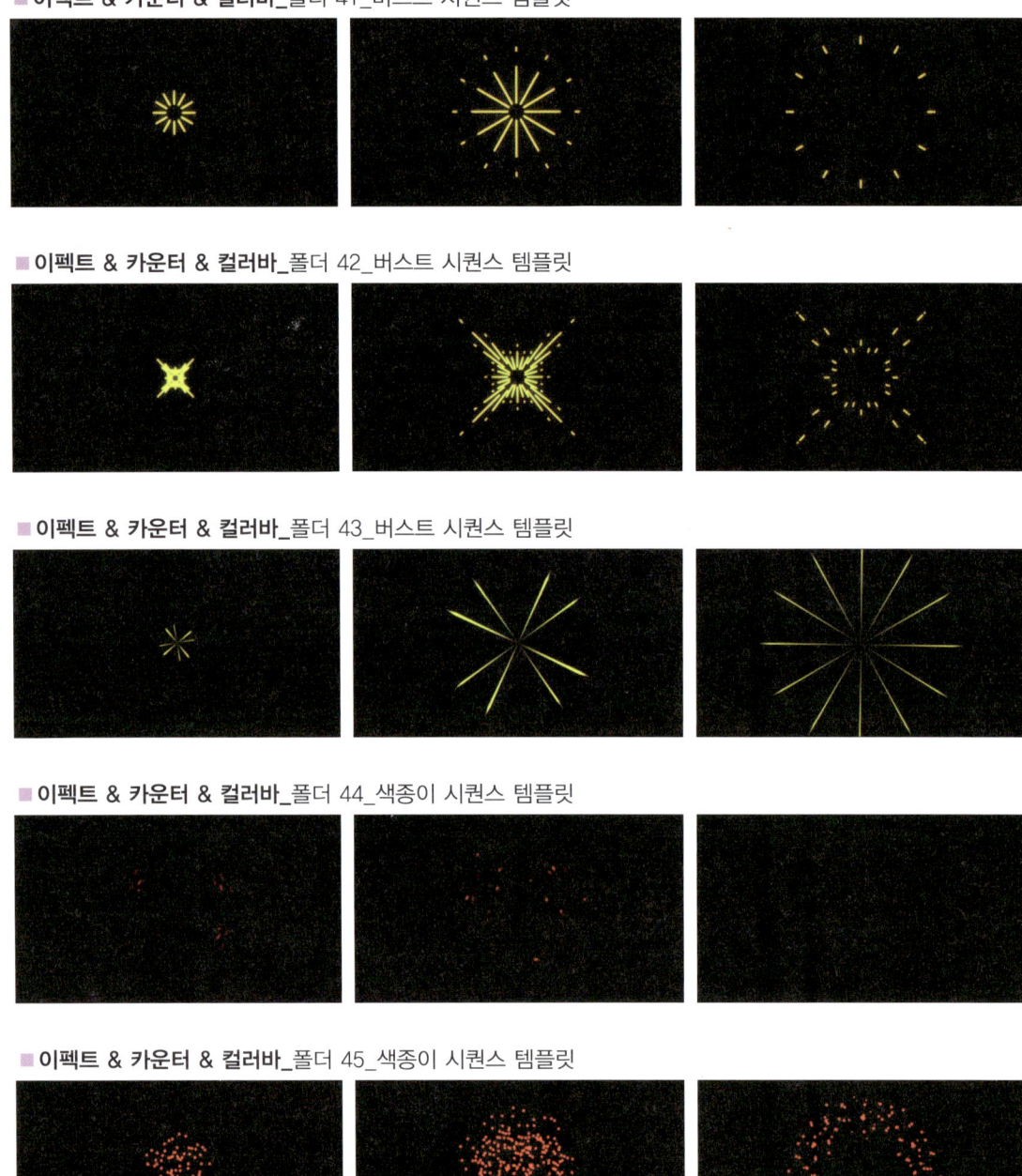

이펙트 템플릿

■ **이펙트 & 카운터 & 컬러바**_폴더 46_색종이 시퀀스 템플릿

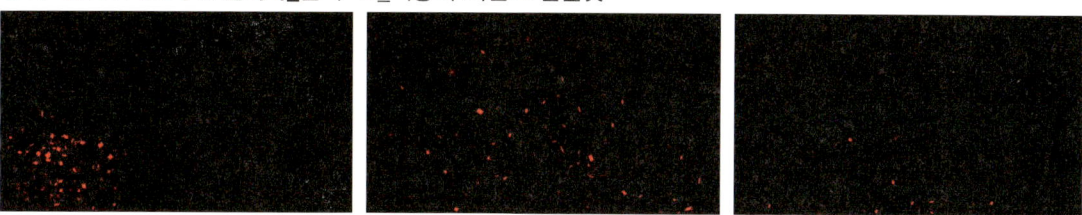

■ **이펙트 & 카운터 & 컬러바**_폴더 47_색종이 시퀀스 템플릿

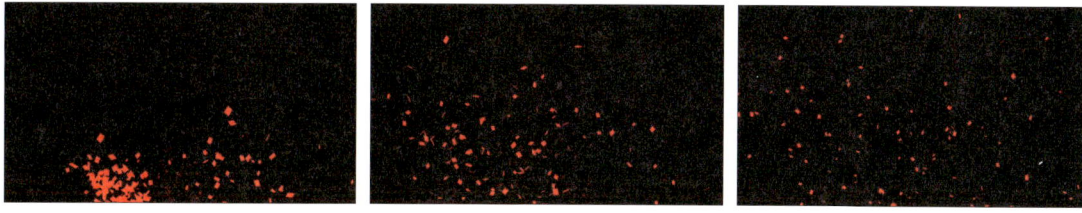

■ **이펙트 & 카운터 & 컬러바**_폴더 48_스피드 시퀀스 템플릿

■ **이펙트 & 카운터 & 컬러바**_폴더 49_라인 시퀀스 템플릿

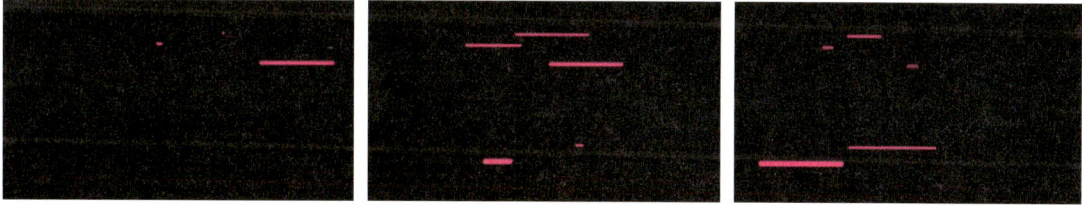

■ **이펙트 & 카운터 & 컬러바**_폴더 50_삼각형 시퀀스 템플릿

이펙트 템플릿

■ **이펙트 & 카운터 & 컬러바_**폴더 51_라인버블 시퀀스 템플릿

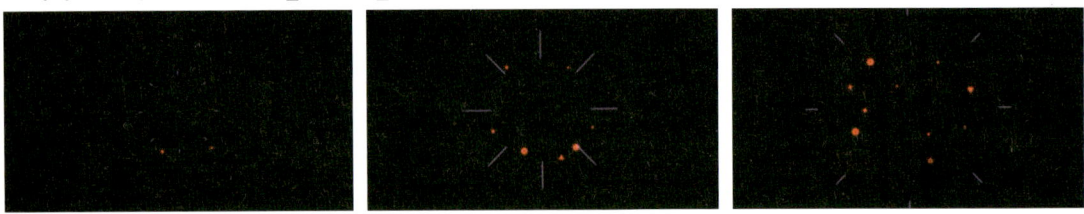

■ **이펙트 & 카운터 & 컬러바_**폴더 52_스타 시퀀스 템플릿

■ **이펙트 & 카운터 & 컬러바_**폴더 53_스타 시퀀스 템플릿

■ **이펙트 & 카운터 & 컬러바_**폴더 54_매직파티클 시퀀스 템플릿

■ **이펙트 & 카운터 & 컬러바_**폴더 55_바운스 시퀀스 템플릿

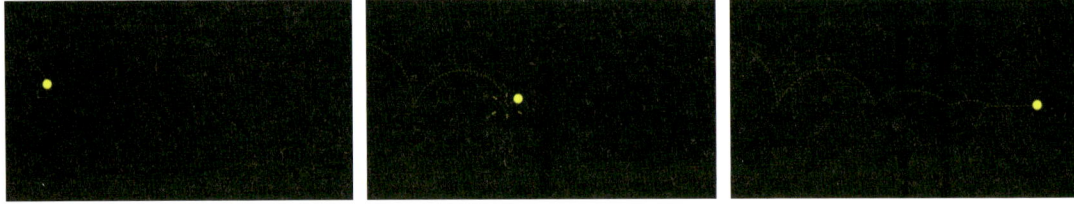

이펙트 템플릿

■ **이펙트 & 카운터 & 컬러바**_폴더 56_스퀘어 시퀀스 템플릿

■ **이펙트 & 카운터 & 컬러바**_폴더 57_홀로그램 시퀀스 템플릿

코믹 템플릿

■ **코믹 & 캐릭터 & 카툰 & 웹툰**_폴더 01_붐붐붐 시퀀스 템플릿

■ **코믹 & 캐릭터 & 카툰 & 웹툰**_폴더 02_구름번개 시퀀스 템플릿

■ **코믹 & 캐릭터 & 카툰 & 웹툰**_폴더 03_쾅 시퀀스 템플릿

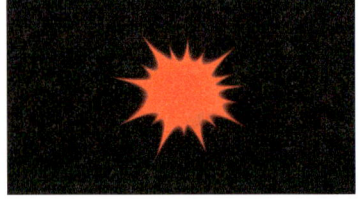  

■ **코믹 & 캐릭터 & 카툰 & 웹툰**_폴더 04_쾅 시퀀스 템플릿

 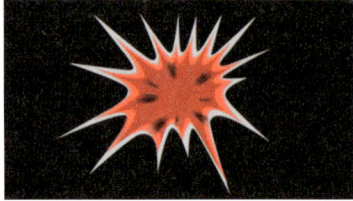 

■ **코믹 & 캐릭터 & 카툰 & 웹툰**_폴더 05_꽝 시퀀스 템플릿

코믹 템플릿

■ 코믹 & 캐릭터 & 카툰 & 웹툰_폴더 06_꽈당 시퀀스 템플릿

■ 코믹 & 캐릭터 & 카툰 & 웹툰_폴더 07_와우 시퀀스 템플릿

■ 코믹 & 캐릭터 & 카툰 & 웹툰_폴더 08_노크 시퀀스 템플릿

 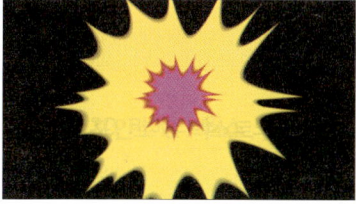 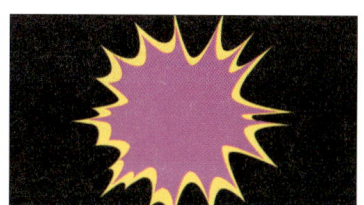

■ 코믹 & 캐릭터 & 카툰 & 웹툰_폴더 09_번개 시퀀스 템플릿

■ 코믹 & 캐릭터 & 카툰 & 웹툰_폴더 10_서클라인 시퀀스 템플릿

  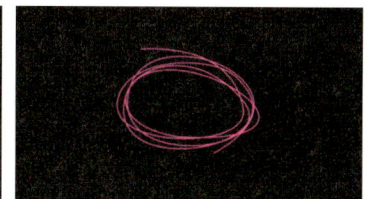

코믹 템플릿

■ 코믹 & 캐릭터 & 카툰 & 웹툰_폴더 11_서클라인 시퀀스 템플릿

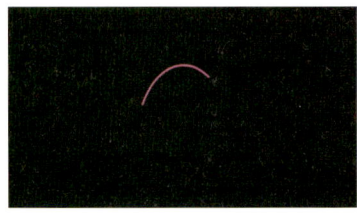  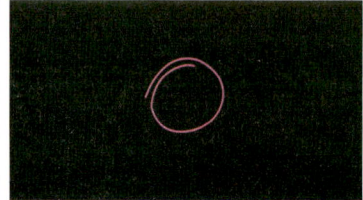

■ 코믹 & 캐릭터 & 카툰 & 웹툰_폴더 12_집중선 시퀀스 템플릿

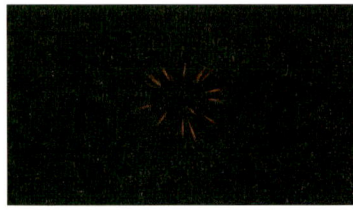  

■ 코믹 & 캐릭터 & 카툰 & 웹툰_폴더 13_집중선 시퀀스 템플릿

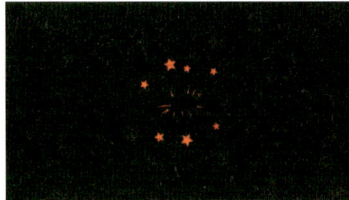  

■ 코믹 & 캐릭터 & 카툰 & 웹툰_폴더 14_집중선 시퀀스 템플릿

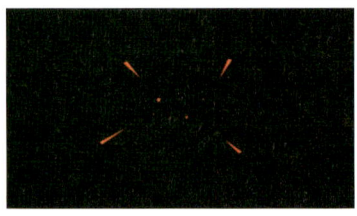  

■ 코믹 & 캐릭터 & 카툰 & 웹툰_폴더 15_새 시퀀스 템플릿

코믹 템플릿

■ **코믹 & 캐릭터 & 카툰 & 웹툰**_폴더 16_환호 시퀀스 템플릿

■ **코믹 & 캐릭터 & 카툰 & 웹툰**_폴더 17_유령 시퀀스 템플릿

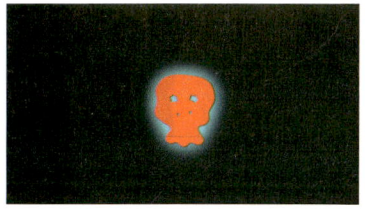 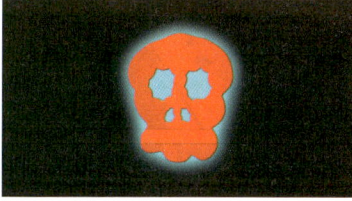 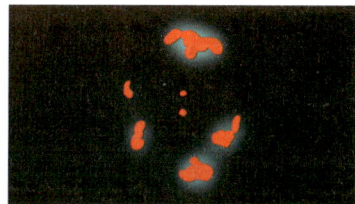

■ **코믹 & 캐릭터 & 카툰 & 웹툰**_폴더 18_하트 시퀀스 템플릿

■ **코믹 & 캐릭터 & 카툰 & 웹툰**_폴더 19_블러드 시퀀스 템플릿

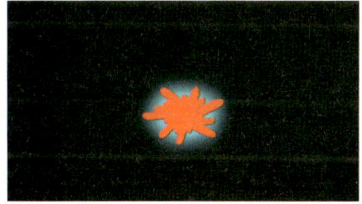 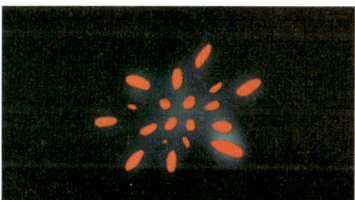 

■ **코믹 & 캐릭터 & 카툰 & 웹툰**_폴더 20_에너지 시퀀스 템플릿

  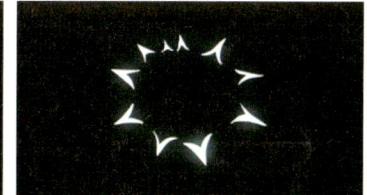

코믹 템플릿

■ **코믹 & 캐릭터 & 카툰 & 웹툰**_폴더 21_에너지 시퀀스 템플릿

 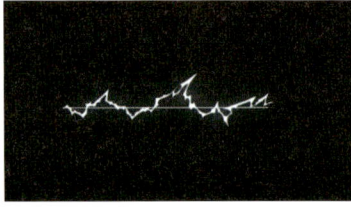 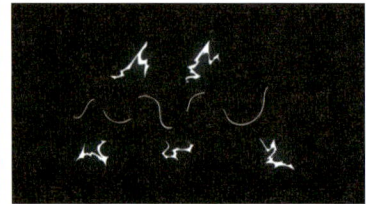

■ **코믹 & 캐릭터 & 카툰 & 웹툰**_폴더 22_리퀴드 시퀀스 템플릿

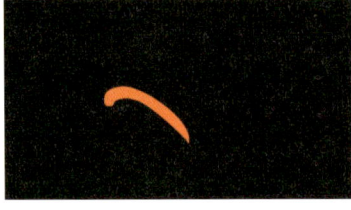  

■ **코믹 & 캐릭터 & 카툰 & 웹툰**_폴더 23_리퀴드 시퀀스 템플릿

■ **코믹 & 캐릭터 & 카툰 & 웹툰**_폴더 24_리퀴드 시퀀스 템플릿

 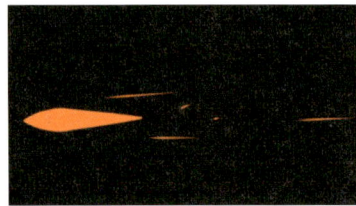 

■ **코믹 & 캐릭터 & 카툰 & 웹툰**_폴더 25_리퀴드 시퀀스 템플릿

 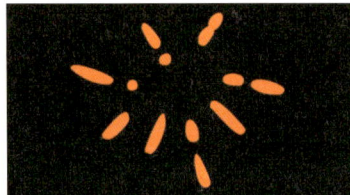 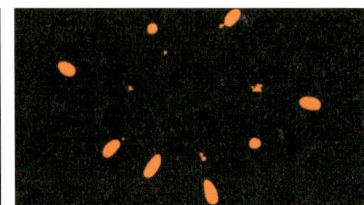

코믹 템플릿

■ **코믹 & 캐릭터 & 카툰 & 웹툰**_폴더 26_리퀴드 시퀀스 템플릿

■ **코믹 & 캐릭터 & 카툰 & 웹툰**_폴더 27_리퀴드 시퀀스 템플릿

  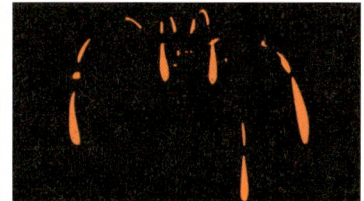

■ **코믹 & 캐릭터 & 카툰 & 웹툰**_폴더 28_리퀴드 시퀀스 템플릿

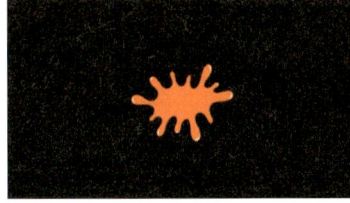 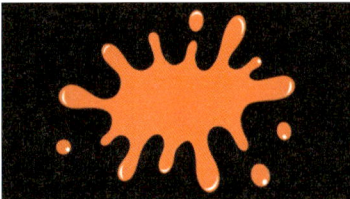 

■ **코믹 & 캐릭터 & 카툰 & 웹툰**_폴더 29_스크래치 시퀀스 템플릿

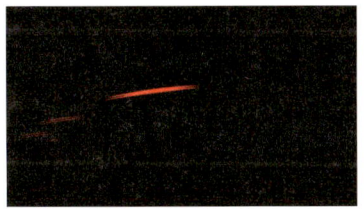  

■ **코믹 & 캐릭터 & 카툰 & 웹툰**_폴더 30_슬래시 시퀀스 템플릿

코믹 템플릿

■ **코믹 & 캐릭터 & 카툰 & 웹툰**_폴더 31_슬래시 시퀀스 템플릿

■ **코믹 & 캐릭터 & 카툰 & 웹툰**_폴더 32_스모크 시퀀스 템플릿

■ **코믹 & 캐릭터 & 카툰 & 웹툰**_폴더 33_스모크 시퀀스 템플릿

■ **코믹 & 캐릭터 & 카툰 & 웹툰**_폴더 34_스모크 시퀀스 템플릿

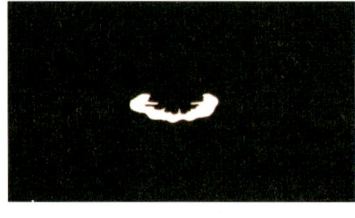 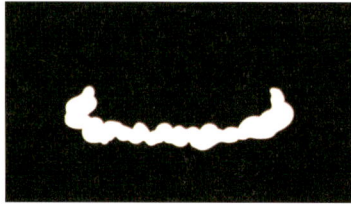 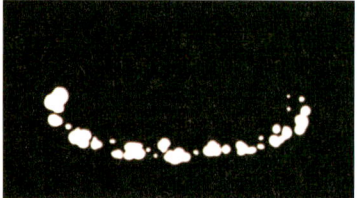

■ **코믹 & 캐릭터 & 카툰 & 웹툰**_폴더 35_스모크 시퀀스 템플릿

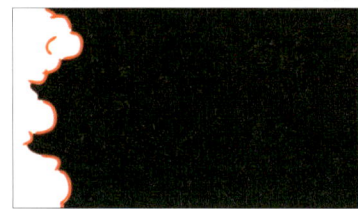  

코믹 템플릿

■ **코믹 & 캐릭터 & 카툰 & 웹툰**_폴더 36_스모크 시퀀스 템플릿

  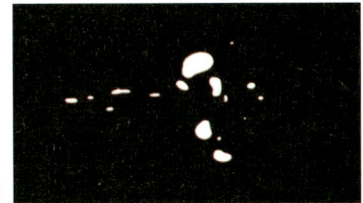

■ **코믹 & 캐릭터 & 카툰 & 웹툰**_폴더 37_스모크 시퀀스 템플릿

■ **코믹 & 캐릭터 & 카툰 & 웹툰**_폴더 38_스모크 시퀀스 템플릿

■ **코믹 & 캐릭터 & 카툰 & 웹툰**_폴더 39_스모크 시퀀스 템플릿

  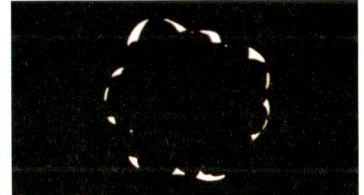

■ **코믹 & 캐릭터 & 카툰 & 웹툰**_폴더 40_스모크 시퀀스 템플릿

  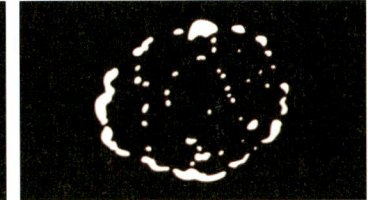

코믹 템플릿

■ 코믹 & 캐릭터 & 카툰 & 웹툰_폴더 41_스모크 시퀀스 템플릿

  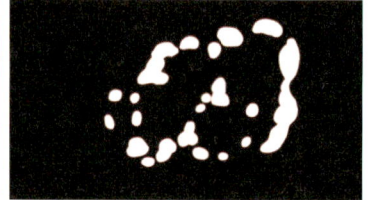

■ 코믹 & 캐릭터 & 카툰 & 웹툰_폴더 42_스모크 시퀀스 템플릿

  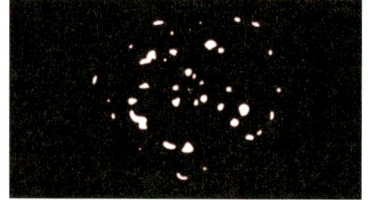

■ 코믹 & 캐릭터 & 카툰 & 웹툰_폴더 43_스모크 시퀀스 템플릿

■ 코믹 & 캐릭터 & 카툰 & 웹툰_폴더 44_스모크 시퀀스 템플릿

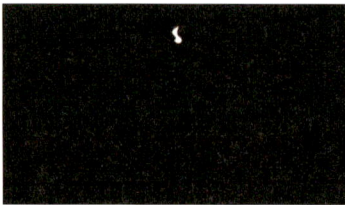 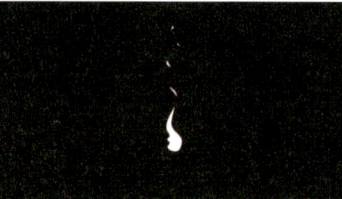 

■ 코믹 & 캐릭터 & 카툰 & 웹툰_폴더 45_스모크 시퀀스 템플릿

코믹 템플릿

■ **코믹 & 캐릭터 & 카툰 & 웹툰**_폴더 46_스모크 시퀀스 템플릿

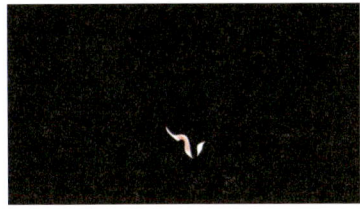 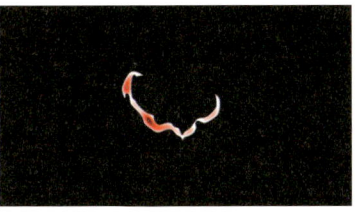 

■ **코믹 & 캐릭터 & 카툰 & 웹툰**_폴더 47_스모크 시퀀스 템플릿

■ **코믹 & 캐릭터 & 카툰 & 웹툰**_폴더 48_스모크 시퀀스 템플릿

 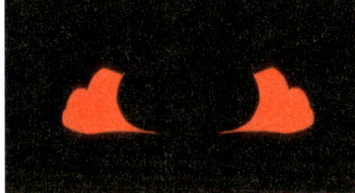 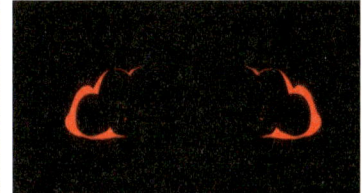

■ **코믹 & 캐릭터 & 카툰 & 웹툰**_폴더 49_스모크 시퀀스 템플릿

  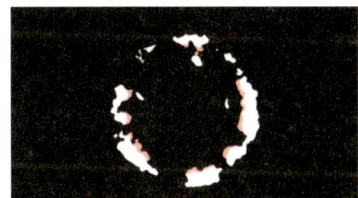

■ **코믹 & 캐릭터 & 카툰 & 웹툰**_폴더 50_스모크 시퀀스 템플릿

 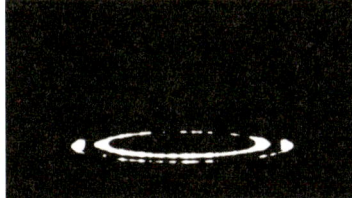 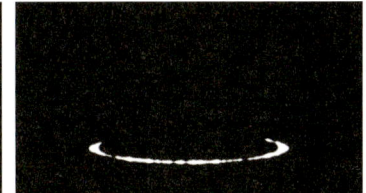

코믹 템플릿

■ 코믹 & 캐릭터 & 카툰 & 웹툰_폴더 51_버블 시퀀스 템플릿

 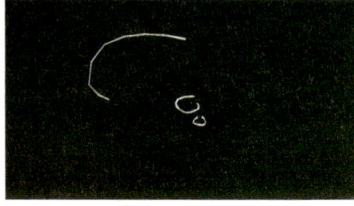 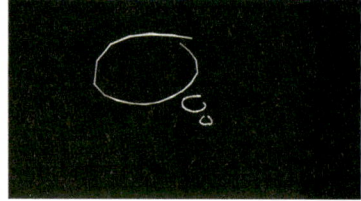

■ 코믹 & 캐릭터 & 카툰 & 웹툰_폴더 52_버블 시퀀스 템플릿

■ 코믹 & 캐릭터 & 카툰 & 웹툰_폴더 53_강조 시퀀스 템플릿

■ 코믹 & 캐릭터 & 카툰 & 웹툰_폴더 54_낙석 시퀀스 템플릿

■ 코믹 & 캐릭터 & 카툰 & 웹툰_폴더 55_플래시 시퀀스 템플릿

  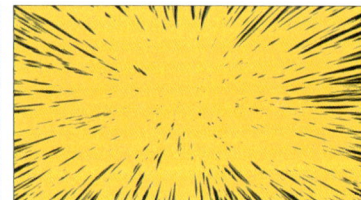

코믹 템플릿

■ **코믹 & 캐릭터 & 카툰 & 웹툰_**폴더 56_뿜뿜 시퀀스 템플릿

 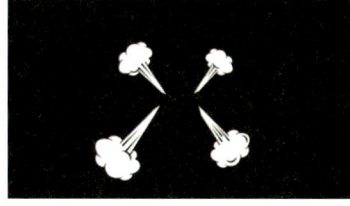 

■ **코믹 & 캐릭터 & 카툰 & 웹툰_**폴더 57_폭탄 시퀀스 템플릿

■ **코믹 & 캐릭터 & 카툰 & 웹툰_**폴더 58_물벼락 시퀀스 템플릿

■ **코믹 & 캐릭터 & 카툰 & 웹툰_**폴더 59_뼈다귀 시퀀스 템플릿

 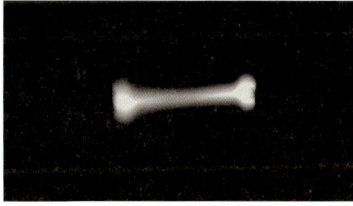 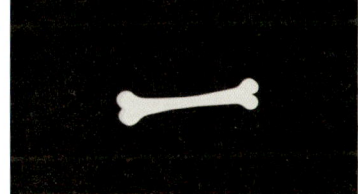

■ **코믹 & 캐릭터 & 카툰 & 웹툰_**폴더 60_해골 시퀀스 템플릿

  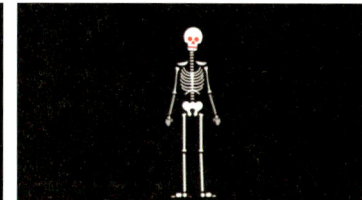

트랜지션 템플릿

■ 트랜지션(장면전환)_폴더 01_셰이프 시퀀스 템플릿

 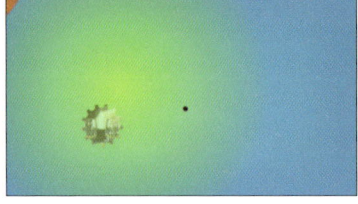 

■ 트랜지션(장면전환)_폴더 02_셰이프 시퀀스 템플릿

■ 트랜지션(장면전환)_폴더 03_셰이프 시퀀스 템플릿

■ 트랜지션(장면전환)_폴더 04_셰이프 시퀀스 템플릿

 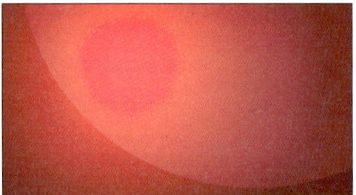 

■ 트랜지션(장면전환)_폴더 05_셰이프 시퀀스 템플릿

트랜지션 템플릿

■ **트랜지션(장면전환)_폴더 06_셰이프 시퀀스 템플릿**

■ **트랜지션(장면전환)_폴더 07_셰이프 시퀀스 템플릿**

■ **트랜지션(장면전환)_폴더 08_셰이프 시퀀스 템플릿**

■ **트랜지션(장면전환)_폴더 09_셰이프 시퀀스 템플릿**

■ **트랜지션(장면전환)_폴더 10_셰이프 시퀀스 템플릿**

트랜지션 템플릿

■ 트랜지션(장면전환)_폴더 11_셰이프 시퀀스 템플릿

■ 트랜지션(장면전환)_폴더 12_셰이프 시퀀스 템플릿

■ 트랜지션(장면전환)_폴더 13_셰이프 시퀀스 템플릿

■ 트랜지션(장면전환)_폴더 14_셰이프 시퀀스 템플릿

■ 트랜지션(장면전환)_폴더 15_셰이프 시퀀스 템플릿

트랜지션 템플릿

■ **트랜지션(장면전환)_폴더 16_셰이프 시퀀스 템플릿**

■ **트랜지션(장면전환)_폴더 17_셰이프 시퀀스 템플릿**

■ **트랜지션(장면전환)_폴더 18_셰이프 시퀀스 템플릿**

■ **트랜지션(장면전환)_폴더 19_셰이프 시퀀스 템플릿**

■ **트랜지션(장면전환)_폴더 20_셰이프 시퀀스 템플릿**

트랜지션 템플릿

■ **트랜지션(장면전환)_폴더 21_셰이프 시퀀스 템플릿**

■ **트랜지션(장면전환)_폴더 22_셰이프 시퀀스 템플릿**

■ **트랜지션(장면전환)_폴더 23_셰이프 시퀀스 템플릿**

■ **트랜지션(장면전환)_폴더 24_셰이프 시퀀스 템플릿**

■ **트랜지션(장면전환)_폴더 25_셰이프 시퀀스 템플릿**

트랜지션 템플릿

■ 트랜지션(장면전환)_폴더 26_셰이프 시퀀스 템플릿

■ 트랜지션(장면전환)_폴더 27_셰이프 시퀀스 템플릿

■ 트랜지션(장면전환)_폴더 28_셰이프 시퀀스 템플릿

■ 트랜지션(장면전환)_폴더 29_셰이프 시퀀스 템플릿

■ 트랜지션(장면전환)_폴더 30_셰이프 시퀀스 템플릿

트랜지션 템플릿

■ 트랜지션(장면전환)_폴더 31_셰이프 시퀀스 템플릿

■ 트랜지션(장면전환)_폴더 32_셰이프 시퀀스 템플릿

■ 트랜지션(장면전환)_폴더 33_셰이프 시퀀스 템플릿

■ 트랜지션(장면전환)_폴더 34_셰이프 시퀀스 템플릿

■ 트랜지션(장면전환)_폴더 35_셰이프 시퀀스 템플릿

트랜지션 템플릿

■ 트랜지션(장면전환)_폴더 36_셰이프 시퀀스 템플릿

 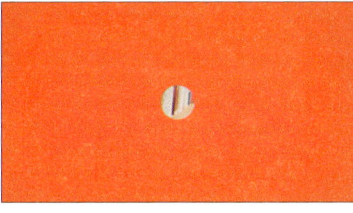 

■ 트랜지션(장면전환)_폴더 37_손 시퀀스 템플릿

■ 트랜지션(장면전환)_폴더 38_손 시퀀스 템플릿

■ 트랜지션(장면전환)_폴더 39_손 시퀀스 템플릿

■ 트랜지션(장면전환)_폴더 40_카툰 시퀀스 템플릿

트랜지션 템플릿

■ 트랜지션(장면전환)_폴더 41_카툰 시퀀스 템플릿

■ 트랜지션(장면전환)_폴더 42_카툰 시퀀스 템플릿

■ 트랜지션(장면전환)_폴더 43_리퀴드 시퀀스 템플릿

■ 트랜지션(장면전환)_폴더 44_리퀴드 시퀀스 템플릿

■ 트랜지션(장면전환)_폴더 45_리니어 업 시퀀스 템플릿

트랜지션 템플릿

■ 트랜지션(장면전환)_폴더 46_리니어 다운 시퀀스 템플릿

■ 트랜지션(장면전환)_폴더 47_리니어 레프트 시퀀스 템플릿

■ 트랜지션(장면전환)_폴더 48_리니어 라이트 시퀀스 템플릿

■ 트랜지션(장면전환)_폴더 49_와이프 시퀀스 템플릿